Daniel Goeudevert

SACKGASSE

Daniel Goeudevert

SACKGASSE

Wie Wirtschaft und Politik den Wandel verschlafen

Mitarbeit
Rüdiger Dammann

DUMONT

Von Daniel Goeudevert ist bei DuMont außerdem erschienen:
Das Seerosen-Prinzip. Wie uns die Gier ruiniert

FSC
www.fsc.org
MIX
Papier aus verantwortungsvollen Quellen
FSC® C083411

Erste Auflage 2020

Lektorat: Kerstin Thorwarth
Umschlaggestaltung: Lübbeke Naumann Thoben, Köln
Satz: Fagott, Ffm
Gesetzt aus der Univers und der Documenta
Druck und Verarbeitung: CPI books GmbH, Leck
Gedruckt auf säurefreiem und chlorfrei gebleichtem Papier
Printed in Germany
ISBN 978-3-8321-8110-9

www.dumont-buchverlag.de

Inhalt

Prolog: Aller Anfang ist …

»Nicht, weil es schwer ist, wagen wir es nicht,
sondern weil wir es nicht wagen, ist es schwer.«
Seneca

Zum Ende meines letzten Buches *Das Seerosen-Prinzip*, worin ich mich aus damals zahlreich gegebenen Anlässen mit dem Phänomen der Gier befasst habe, gab ich mich vorsichtig optimistisch. Im Anschluss an einige positive Beispiele »verantwortlichen« Wirtschaftens schrieb ich: »Vertrauen lässt sich wiedergewinnen, mehr Wohlstand kann erarbeitet, für mehr Gerechtigkeit und für Nachhaltigkeit kann gesorgt werden. Und zwar schon allein dadurch, dass ich mich ökonomisch vernünftig, dass ich mich nutzenorientiert verhalte. Dutzende von verantwortlich handelnden Frauen und Männern zum Beispiel in der Wirtschaft stellen das täglich unter Beweis. Sie zeigen, dass die Berücksichtigung sozialer und ökologischer Werte vielleicht kurzfristig die Profitmarge schmälern mag, aber schon mittelfristig die erfolgversprechendere Strategie ist. Solcher Erfolg macht Hoffnung. So gibt es einige Anzeichen, dass sich sowohl das Verbraucherverhalten als auch die Unternehmensphilosophien zu ändern beginnen, dass sich der Blick wieder auf das Ganze weitet. Und zwar nicht nur durch die Einsicht, dass ein ›Weiter wie bisher‹ an unseren Lebensgrundlagen zehrt, sondern auch durch die Erfahrung, dass Verantwortung und Rücksichtnahme das Leben buchstäblich reicher machen. In jeder Beziehung.«

Ich sah diese Hoffnungszeichen als Bestätigung des bekannten Hölderlin'schen Diktums, wonach bei Gefahr auch das Rettende wächst. Leider musste ich in der Folge einsehen, dass ich allzu hoffnungsfroh gewesen war, und erkennen, dass zugleich gewissermaßen auch das Gegenteil passiert: Wo Neues entsteht und das Rettende wächst, wird auch der Widerstand des Alten, werden die Beharrungskräfte stärker – und rabiater. Dieser Kampf dauert bis heute an. Er nimmt sogar an Heftigkeit zu und prägt derzeit auf beängstigende Weise Teile des politischen und gesellschaftlichen Geschehens etwa in den USA, in der Türkei, in Polen oder Ungarn, aber auch unmittelbar vor unserer Haustür, in Deutschland und Österreich, in Frankreich und Italien. Überall finden Populisten und Vereinfacher Zulauf, die vorgeben, das Rad der Zeit anhalten oder zurückdrehen zu können. Auf ins heimatliche Biedermeier! Zurück ins Partikulare, ins Eigene! Zurück in die Grenzen der Nation, der Ethnie, der Religion! Das führt zu Unfreiheit und Gewalt, aber ganz gewiss nicht in die Zukunft.

Der Frontverlauf der daraus entstehenden Konflikte ist nicht immer klar auszumachen. Selbstverständlich lassen sich jeweils Gründe anführen, warum es hier und jetzt sinnvoll oder vermeintlich gar notwendig sein kann, etwa die Grenzen vor »illegal« Einwandernden zu sichern, Banken, denen durch eigenes Verschulden die Insolvenz droht, mit Steuergeldern zu retten, Polizei und Militär aufzurüsten und Waffen in alle Welt zu liefern, aus zu Kooperation verpflichtenden Gemeinschaftsprojekten, etwa der EU, dem Euro oder dem Klimaschutzabkommen, auszutreten, Schutzzölle zu erheben, um die heimische Wirtschaft kurzfristig zu stärken, Klimaschutzregeln zu brechen, um Absatz und Arbeitsplätze zu sichern – und so weiter und so fort. Gewerkschaften sperren sich gegen eine Verschärfung der Waffengesetze und gegen Einschränkungen von Rüstungsexporten; Bauern protestieren gegen das Verbot umweltschädlicher Pflanzenschutzmittel;

alle wollen ein schnelles Internet und eine sichere Energieversorgung, stemmen sich aber gegen den Ausbau des Glasfaser- oder Stromnetzes, sofern die Maßnahmen in ihrer Nähe stattfinden; alle wünschen sich eine saubere Umwelt und eine gesunde Ernährung, und einige fahren dafür mit ihrem spritfressenden SUV etliche Kilometer ins Umland, um Produkte aus regionalem Anbau, von »ihrem« Bauern, zu kaufen. Je nach Perspektive und Klientel mag man das eine oder andere durchaus nachvollziehbar, vielleicht sogar sympathisch oder sinnvoll finden. Aber alle solche selbstbezogenen, im Grunde veränderungsfeindlichen Aktivitäten und Initiativen haben eines gemeinsam: Sie verlieren das Ganze aus dem Blick und werden am Ende, davon bin ich überzeugt, mehr schaden als nutzen. Wir können, wir könnten es besser wissen und besser machen, agieren aber stets in der Gegenwart und noch zu selten vorausschauend, für die Zukunft. Die bleibt deshalb stark gefährdet.

Diese Gefahr lässt sich schon heute an etlichen Beispielen anschaulich machen. Spätestens seit Ausbruch der Finanzkrise im Jahr 2008 erleben wir, trotz oder gerade wegen aller hierzulande gemeldeten wirtschaftlichen Erfolgszahlen der letzten Jahre, eine Krisenphase: politisch, gesellschaftlich, ökonomisch. Allzu viele Menschen haben das Gefühl, dass es für sie persönlich selbst im Aufschwung nurmehr bergab geht. Das Realeinkommen der meisten sinkt, während die wenigen Reichen immer reicher werden und aberwitzige Geldsummen in planerischen Katastrophen versickern. Das politische Management der Flüchtlingskrise etwa, die Berater-Skandale im Verteidigungs- und Umweltministerium, die scheinbar unendliche Pleitengeschichte des Berliner Flughafenbaus, die an Irrsinn grenzenden Sanierungskosten des Vorzeige-Schiffs »Gorch Fock«, Betrügereien bei den großen Autoherstellern, deren Vorstände sich trotz Milliarden-Strafen, für die am Ende die dann doppelt geprellten Kunden aufkommen, über fette Gehaltssteigerungen freuen – um nur wenige Beispiele zu nennen: Das alles ist für niemanden mehr nachvollziehbar und verursacht bei vielen Menschen ein mehr oder weniger diffuses Unbehagen. Und eben daraus schlagen vor allem rechtsgerichtete Parteien nun überall ihr Kapital: Wir müssten uns endlich wieder auf uns selbst besinnen, heißt es allenthalben. Und ein zunehmend geneigtes Publikum spendet Beifall. Wir müssen zuerst die heimische Bevölkerung – und ihren Reichtum – schützen, indem wir die Einwanderung begrenzen oder gar stoppen. *»America first«*, Deutschland, die deutsche Wirtschaft und die Deutschen zuerst. Wir sollen endlich unsere eigenen lokalen und nationalen Interessen in den Vordergrund stellen. Die Briten und die US-Amerikaner, die Ungarn, Polen und Italiener machen es uns doch vor! Die Chinesen sowieso.

Landauf, landab werden solche Rufe und Forderungen immer lauter. Aber aufs Ganze betrachtet ist nichts davon vernünftig. Gerade in Großbritannien wird sich zeigen, dass der gewählte »Ausweg«, der Brexit, eine Sackgasse ist. *Dead end!* Für die weltweit miteinander zusammenhängenden Probleme der Gegenwart gibt es keine einfachen Insel-Lösungen. Ihre Ursachen sind so vielfältig wie ihre Symptome. Sie lassen sich hingegen, wie ich zu zeigen versuchen werde, auf einen gemeinsamen Nenner bringen: Das Industriezeitalter, das uns in gut zweihundert Jahren zu ungeahnten Erfolgen und zu großem Wohlstand geführt hat, neigt sich dem Ende zu. Nun wohnt zwar jedem Ende, wie es so schön und treffend heißt, ein Anfang inne. Aber was da kommt – und tatsächlich in vielerlei Hinsicht Verbesserungen verspricht –, macht immer auch Angst, weshalb wir dazu neigen, uns an das Alte, Vertraute zu klammern, anstatt das Neue anzunehmen und nach unseren Vorstellungen zu gestalten.

In einer solchen, von Veränderungsängsten geprägten und dadurch schockstarren Situation befinden wir uns gerade. Und der Ausgang ist völlig offen. Es ist zwar verständlich, an den Erfolgen einer im Rückblick zumeist verklärten Ära festhalten zu wollen und zu versuchen, das Bewährte durch immer neue »Verbesserungen« zu erhalten. Es ist aber aussichtslos und wird in einen Crash münden, weil alle Anstrengung, den Erfolg zu konservieren – das zeigt sich gerade deprimierend eindrucksvoll in der Automobilbranche –, keinerlei Energie für eine nötige Alternativstrategie übrig lässt. Die Fassade mag ja hier und dort noch glänzen, aber das innere Leuchten ist erloschen. Und diese Kraftquelle ist durch keine noch so schöne Außenansicht zu ersetzen. Hier wird in vielerlei Hinsicht – politisch, gesellschaftlich, ökonomisch – eine am Gestern ausgerichtete Maschine am Laufen gehalten, deren Wirken zum reinen Selbstzweck verkommen ist. Das nährt inzwischen sogar Zweifel an der Demokratie selbst, deren Errungenschaften, etwa Meinungsfreiheit, Pressefreiheit, Versammlungsfreiheit, Diskriminierungsverbot, vielerorts bereits diskreditiert werden.

Es erscheint mir deshalb mehr als angebracht, einige Symptome dieser Krise einmal etwas genauer zu betrachten und deren Gemeinsamkeiten herauszuarbeiten. Denn nur so wird es möglich sein, die Probleme nicht, wie bisher, vorübergehend zu lindern, indem man sie mit Geld zudeckt oder die eine oder andere punktuelle Verbesserung erreicht, sondern eine Wurzelbehandlung vorzunehmen. Daran mitzuwirken lohnt für mich jede Anstrengung.

Und ich bin ja keineswegs allein. Wenn ich mich umhöre, drängt sich der Eindruck auf, als verträte ich in vielen Positionen inzwischen sogar die Meinung einer Mehrheit. Sommerhitze, Waldbrände, Wetterextreme jeder Art, Plastikmüll in den Meeren, Bienensterben, drohende Fahrverbote in den Innenstädten, Gletscherschmelze oder, nicht zuletzt, weltweite Fluchtbewegungen und die Uneinigkeit der Europäischen Union: Es gibt kaum noch Mitmenschen, die sich angesichts täglicher Krisenmeldungen nicht mehr oder weniger alarmiert zeigt. Und ein Alarm ist doch eigentlich das Signal zum Einsatz. Wozu sonst? Der bleibt aber seltsamerweise aus. Folgen- und tatenloser Alarmismus. Es wird geredet, lamentiert, debattiert, es werden Pläne geschmiedet und wieder verworfen, Abkommen geschlossen und wieder gelöst, Ziele definiert und nicht eingehalten – von konkreten Handlungen, verbindlichen Vorgaben kaum eine Spur. Stattdessen: ungestalteter Wandel, organisierte Verantwortungslosigkeit. Und auch das werfen wir uns dann gegenseitig vor, immer sind die »anderen« schuld, immer sind es »andere«, die sich zuerst bewegen müssen. Diese zum Ritual geronnene Tatenlosigkeit ist der beste Nährboden für jede Art von Extremismus, sei er rechts oder links oder geradeaus, sei er religiös oder national, sei er sportlich oder – meinetwegen – ernährungsphilosophisch orientiert. Hauptsache, es tut sich mal was, wir tun mal was. Egal was!

Da kann ich nur demütig, nein reumütig einräumen: Meine Altersgenossen sowie die Generationen vor mir und nach mir haben versagt. Es ist daher hocherfreulich, zugleich aber auch beschämend, dass nun immer mehr junge Menschen, Schüler und Studenten, auf die Straße gehen und uns, den Älteren, einen Spiegel vorhalten. Was wir darin sehen, ist die alles andere als angenehme Wahrheit: Mit unserer Lebensweise, von der wir wider besseres Wissen nicht ablassen mögen, zerstören wir die Zukunft der nachfolgenden Generationen. Natürlich nicht jeder gleichermaßen. Aber aufs Ganze gesehen trifft die Diagnose zu. Und die Schülerinnen und Schüler haben jedes Recht der Welt, von uns nun endlich eine Therapie, konkrete Maßnahmen einzufordern. Wer das beklagt und gar noch oberlehrerhaft bemängelt, dass sie, um ihre berechtigten Zukunftssorgen öffentlich kundzutun, dafür freitags die eine oder andere Schulstunde »schwänzen«, macht sich einfach nur lächerlich. Nichts zeugt von höherer Bildung als das Eintreten für Freiheit, Gerechtigkeit und Nachhaltigkeit. Aus *Fridays for Future* sollten wir alle gemeinsam ein *Everyday for Future* machen, anstatt in kleinlichster – und peinlicher – Manier die Schulpflicht gegen das Recht auf freie Meinungsäußerung und politische Teilhabe in Stellung zu bringen.

Zur aktiven Teilnahme besteht jeder Anlass. Denn woran es am wenigsten mangelt, sind Krisen. Und im Großen und Ganzen kennen wir deren Ursachen und können auch die Folgen abschätzen. Und doch geschieht viel zu wenig. Darauf aufmerksam zu machen ist zunächst einmal das größte Verdienst der jungen Leute. Nicht zuletzt ihr Engagement hat auch die so lange zögerliche deutsche Politik bekanntlich jüngst zu einem sogenannten Klimagipfel motiviert und, nach Aussage von Bundesfinanzminister Scholz – »*Fridays for Future* hat uns alle aufgerüttelt« –, auch dessen Ergebnisse beeinflusst. Zwar wird der von der Großen Koalition nun beschlossene »Klimapakt« wegen zahlreicher Kompromisslösungen von vielen als »mutlos« bemängelt, aber ein Maßnahmenpaket im Umfang von mehr als 50 Milliarden Euro ist immerhin ein deutliches Signal. Mehr Anfang war noch nie.

Wir sollten den jungen Klimaaktivisten und dem weltweit gefeierten Gesicht ihrer Bewegung, der Schwedin Greta Thunberg, dafür aber nicht nur applaudieren, sondern, jeder nach seinen eigenen Kräften und Möglichkeiten, mit ihnen ins Handeln kommen. Eine andere, bessere Welt ist möglich – oder, wie dies Harald Welzer als Titel eines seiner letzten Bücher formuliert hat: *Alles könnte anders sein*. Hierbei aber auf irgendeine Revolution zu hoffen oder darauf zu warten, dass ein schwedischer Teenager es schon richten oder dass es von selbst anders wird, ist völlig aussichtslos. Wir müssen es anders machen.

Das ist natürlich leicht dahingesagt beziehungsweise dahingeschrieben. Gerade vor dem Hintergrund der eingangs geschilderten Erfahrungen mit meinen schon mehrfach unerfüllten Hoffnungen sollte ich meinen Optimismus deshalb besser zügeln. Dennoch: Wir könnten, wir können aus der Sackgasse, in die wir vor langer Zeit eingebogen sind, immer noch herauskommen. Aber das Wendemanöver wird immer schwieriger, je länger wir auf das *dead end*, und zwar mit bislang unverminderter Geschwindigkeit, zufahren, weil sich die Straße, kaum spürbar, verjüngt. Aufzuwachen und auf die Bremse zu treten wäre das Erste – nicht nur für Politik und Wirtschaft, wie es im Untertitel heißt, sondern für jede Einzelne und jeden Einzelnen. Denn auch wir sind Teil des Problems: Als Wähler und Kunden sind wir letzten Endes der Treibstoff für ebenjene Entwicklungen, die wir nun beklagen.

Trump, Putin, Erdogan, Salvini, Orban, die AfD-Fraktion im Deutschen Bundestag und im EU-Parlament sind oder waren demokratisch legitimiert. Die SUVs und die mit jeder Menge Plastik umhüllten Lebensmittel zwingt uns niemand auf, ebenso wenig wie den Billigflug nach Palermo oder die Milch bei Aldi, Lidl und Co. Wir sind keine »schlechten, verderbten Menschen«, wenn wir bei einem der gerade Genannten aus Frustration, Protest oder Überzeugung unser Wahlkreuz machen oder als Konsument das eine oder andere Billigangebot in Anspruch nehmen. Bei aller geforderten Kritik an denen, die in Politik und Wirtschaft in Verantwortung stehen, sollten wir jedoch auch die eigene Rolle nicht geringschätzen.

Dies möchte ich beispielhaft an einigen ausgewählten Branchen, insbesondere der Automobilindustrie und der Landwirtschaft, zeigen. Da ich mich mit der Finanzindustrie schon in meinem letzten Buch ausführlicher beschäftigt habe, werde ich diesen sogenannten Markt, der außer Gewinnen und Verlusten nichts hervorbringt, allenfalls am Rande streifen, weil er natürlich inzwischen auf alle »Geschäftsvorgänge« einen eminenten und zumeist desaströsen Einfluss hat. Die IT-Wirtschaft wiederum (beziehungsweise die Digitalisierung) wird zumindest zum Ende hin eine wichtige Rolle spielen, weil sie der Industriegesellschaft insgesamt – und womöglich auch dem Kapitalismus als System – den Garaus machen wird. Die Netzökonomie, wie ich sie verstehe, wird Wirtschaft, Gesellschaft und Politik grundstürzender verändern, als wir es uns heute vorzustellen vermögen. Eigentum, Arbeit, Geld, gewissermaßen die Grundpfeiler, die Fundamente unserer Gegenwart, werden einen Bedeutungswandel erfahren, dessen Konsequenzen noch schwer absehbar sind. Aber Tendenzen lassen sich erkennen und benennen. Und sie können sowohl als geradezu paradiesische Utopie wie auch als Dystopie, also als ein Schreckensszenario beschrieben werden.

Ich persönlich, das ist zu Beginn bereits deutlich geworden, neige eher dem Positiven als dem Negativen zu. Aber die Erfahrung mahnt mich, wie erwähnt, zur Vorsicht. Da es uns Menschen erkennbar schwerfällt, aus Fehlern zu lernen, und wir stattdessen dazu neigen, nach einem kurzen Schreckmoment wieder in die alten, fehlerverursachenden Verhaltensweisen zurückzufallen, traue ich mir keine eindeutige Prognose zu: Dass es uns im Zuge der Digitalisierung schlechter gehen wird als zuvor, ist deshalb durchaus wahrscheinlich;

an »Big-Brother«-Horrorbildern herrscht kein Mangel. Dass es uns in der neuen, digitalen Welt aber weitaus besser gehen könnte als zuvor, dass viele drängende Probleme der Menschheit – Klimawandel, Artensterben, Krankheiten, Hunger, Armut, um nur einige zu nennen – durch eine völlig neue Art der Nutzung und Auswertung unvorstellbar großer Datenmengen gelöst werden könnten, ist möglich. Es liegt an uns.

Der Wandel ist bereits in vollem Gang, wird aber von denen, die qua Amt (Politik) oder Auftrag (Wirtschaft) in die Zukunft blicken und diese gestalten sollen, weitgehend verschlafen. Das hat jetzt schon nahezu ungeregelt vagabundierende Kapitalströme – die vielbeschworenen »Finanzmärkte« – sowie eine Handvoll Hightech-Giganten (etwa Google, Amazon, Apple, Microsoft) hervorgebracht, deren ökonomische, politische und gesellschaftliche Macht besorgniserregend ist. Facebook, Twitter und Co. erschaffen eine Realität, die mit der guten alten Wirklichkeit nicht mehr viel gemein hat. Das Silicon Valley, um das gebräuchliche Bild zu wählen, beziehungsweise die dort tätigen jungen, überwiegend männlichen Programmierer, die nicht viel von der Welt und dem Leben anderer Menschen wissen, bestimmen Takt und Tempo unserer Gegenwart – nicht etwa gewählten Regierungen und auch nicht mehr die einst führenden Konzerne der Industriegesellschaft.

Insbesondere die Vorzeigebranche der deutschen Wirtschaft, die Automobilbranche, in der ich einen Großteil meines Berufslebens verbracht habe, hat sich allzu lange im Glanz gestriger Erfolge gesonnt und es nach meiner Überzeugung seit Jahrzehnten versäumt, absehbaren Entwicklungen durch strategische Neuausrichtungen zu begegnen. Ihr »Immer-weiter-immer-größer-immer-besser«, ihre lineare Wachstums- und Großmannssucht hat sie am Ende in eine Situation geführt, in der auf unternehmerisch verantwortliche Weise hätte gehandelt werden müssen, aber nicht gehandelt wurde. Stattdessen wurde, sei es in frappierender Naivität, sei es in maßloser Arroganz oder Ignoranz, getrickst und geschummelt, was das Zeug hält – ein für mich, mittlerweile aus gewisser Distanz, völlig unverständliches Gebaren mit noch unabsehbaren Folgewirkungen. Ich werde darauf zurückkommen. Einige Unternehmen, und ich notiere das mit größter Sorge, laufen inzwischen in meinen Augen Gefahr, durch schwerwiegende Führungsfehler vorzeitig den Gang ins Museum des Industriezeitalters anzutreten – und würden damit gewissermaßen eine Art Selbstmord aus Angst vor dem Tod verüben. Denn die Automobilwirtschaft steht auch ohne »Abgasskandal« vor den größten Herausforderungen ihrer Geschichte, denen manch eine Firma nicht gewachsen sein wird.

Die Führungsfehler, die ich in erster Linie bemängele, bestehen darin, die offenkundigen Zeichen der Zeit systematisch ignoriert zu haben. Denn alles, was gerade passiert, hat sich schon lange deutlich abgezeichnet. Dass die fossilen Brennstoffe endlich sind, dass die Urbanisierung der Welt fortschreitet und der Stadtverkehr vielerorts vor dem Kollaps steht, dass zunehmende Umweltprobleme den Gesetzgeber zum Handeln und die Kunden zu Verhaltensänderungen veranlassen, sind keine *Breaking News*. Mir sei der bescheidene Hinweis erlaubt: Das alles wusste ich schon und habe es der Autoindustrie ins Lastenheft geschrieben, als mich der *Spiegel* 1989 in meiner Eigenschaft als Vorstandsvorsitzender der deutschen Ford AG zu einem Gespräch einlud, in dem es um »die Entwicklung des Automobils und die Zukunft des Verkehrs« ging. Es ist ein wirklich komisches Gefühl, diesen Text vor dem Hintergrund der aktuellen Ereignisse und Turbulenzen heute neu zu lesen.

Das Gespräch hat vor gut dreißig Jahren stattgefunden. Wir stehen also nicht vor neuen, sondern immer noch vor den alten

Herausforderungen. Und kaum etwas ist seit damals passiert. Die Politik und die »Realwirtschaft« insgesamt, keineswegs »nur« die Autoindustrie, wirken seitdem seltsam gelähmt. Manche deuten dies als Arroganz der Satten, andere glauben, darin eine Angststarre zu erkennen – wahrscheinlich ist es stets eine Kombination aus beidem mit unterschiedlichen Mischungsverhältnissen. Im Ergebnis ist mangelnder Veränderungswille in jedem Fall eine schwere Hypothek: Wenn sie, wenn wir nicht endlich aufwachen und aktiv werden, wenn sie, wenn wir nicht endlich anfangen, die Dinge zu Ende zu denken und entsprechend zu handeln, gerät alles ins Wanken, worauf wir zu Recht stolz sein können: Demokratie, Freiheit und Wohlstand, das Gleichheits- und Gerechtigkeitsgebot, der Sozial- und der Rechtsstaat, innerer und äußerer Frieden. Die Wahrheit ist: Vieles wankt ja bereits bedrohlich.

Ich weiß, Freiheit und Gerechtigkeit, Demokratie und Wohlstand, das sind alles große Worte, die nicht selten als Worthülsen missbraucht werden und deren inhaltliche Füllung zumeist eigentümlich verschwommen bleibt und wenig fassbar wird. Aber um nichts Geringeres geht es am Ende. Ich gelobe daher, mich um Konkretion zu bemühen, und muss mich an diesem Anspruch messen lassen. Im weiteren Verlauf des Buches wird sich zu erweisen haben, ob ich die Zusammenhänge hinreichend deutlich und zumindest beispielhaft anschaulich machen kann.

In einem ersten Teil werde ich mich – um die Wahrheit zu sagen: durchaus widerwillig – meinem alten Wirkungsbereich, der Automobilindustrie, zuwenden. Widerwillig deshalb, weil ich mich der Branche nach wie vor verbunden fühle. Ich verfolge deren Entwicklung und »Performance« daher mit großer Sorge und empfinde nicht das geringste Vergnügen daran, auch noch Öl ins Feuer zu gießen. Aber alles andere wäre falsche Rücksichtnahme. Wollen die wunderbaren deutschen Hersteller mit ihren »eigentlich« hervorragenden Produkten weiterhin eine wichtige Rolle im Mobilitätsmarkt spielen, müssen sie aus ihren Fehlern lernen und einen Richtungswechsel vollziehen. Andernfalls werden sie das Ende des Industriezeitalters nicht überstehen. Ich will mich bemühen, dies mit einigen Überlegungen zu unterfüttern, ohne mich dabei als Lehrmeister aufzuspielen.

Tatsächlich steht die Automobilindustrie, unabhängig von ihren Besonderheiten und ihren spezifischen Verfehlungen, auf die ich natürlich eingehen werde, unter einem Veränderungsdruck, der unser gesamtes Leben – Politik, Gesellschaft und Wirtschaft – erfasst hat. Wir treten in ein neues, anderes »Maschinenzeitalter« ein. Insofern möchte ich in einem nächsten Schritt das inhaltliche Spektrum erweitern. Denn was sich in der Automobilbranche zuweilen öffentlichkeitswirksam vollzieht, findet in anderen, ebenso wichtigen Wirtschaftszweigen nahezu identisch statt: etwa in der Versicherungs- und Bankenbranche, in der Landwirtschaft, in der Bildung, in der IT-Wirtschaft. Vor allem am Beispiel der Landwirtschaft und der Nahrungsmittelindustrie möchte ich zeigen, dass der besorgniserregende Zustand der Autobranche keine eigenständige, spezifische Problemlage darstellt, sondern Symptom einer tieferliegenden, allgemeinen Krise ist.

Diese Krise ist Ausdruck eines Wachstums- und Beschleunigungswahns, in dessen Verlauf wir scheinbar jedes Maß verloren haben. Dabei wissen wir, und viele erleben es bereits ganz manifest, indem sie in Depression verfallen, einen Burnout erleiden oder eine oder mehrere der sich epidemisch ausbreitenden Unverträglichkeiten ausbilden: Ein vor allem nach Effizienz- und Rentabilitätsvorgaben getaktetes Leben ist kein gutes, weshalb auch eine primär an Effizienz und Rentabilität orientierte Ökonomie zumindest auf lange Sicht zum Scheitern verurteilt ist. Denn wenn eine Wirtschaft nicht mehr den »Nutzen der vielen mehrt«, wie dies einer ihrer wichtigsten Vordenker, Adam Smith, gefordert hat, wenn sie ihr soziales, auch solidarisches Gepräge verliert, wenn Kundenwünsche, Mitarbeiterengagement und Umwelterfordernisse von stetig zunehmenden Wachstums- und Absatzzielen zerrieben werden, entzieht sie sich gewissermaßen, wie die Seerose, deren Selbstzerstörungstrieb mir für mein letztes Buch als Titelmotiv diente, ihre eigene Lebensgrundlage. Das gilt für einzelne Firmen wie für Volkswirtschaften, und das gilt letzten Endes, wie uns die Auswirkungen der Klimakrise immer drängender vor Augen führen, für die Menschheit insgesamt.

Im abschließenden Teil werde ich deshalb Hinweise geben, was meiner Ansicht nach zu tun und zu ändern ist, damit das absehbare Ende des Industriezeitalters, wie wir es kennen, nicht in einen Kollaps mündet. Vor allem der digitale Wandel, den wir zurzeit erleben, macht eine andere Form des Wirtschaftens nicht nur möglich, sondern nötig. Ob die deutschen Autobauer dabei weiterhin eine gewichtige Rolle spielen werden, entscheidet sich jetzt. Noch halten sie ihr Schicksal in den eigenen Händen.

TEIL 1

Mit Vollgas in die Krise

»Man entdeckt keine neuen Weltteile, ohne den Mut
zu haben, alle Küsten aus den Augen zu verlieren.«
André Gide

Die einst so ruhmreiche deutsche Autoindustrie, der ich eine Weile in verschiedenen Führungspositionen angehört habe und deren Entwicklung ich seitdem weiterhin intensiv verfolge – mit wachsendem Unverständnis, wie ich einräumen muss –, befindet sich seit geraumer Zeit in einem chronischen Krisenmodus. Finanziell stehen die Premiummarken, wie etwa VW, Daimler oder BMW, zwar alles in allem noch durchaus kraftvoll da, aber kulturell, politisch und technisch ist gewissermaßen die etablierte Geschäftsgrundlage ins Rutschen geraten, wodurch sich die Zukunftsperspektiven der gesamten Branche deutlich eingetrübt haben. Dieser Zustand ist zu großen Teilen, aber nicht ausschließlich selbstverschuldet.

Ich möchte mich deshalb in einem ersten Schritt dieser »Schlüsselindustrie« zuwenden und die aus meiner Sicht falschen Weichenstellungen benennen, nicht ohne noch einmal zu erwähnen, dass die Autobauer, trotz aller brancheneigenen Besonderheiten, in vielerlei Hinsicht als exemplarisch gelten können; in anderen Branchen sind ganz ähnliche Fehlsteuerungen zu erkennen. Verantwortlich für die zentralen Fehler ist natürlich, hier wie dort, das leitende Management – im Verbund mit politischen Steigbügelhaltern –, auf dessen Wirken ich daher besonders eingehen werde. In welchem Ausmaß die Autoindustrie das Eigeninteresse den Kundenbedürfnissen vorangestellt hat, und das lässt sich ähnlich evident etwa am

Banken- und Versicherungssektor oder an der Landwirtschaft zeigen, ist empörend – und am Ende selbstzerstörerisch. Der sogenannte Abgasskandal wie auch das allzu lange, unverbesserliche Festhalten an einer Monokultur des auf immer mehr Leistung getrimmten Verbrennungsmotors sind hierfür nur die anschaulichsten Beispiele, die Spitze des Eisbergs sozusagen. Erst dieses »optimierende« Festhalten an einer zweifellos hervorragenden Technologie mündete schließlich in die flächendeckenden Betrügereien.

Und die Fehler der Vergangenheit drohen sich aktuell zu wiederholen. Nachdem jahre-, nein jahrzehntelang die Erforschung und Entwicklung alternativer Antriebsarten verschlafen und nicht selten boykottiert wurden, überbieten sich die Hersteller nun in ihren guten Vorsätzen und den Verheißungen einer vermeintlich sauberen Elektromobilität der Zukunft – genötigt von immer strenger werdenden Umwelt- und Emissionsgesetzen und aufgeschreckt durch gerichtlich erwirkte, im Autoland Deutschland noch bis vor Kurzem undenkbare Fahrverbote. Getrieben werden sie dabei auch noch von unliebsamer, peinlicherweise branchenfremder Konkurrenz (etwa vom E-Pionier Tesla oder gar von der altehrwürdigen Deutschen Post, die ihre E-Transporter inzwischen in Eigenregie baut, weil die großen Hersteller die Nachfrage danach lange Zeit einfach überhört haben).

Plötzlich setzt alle Welt auf E-Mobilität, zumindest nach außen hin, für das geneigte Publikum und, nicht zuletzt, für den Gesetzgeber. Alle namhaften Marken übertrumpfen sich mit ihren sogenannten Studien und ihren Hochglanz-Prototypen, die aber leider noch nicht so schnell in Serie gehen können, so heißt es, obwohl Tesla und chinesische Firmen die Aussage Lügen strafen, weil es an der Ladesäulen-Infrastruktur mangele, für die nun erst mal »die Politik« sorgen solle. Bis dahin: *business as usual*, das allbekannte Schwarze-Peter-Spiel, mit dessen Hilfe seit Jahrzehnten notwendige Veränderungen immer wieder hinausgezögert oder gar blockiert werden, um die bestehenden Fertigungsanlagen so lange wie möglich auszulasten. Dabei gehe es schließlich auch um Arbeitsplätze – eine Drohung, bei der Politiker reflexartig in Schnappatmung verfallen. Also: Gemach!

Aber der Wind hat sich gedreht, und plötzlich sollen die Segel, wie es schon Aristoteles empfahl, anders gesetzt werden. Und als wären die Fehler der Vergangenheit der Schnee von gestern, macht man irgendwie doch weiter wie bisher: Wieder soll es eine in Massenproduktion herzustellende Antriebsart möglichst allein richten, und wieder stehen hierbei die Interessen der Industrie und nicht die Bedürfnisse der Kunden im Vordergrund – abgesehen davon, dass die nun plötzlich herbeigesehnte E-Mobilität völlig andere Rohstoffkrisen nach sich ziehen und geopolitische Verwerfungen auslösen wird, über deren massive Konsequenzen bislang nur sehr wenige Verkehrs- und Umwelt-Experten nachdenken.

Ich möchte zeigen, warum hier aus meiner Sicht erneut falsche Weichenstellungen erfolgen. Dabei sollte ich vorher klarstellen, dass ich durchaus kein Gegner der E-Mobilität bin. Im Gegenteil, ich selbst habe, gemeinsam mit dem legendären Unternehmensberater Nicolas Hayek, schon vor nunmehr rund dreißig Jahren für ein elektrisch betriebenes Stadtauto geworben. Zuvor war ich schon beim damaligen EU-Kommissionspräsidenten Jacques Delors vorstellig geworden, um ihn um politische und finanzielle Unterstützung für die aus meiner Sicht perspektivisch notwendige Elektrifizierung des Individualverkehrs zu bitten. Denn um den Eintritt in die E-Mobilität zu ermöglichen, hielt ich den von keinem Unternehmen allein zu bewältigenden Aufbau einer Lade-Infrastruktur für erforderlich. Delors ließ sich nicht lange bitten: Wenn die großen Hersteller, und zwar gemeinsam, ihre Bereitschaft signalisierten, E-Autos zu bauen, würde er sich für eine großzügige europäische Entwicklungsförderung der entsprechenden Infrastruktur und der Batterietechnik einsetzen.

Mit dieser guten Nachricht im Gepäck fuhr ich daraufhin, nach Rücksprache mit Carl Hahn, zu einem Treffen mit dem damaligen ABB-Chef Percy Barnevik nach Zürich. Das global tätige Energie- und Automatisierungstechnik-Unternehmen schien uns ein guter Partner für die Weiterentwicklung der von den Autobauern so lange vernachlässigten Batterietechnik zu sein. Um sich für den massenhaften Einsatz in Fahrzeugen zu eignen, müssten die Zellen, so mein Anliegen, deutlich an Gewicht verlieren und an Energiekapazität gewinnen. Ohne auf mein Kooperationsersuchen einzugehen, ging Barnevik ans Flipchart und erteilte mir eine kostenlose Lehrstunde in Sachen Management, als würde er sich für Aufgaben in der Automobilindustrie bewerben wollen. An Batterien allerdings war er nicht interessiert: Nachfrage gleich null. Das klassische Problem des Anfangs: Den Autobauern fehlen geeignete Batterien und eine Lade-Infrastruktur, beides gibt es nicht, solange die großen Hersteller nicht erkennbar in die E-Mobilität einsteigen.

Einer muss den ersten Schritt gehen. Um diese Bereitschaft wiederum auf Herstellerseite zu eruieren, organisierten Delors und ich ein Treffen mit leitenden Mitarbeitern von VW, BMW, Mercedes und Peugeot in Brüssel. Der Gedanke an ein gemeinsames Vorgehen, eine gewissermaßen konzertierte Aktion erschien den Herren damals jedoch völlig abwegig. Ein solches Bündnis, wie es erst heute, insbesondere im Bereich der Batterietechnik, von verschiedenen Firmen geschmiedet wird – BMW mit Daimler und Toyota, VW mit Ford –, war den konkurrenzgetriebenen Führungskräften zu jener Zeit gar nicht recht. Abgesehen von Delors und mir waren sie, die sich gern nachsagen ließen, sie hätten »Benzin im Blut«, darüber hinaus unisono der Ansicht, dass wir mit sauberen, elektrisch betriebenen Autos garantiert Ladenhüter entwickeln würden. Wer will denn so was?

Und wer, bitte schön – diese Frage spielte dann später in meiner neuerlichen Initiative mit Nicolas Hayek eine nicht unwesentliche Rolle –, ist denn dieser Ideengeber? Was bildet der sich ein, als Branchenfremder den ausgewiesenen Fachleuten erklären zu wollen, wie man Autos baut? Nun, der vermeintliche Störenfried hatte kurz zuvor gerade die an ihrem Konservatismus krankende Schweizer Uhrenindustrie vor dem Niedergang bewahrt. Ebenfalls als Branchenfremder. Die Traditionsmarken bauten zwar nach wie vor erstklassige Chronometer, waren jedoch alle in die Krise geraten, weil sie im Preiskampf mit den billigen Japan-Importen hoffnungslos unterlegen waren. Da schmiedete Nicolas Hayek ein Bündnis aus verschiedenen Firmen und entwickelte ein neues, innovatives Produkt: eine im Baukastensystem mit standardisierten Teilen und wechselnden Designs billig herzustellende Schweizer Qualitätsuhr – zu einem attraktiven Preis. Die Swatch wurde bekanntlich ein dauerhafter Welterfolg, der sich meiner Überzeugung nach auf die Autoindustrie durchaus hätte übertragen lassen. Der Grundgedanke war und ist denkbar einfach: Der Profit pro Einheit ist nicht das Entscheidende; wer seinen Kunden ein erstklassiges Produkt zu einem günstigen Preis anbietet, wird trotz kleiner Gewinnspanne durch höheren Absatz am Ende zufriedenstellend daran verdienen. Und genau so ist es für die Schweizer Uhrenindustrie dann auch gekommen, und zwar insgesamt. Die Swatch hat die Branche nicht etwa nur auf billig getrimmt, sondern ihr Image instand gesetzt, sodass auch die teuren Edelmarken wieder in die Erfolgsspur fanden. Der Patient war gerettet.

Auch die für ihre handwerkliche Präzision gerühmten Uhrmacher waren anfangs sicher nicht glücklich, die Palette ihrer Meisterwerke durch ein maschinell gefertigtes Standardprodukt zu ergänzen, ließen sich aber aufgrund ihres scheinbar unabwendbaren Siechtums auf das Experiment ein. Nicht so die Autobauer, die damals zwar ebenfalls über die japanische Konkurrenz stöhnten, sich aber nicht wirklich in Gefahr wähnten. Nur der Daimler-Konzern wagte schließlich nach einigem Zögern einen Versuch, sah sich jedoch womöglich später in seiner ursprünglich ebenfalls ablehnenden Haltung bestätigt, nachdem man dort Teile unserer Ideen mit dem Smart umgesetzt hatte, aber mit dem Modell wohl nie ganz glücklich geworden ist. Bis heute hat man damit meines Wissens kein Geld verdient. Der kleine Benziner, der um die Jahrtausendwende erstmals vom Band rollte, hatte mit unseren Plänen allerdings nicht mehr viel gemein. Insbesondere die vielleicht entscheidende neue und wegweisende Komponente fehlte: der von Hayek als zentrales Element vorgesehene Elektro- oder Hybridantrieb, der das Auto, als Stadtauto, zu einer echten Neuerung gemacht hätte.

Ein solcher Antrieb, vor allem in seiner vollelektrischen Variante, steht aber jetzt, erst jetzt, offenbar im Fokus nahezu aller Hersteller, womit die wichtige Industrie in eine ähnliche Falle zu laufen droht wie zuvor mit dem Verbrennungsmotor. Und zwar nicht etwa, weil der Antrieb an sich untauglich wäre, sondern weil eindimensionale, massenindustrielle, gewissermaßen monokulturelle Lösungen schon in der Vergangenheit stets gefährlich waren, für die Zukunft hingegen gänzlich untauglich sind. Dass die Mobilität von morgen, und das gilt im übertragenen Sinne auch für die Ernährung von morgen, meiner Überzeugung nach auf Diversität gründen muss, nicht auf einer einzigen, allein seligmachenden Antriebsart – sei es Elektro oder Wasserstoff, Benzin, Diesel oder Erdgas –, werde ich in der Folge näher erläutern.

Der Industrie- und Marktgesellschaft, wie wir sie kennen, steht ein grundlegender Wandel bevor, der die Erfolgsrezepte von gestern ganz alt aussehen lassen wird. Der eine Treiber dieses Wandels ist die sogenannte Digitalisierung; ich werde darauf eingehen. Der zweite, nicht minder wichtige Treiber sollte unsere Vernunft sein – oder dramatischer formuliert: unser Überlebenswille. Der erscheint zurzeit jedoch leider vielerorts noch seltsam fehlgeleitet. Überall spülen die ja durchaus verständlichen Veränderungsängste vieler Menschen Politikertypen an die Macht, die sich und uns einreden, an den alten Erfolgsrezepten festhalten zu können, ja zu müssen – als wären die Staaten Konzerne, die miteinander in Konkurrenz stehen und wechselseitige Übernahmepläne hegen, als wäre die Welt eine Aktiengesellschaft, die auf Profit aus ist und wie eine Firma geführt werden muss.

»*Mon dieu*«, sagen wir in Frankreich, wenn etwas gar nicht mehr zu fassen ist und von allen guten Geistern verlassen scheint – so wie die Herren, die aktuell gerade den Aufsichtsrat beispielsweise der »Firmen« USA, Brasilien und Großbritannien anführen. Ich wäre sehr dafür, dem einen, der sein Kaufinteresse schon bekundet hat, im Idealfall allen drei Bossen Grönland zu überlassen, unter der Auflage einer permanenten Anwesenheits- und medialer Abwesenheitspflicht.

Der Wunsch wird selbstverständlich nicht in Erfüllung gehen. Deshalb sehe ich mich, widerwillig, zu einer Ermahnung veranlasst: Wer das Twitter-Gewitter und die medialen Inszenierungen dieser Kunstfiguren, die doch so deprimierend real sind, noch lustig findet, dem oder der ist nicht mehr zu helfen. Und zwar im buchstäblichen Sinne. Denn das »Zurück marsch, marsch« von Donald Trump, Jair Bolsonaro oder Boris Johnson führt keineswegs in die Zukunft, sondern wird in einen Leidensweg münden, dessen vorhersagbare Qualen mir weitaus mehr Angst machen als jeder Abschied von vertrauten Gewohnheiten und überkommenen Gewissheiten. Im Amazonasgebiet brennt der Regenwald, und wir belohnen die Ursachen, indem wir mit den südamerikanischen Ländern ein Handelsabkommen schließen, das den Verkauf von Rindfleisch von Südamerika nach Europa weiter ankurbeln soll. Sprich: Weiter so! Immer mehr Weideflächen, immer mehr Anbauflächen für Tierfutter sollen erschlossen werden. Der Wald ist schließlich eine Ressource, er gehört ausgebeutet! Dabei dürfte allen Beteiligten und Unbeteiligten klar sein: In dieser Sackgasse lauert tatsächlich ein tödliches Ende.

Wir müssen stattdessen ganz neue Wege finden, und gerade die Suche danach macht doch den Alltag überhaupt erst lebendig. Kurz, die schönste Konstante im Leben, das kann ich aus gelebter Erfahrung bezeugen, ist Veränderung. Warum wir stets dagegen aufbegehren und Leuten vertrauen, die Kontinuität oder gar Restauration predigen, ist mir ein Rätsel. Das Neue ist nicht der Feind des Alten, so wenig wie das Fremde der Feind des Eigenen ist. Aber die Spannung zwischen diesen beiden Polen prägt das gesellschaftliche Leben seit jeher. Historisch gesehen waren dabei immer jene Gesellschaften am erfolgreichsten, die auf Integration statt auf Ausgrenzung, auf Verständigung statt auf Anpassung gesetzt haben, die also bereit und fähig waren, fremde Einflüsse und neue Impulse verändernd wirksam werden zu lassen. Solche Mischungsverhältnisse zu finden, in denen das eine, Alte, durch etwas anderes, Neues, erweitert und bereichert wird, ist das Gebot der Stunde. Und die Voraussetzungen hierfür tragen wir alle in uns, mehr oder weniger verschüttet. Denn in der Kindheit war uns solche Offenheit noch prinzipiell eigen, ohne sie hätten wir uns die Welt nicht »aneignen«, sie nicht zu »unserer Welt« machen können. Aus solcher aktiven Gestaltung dürfen wir uns als Erwachsene nicht verabschieden, indem wir an dem jeweils Gegebenen, etwa an gestrigen Erfolgen, stur festhalten.

Natürlich kann Veränderung auch Verschlechterung bedeuten. Darin haben wir es ja, nicht nur in ökologischer Hinsicht, zu wahrer Meisterschaft gebracht. Dann muss eben weiter geändert werden. Anders ist eine lebenswerte Zukunft nicht denkbar. Daran müssen Politik und Wirtschaft, daran muss unser aller Handeln ausgerichtet sein. »Wer, wenn nicht wir?«, fragen uns die Schülerinnen und Schüler der *Fridays-for-Future*-Bewegung. »Warum sollen wir zur Schule gehen? Um für eine Zukunft zu lernen, die ihr uns gerade nehmt?« Diese beschämende Frage durch Antworten aus der Welt zu schaffen, wird nicht leicht sein. Es ist aber möglich, wenn wir uns aus unserer Selbstbezogenheit ein Stück weit lösen und den Blick nach vorne richten, dorthin, wo wir heute noch längst nicht sind, wo wir aber gern einmal ankommen würden.

An dieser Perspektive herrscht in Wirtschaft und Politik ein eklatanter Mangel. Hinzu kommt, dass wir dazu neigen, die kurzfristigen Effekte einer Maßnahme, einer Entwicklung oder eines Trends zu überschätzen, die langfristigen hingegen stets zu unterschätzen oder schlicht zu ignorieren. Dadurch haben sich die Planungszyklen immer stärker verkürzt. Anfang der 1980er-Jahre war es unsere Aufgabe im Ford-Vorstand, einen Zehnjahresplan zu erstellen. Das war anspruchsvoll, zwang aber dazu, weiträumigere Entwicklungen zu antizipieren. Ende der 1980er-Jahre war diese Planungsperspektive bereits auf drei Jahre zusammengeschrumpft.

Heute agieren Manager und Politiker fast nur noch im Hier und Jetzt und sind darüber gewissermaßen zukunftsblind geworden. Quartalsbilanzen und monatliche Meinungsumfragen bestimmen ihr Handeln und machen es damit oftmals zu bloßer Fassadenschieberei. Führung verkommt zum Marketing. Der bayerische Ministerpräsident Söder holt sich Bienen in die Staatskanzlei, es gehe ihm, sagt er, um den »Erhalt der Schöpfung«; der famose Verkehrsminister Scheuer erteilt E-Rollern eine Zulassung, ohne jeden Plan, wo die trendigen Scooter, die den Stadtverkehr nicht ent-, sondern saisonal belasten, denn bloß fahren und parken sollen; Verteidigungsministerin Kramp-Karrenbauer, kaum im Amt, fordert öffentlichkeitswirksam das kostenlose Bahnfahren für Soldatinnen und Soldaten, als gäbe es in der beratergebeutelten Truppe, deren Angehörige und Material kaum einsatzfähig sind, nicht wirklich wichtigere Probleme; große Autokonzerne verkünden das Ende des Verbrennungsmotors, räumen aber auf Nachfrage ein, dass dies wohl noch einige Jahrzehnte dauern wird; und in einer zweiseitigen Anzeige im *Wall Street Journal* bekennen sich die Chefs von mächtigen Konzernen, darunter Amazon, Apple, Coca-Cola, Bayer und Siemens, im August 2019 zu ihrer gesellschaftlichen Verantwortung: Sie fühlten sich nicht mehr nur der Gewinnmaximierung und dem »Shareholder-Value« verpflichtet, sondern gelobten, fortan auch die Kunden, die Beschäftigten, die Lieferanten und die Bürger fair zu behandeln.

Du lieber Himmel! Wenn milliardenschwere Unternehmen öffentlich verkünden, künftig nicht nur gegenüber den »Shareholdern«, sondern auch gegenüber allen »Stakeholdern«, etwa gegenüber ihren Kunden und Angestellten, verantwortlich handeln zu wollen, kommt das dem unfreiwilligen Eingeständnis gleich, diese Verantwortung bislang missachtet zu haben. Ich halte all solche, mehr oder weniger ungeschickten,

Marketing-Kampagnen für nichts anderes als für rhetorische Umarmungen, die dem Zeitgeist Tribut zollen, um Wählergunst und Image buhlen oder darauf abzielen, wie dies sogar der frühere US-Finanzminister Larry Summers in der *Financial Times* mutmaßte, mögliche Verschärfungen bei der Besteuerung und Regulierung der Unternehmen abzuwehren.

In den Firmen- und Parteizentralen geht man derweil davon aus, dass sich solche »positiven« Signale rasch »versenden«, im Sinne von »versickern«, ohne dass später auch tatsächliche Konsequenzen eingefordert werden. Ihr Zweck ist ein anderer: »Moderne Propaganda«, hat der zu Unrecht weithin unbekannte »Vater der Public Relations«, Edward Bernays, schon 1928 geschrieben, »ist das stetige, konsequente Bemühen, Ereignisse zu formen oder zu schaffen mit dem Zweck, die Haltung der Öffentlichkeit zu einem Unternehmen, einer Idee oder einer Gruppe zu beeinflussen«.[1]

Und Bernays wusste auch, warum solche Beeinflussung gerade für die Industriegesellschaft so wichtig ist: »Massenproduktion ist nur dann profitabel, wenn sie dauerhaft stattfinden kann – das heißt, wenn die abgesetzte Gütermenge zumindest konstant gehalten oder besser kontinuierlich gesteigert werden kann. Daraus folgt: Während in der durch kleine Produktionseinheiten und Handarbeit geprägten Ökonomie [...] die Nachfrage das Angebot schuf, muss für das Angebot heute aktiv die nötige Nachfrage geschaffen werden. Eine einzelne Fabrik, deren Ressourcen einen ganzen Kontinent mit der produzierten Ware versorgen könnten, kann nicht warten, bis die Öffentlichkeit das Produkt von sich aus nachfragt. Über Werbung und Propaganda muss sie ständig in Kontakt mit der Öffentlichkeit bleiben, um die stetige Nachfrage sicherzustellen, die für den profitablen Betrieb der kostspieligen Fabrik erforderlich ist.«[2]

Und so ist es bis heute. Aber dieses Fundament der Industriegesellschaft bröckelt. Werbung, wie sie die zweite Hälfte des vergangenen Jahrhunderts bis in die Alltagsästhetik hinein geprägt und gerade die Massenwaren in den schillerndsten Farben gepriesen hat, verfängt immer weniger. Zwar beschreibt die von Bernays skizzierte Logik der Massenproduktion zutreffend das Erfolgsprinzip etwa der großen Autohersteller, der Nahrungsmittel-, Chemie- oder Elektronik-Giganten. Viele Indizien sprechen jedoch dafür, dass sich deren Ära dem Ende entgegenneigt. Schon heute wandelt sich die Ökonomie, nicht zuletzt im Zuge der Digitalisierung und einer immer stärkeren Individualisierung der Lebensentwürfe und Konsumbedürfnisse, zu einer nachfrageorientierten Wirtschaft, die einer industriellen Produktion und der geschilderten »Diktatur des Angebots« weit engere Grenzen setzt. Der Kunde gewinnt an Einfluss (zurück), und neue Konkurrenz wird das bislang steile Machtgefälle einebnen. Ein Elektroauto beispielsweise ist viel einfacher herzustellen als ein Fahrzeug mit Verbrennungsmotor. Das gewährt Wettbewerbern einen Marktzugang, die zu Zeiten der Massenproduktion keine Chance hatten. Den Skalen-Vorteilen der Großen waren sie im Preiswettkampf hoffnungslos unterlegen. Das ändert sich gerade in vielen Bereichen.

»Disruption« ist hierfür das moderne Zauberwort; es benennt jedoch in Wahrheit einen Vorgang, der so alt ist wie die Wirtschaft selbst. Wer sich an alte Erfolge klammert und auf Innovationen, neue Entwicklungen oder Erfordernisse und sich verändernde Bedürfnisse abwehrend oder nur vordergründig reagiert, schafft sich im Grunde selbst ab. Einst weltmarktführende Konzerne etwa der Musikindustrie, der Fotoindustrie oder des Versandhandels haben dieses Schicksal bereits durchlitten. Ob es der Automobilbranche gelingt, das Steuer noch rechtzeitig herumzureißen, wird sich schon sehr bald zeigen. Die aktuellen Signale stimmen mich zurzeit noch eher pessimistisch, weil weiterhin stur versucht wird, den alten Erfolgsweg einer *economy of scales* fortzusetzen. Man hofft, die bestehenden Fertigungsanlagen umrüsten zu können, um weiterhin ein standardisiertes Massenprodukt vom Band laufen zu lassen. Es ist nicht auszuschließen, dass dies zunächst auch gelingt. Politik und Wirtschaft werden alles daransetzen und versuchen, Zeit zu gewinnen. Aber wofür und um welchen Preis?

Meiner Überzeugung nach wird der Versuch, die Erfolgsgeschichte möglichst linear fortzuschreiben, vor allem dazu führen, dass wir abermals wertvolle Zeit verlieren. Neuen Wein in alte Schläuche zu füllen, das wusste nach den Erzählungen des Neuen Testaments schon Jesus von Nazareth, ist zum Scheitern verurteilt. Der Schlauch wird reißen und der Wein verschüttet werden. Nein, die »alten Schläuche« taugen nicht mehr. Auch ist der für die bisherige Massenproduktion erforderliche, von Bernays beschriebene »Kontakt mit der Öffentlichkeit« mittlerweile gestört; er unterliegt Rahmenbedingungen, die den Einfluss der Masse-Produzenten zunehmend begrenzen. Die Probleme des Stadtverkehrs, die Stromerzeugung, Zustand und Leistungsfähigkeit der Energie- und Kommunikationsnetze, veränderte Infrastrukturbedarfe und nicht zuletzt die Auswirkungen und Kosten eines unverändert extensiven Umweltverbrauchs machen buchstäblich »neue Schläuche« notwendig, neue Produktions- und Vertriebsmethoden sowie neue Mobilitäts-Allianzen, in denen ehemalige Konkurrenten zu Kooperationspartnern werden.

Um in Zukunft erfolgreich zu bleiben, wird es für die Autobauer beispielsweise nicht ausreichen, die Modellpalette kurzfristig zu erweitern und mittelfristig auf eine andere Antriebsart umzurüsten. Denn abgesehen von den schon genannten Herausforderungen dürfte auch der Markt längst nicht mehr so aufnahmefähig sein, wie von den Großen der Branche erhofft – und mit Blick auf die Aktionäre gern behauptet wird. Konnten die deutschen Hersteller die heimische Nachfrageschwäche in den letzten Jahren noch mit einem wachsenden Auslandsgeschäft ausgleichen, stehen nun auch die Exporterfolge, nicht zuletzt durch eigene Verfehlungen, ernsthaft infrage. Darüber hinaus ist etwa in China und Indien eine starke einheimische Autoindustrie gewachsen, die auf den lokalen Mobilitätsbedarf bessere und nicht zuletzt preiswertere Antworten parat hat als die deutschen Premiumhersteller.

Nichts ist so alt wie der Erfolg von gestern

»Erfolg ist nie von Dauer. Wer eine vorbildliche Mausefalle erfindet, muss damit rechnen, dass die Mäuse der nächsten Generation von Natur aus klüger sein werden.«
Albert Einstein

Weit mehr als eine Milliarde Pkw, Busse und Lkw sind mittlerweile weltweit unterwegs, und jede Sekunde nimmt der Weltbestand um ein weiteres Fahrzeug zu. Angesichts der stetig wachsenden Weltbevölkerung, mit aktuell schon knapp acht Milliarden Menschen, haben die Automobilhersteller zahlenmäßig also noch gehörig Luft nach oben – auch wenn sie nach unten hin immer dünner wird. So liegt beispielsweise der Anteil an Chinesen, die ein Auto besitzen, erst bei 15 Prozent. Während der heimische Markt inzwischen gut bedient ist, in Deutschland kommen auf 1000 Einwohner knapp 600 Fahrzeuge, gibt es anderswo also noch lukrative Absatzchancen. Zwar weiß jeder, übrigens auch die chinesische Führung, dass es der reinste Irrsinn wäre, wenn die »Automobilisierung« überall ein ähnliches Niveau erreichte wie in den westlichen Industriestaaten. Das ficht die Autobauer aber nicht an. Die Zahlen sprechen für eine Fortsetzung ihrer Erfolgsgeschichte: Weltweit hat der Markt weiterhin Wachstumspotenzial, das darauf wartet, von »mir« ausgeschöpft zu werden, bevor es die Konkurrenz tut. Vernunft, Moral, Umwelt werden in Autokreisen allenfalls aus Marketing-Gründen bemüht, *green is beautiful*, gelten aber nicht als Geschäfts-, sondern eher als Störgrößen.

Um nun nicht gleich die naheliegende Umweltkeule zu schwingen, verweilen wir kurz bei der ganz praktischen Vernunft. Die Pkw-Dichte an der Anzahl der Autos pro Einwohner zu messen, ist zwar allgemein üblich, sagt aber wenig aus über den Nutzwert und die tatsächliche Benutzung der Fahrzeuge, also darüber, ob sie ihren wesentlichen Zweck erfüllen, nämlich Mobilität zu gewährleisten. Interessanter und aussagekräftiger in dieser Hinsicht ist da schon die Anzahl der Pkw pro Kilometer Straße. Zwar haben die USA mit einer ähnlichen Pkw-Dichte wie Deutschland aufgrund der Bevölkerungszahl den weltweit größten Fahrzeugbestand, auf das Straßennetz umgerechnet verteilen sich dort jedoch lediglich knapp 20 Autos auf jeden Kilometer. Zum Vergleich: In China sind es bislang erst halb so viele, also um die zehn, während sich in Deutschland auf jedem Straßenkilometer schon gut 60 Pkw drängen. Rund 45 Millionen Autos hierzulande bedecken damit bereits stehend rund ein Viertel der gesamten etwa 700 000 Kilometer langen Asphaltfläche. Aber auch dieses schon recht beeindruckende Zahlenspiel wäre noch weiter zu verfeinern. Denn dass wir im internationalen Vergleich trotzdem immer noch halbwegs zügig vorankommen, liegt schlicht daran, dass sich die Fahrzeuge und Verkehrswege im vergleichsweise kleinen Deutschland recht gleichmäßig über die gesamte Landesfläche verteilen. In China hingegen sind weite Teile der Provinzen verkehrstechnisch praktisch kaum erschlossen, sodass der überwiegende Teil der Autos in den Großstädten genutzt wird, die dort deshalb mittlerweile im Stau erstarren und im Smog zu ersticken drohen.

Das alles sind Zusammenhänge, die einen Automanager vielleicht nicht gleich in die Depression stürzen, ihn aber, mit Blick auf die Zukunft, zumindest umtreiben müssten. Der Erfolg von gestern, so viel sollte klar sein, lässt sich nicht geradewegs in die Zukunft verlängern, jedenfalls nicht mit lauteren Mitteln und schon gar nicht in verantwortlicher Weise. Diese

Wahrheit wurde aber in den letzten Jahren, ach, Jahrzehnten systematisch ignoriert, vielleicht auch »nur« verdrängt, sowohl von den in Rede stehenden Firmen als auch von der wirtschaftsgetriebenen Politik. Beschäftigung, Absatz, Umsatz *first*! Um alles Weitere kümmern wir uns später. Vielleicht. Oder auch nicht. Mal sehen.

Und die reinen Zahlen scheinen den Konzernführungen und ihren politischen Unterstützern ja auf den ersten Blick recht zu geben. Nach starken Einbrüchen aufgrund der Finanzkrise von 2008 sah sich die Bundesregierung – dank erfolgreicher Lobbyarbeit der Automobilindustrie – veranlasst, den einheimischen, zweifellos »systemrelevanten« Automarkt mit einer sogenannten Abwrackprämie zu stützen. Subventionen in Höhe von insgesamt rund fünf Milliarden Euro – Steuergelder wohlgemerkt – sorgten dafür, dass die Autobranche in der Krise eines ihrer besten Absatzjahre der Nachkriegsgeschichte feierte. 3,8 Millionen Neuzulassungen in Deutschland ließen aufatmen. Geht doch! Wo ein politischer Wille ist, ist auch ein Weg. Doch einmal abgesehen davon, wo der ganze Schrott, der da angeblich »abgewrackt« wurde, letztlich gelandet ist, hat die großzügige staatliche Hilfe die Misere der Hersteller in Wahrheit nur verlängert, man könnte auch sagen: verschlimmert, weil sich dadurch die strukturellen Probleme weiter verschleiern ließen.

Solche in meinen Augen falschen politischen Weichenstellungen, die nur den kurzfristigen Effekt im Blick haben und die langfristigen Konsequenzen ausblenden, folgen dabei einem durchaus gängigen Muster. Schon einige Jahre zuvor war einer anderen, an sich solventen Branche mit einem riesigen Subventionsprogramm unter die Arme gegriffen worden. Als im Jahre 2001 mit der sogenannten »Agenda 2010« die gesetzlichen Voraussetzungen zur Einführung einer staatlich geförderten privaten Renten-Zusatzversicherung, der »Riester-Rente«, geschaffen wurden, dürften in der Versicherungsbranche die Sektkorken geknallt haben. Die damals beschlossene Absenkung des Rentenniveaus sollte fortan durch eine staatlich geförderte, kapitalgedeckte Privatvorsorge ausgeglichen werden. Die Finanzdienstleister, aber auch alle Arbeitgeber konnten ihr Glück kaum fassen. Denn was war beschlossen worden? In meinen Worten: Ich nehme den Bürgern per Rentenformel etwas weg, um es ihnen dann über die Förderung ihrer privaten Vorsorge mit Milliarden an Steuergeldern wiederzugeben. Mit dem Nebeneffekt, dass ich alle Arbeitgeber »entlaste« und sie praktisch aus der paritätischen Finanzierung der Rentenversicherung entlasse. Am Ausgleich der von mir verursachten Versorgungslücke jedenfalls müssen sie sich nicht beteiligen, ganz im Gegensatz zu jenen Steuerzahlern, die von der Rentenkürzung zwar mitbetroffen sind und die staatliche Förderung mitfinanzieren, selbst aber nicht »riestern« (können).

Dass der Unmut über solche Entscheidungen, die schon theoretisch schwer nachvollziehbar sind, die sich aber auch praktisch als desaströs erweisen, eine dafür (haupt-)verantwortliche ehemalige Volkspartei, die altehrwürdige SPD, in der Wählergunst, um es vorsichtig auszudrücken, extrem beschädigt hat, sollte nicht wirklich überraschen. Eine derartige Rentenreform wäre doch insgesamt nur dann sinnvoll, wenn man unterstellt, dass die Leute anschließend mehr für ihr Alter zurücklegen als vorher. Aber worauf beruht diese seltsame Annahme? Tatsächlich tun die Leute das eben gar nicht, vermutlich sind ganz viele auch nicht in der Lage dazu. So ist die sogenannte Sparquote nach der Reform im Großen und Ganzen gleich geblieben. Das heißt, das, was die Menschen ohnehin gespart hätten, wurde nun teilweise durch Riester-Produkte nicht etwa ergänzt, sondern höchstens ersetzt. Dass irgendein künftiger Rentner nach der Reform seine einstmals »garantierten« Altersbezüge auf gleichem Niveau sichern konnte oder gar besser dasteht als zuvor, kann getrost bezweifelt werden. Nicht nur hat kein Ausgleich der Absenkung des Rentenniveaus stattgefunden, vielmehr hat sich das Armutsrisiko für Millionen zukünftige Rentner erhöht. Die einzigen Begünstigten der gigantischen staatlichen Subventionszuwendungen waren von Beginn an die Versicherer und sogenannten Finanzdienstleister. Und begünstigt wurden sie in diesem Fall von der selbsternannten »Partei der kleinen Leute«, die sich – angesichts solcher Umverteilung von unten nach oben – daraufhin in Scharen von ihrer angeblichen Interessenvertretung abwenden. Wen wundert's?

Ein ähnliches Schauspiel ereignete sich später bei der sogenannten Bankenrettung, es vollzog sich im Zuge der Griechenland aufgezwungenen Sparmaßnahmen während der Eurokrise, und es wiederholt sich, zumeist unterhalb der Schwelle der Öffentlichkeit, Jahr für Jahr in der buchstäblich »groß-zügigen« Förderung der Landwirtschaft, die daraufhin nicht selten, wie die Autobranche permanent, Überschüsse produziert – man kennt den Butterberg oder den Milchsee –, die man anschließend, als »Hilfe« deklariert, billig an arme Länder abgibt, wo die kleinen Bauern mit ihren Produkten dann nicht mehr konkurrenzfähig und schnell in ihrer Existenz bedroht sind. Mit anderen Worten: Den Großen gibt man, den Kleinen nimmt man – und schädigt damit das wesentliche Fundament sowohl bäuerlichen Wirtschaftens als auch einer gesunden Ernährung: Diversität. Ich werde darauf zurückkommen.

Diversität wäre auch in der Autoindustrie gefordert. Doch solange die Umsatzquelle, und sei es dank staatlicher Hilfen, sprudelt, wird kein angestellter, den »Shareholdern« rechenschaftspflichtiger Manager riskieren, den Durchfluss zu drosseln, indem er in die Zukunft investiert. Sobald es knirschte, konnte man sich der Unterstützung durch die Politik bislang noch stets sicher sein. Daran wird sich auch sehr bald kaum etwas ändern. Denn mit der ökonomischen Macht der großen Konzerne korrespondiert ein nicht zu unterschätzender politischer Einfluss. Seit mehr als hundert Jahren gilt die Autoindustrie – anfangs vielleicht noch neben der Chemie-, Elektro- und Stahlindustrie, inzwischen mit Alleinstellungsmerkmal – als wichtigste Wirtschaftsbranche in Deutschland.

Das wird auch regelmäßig mit beeindruckenden Zahlen unterfüttert, die belegen, dass die deutschen Automobilkonzerne mittlerweile den größten Anteil an der heimischen Wertschöpfung beitragen. Um nur einige wenige Kerndaten zu nennen: Knapp acht Prozent der gesamten Wirtschaftsleistung und ein Umsatz von gut 400 Milliarden Euro pro Jahr gehen direkt oder indirekt auf die Autoproduktion zurück. Rund 800 000 Menschen sind bei Autobauern und Zulieferern beschäftigt, hinzu kommt noch einmal etwa eine Million Arbeitsplätze, die Schätzungen des Verbandes der Automobilindustrie zufolge indirekt von der Autoproduktion abhängig sind – also beispielsweise Beschäftigte bei Versicherungen, Reise- oder Logistikunternehmen sowie natürlich alle Berufskraftfahrer. Erst 2018 vermeldete die Branche ein Rekordjahr nach Umsatz und Beschäftigtenzahl, etwas oberhalb der gerade genannten Größenordnung.

Das alles klingt nach großer Potenz und gesunder Substanz, nach einer Erfolgsgeschichte, die bis heute anhält. Denn auch die aktuellen Absatzzahlen scheinen von Konstanz zu zeugen. Die Zahl der jährlichen Neuzulassungen in Deutschland hat sich auf etwas niedrigerem Niveau als im Rekordjahr 2008 bei etwa 3,5 Millionen Pkw eingependelt, die Zahl der ins Ausland exportierten Fahrzeuge bewegt sich um die Vier-Millionen-Marke, weist aber aus verschiedenen Gründen keine nennenswerten Zuwächse mehr aus; zu nennen wären etwa der Imageverlust durch den Abgasskandal, Zollstreitigkeiten mit den USA, der Brexit oder das Erstarken der chinesischen Inlandskonkurrenz. Aber alles in allem scheint die Situation auf gutem Niveau stabil zu sein.

Und genau darin besteht meines Erachtens zurzeit das Hauptproblem, weil der anhaltende Erfolg gewissermaßen jeden Wandlungswillen lähmt und längst notwendige Reformen verhindert, sowohl aufseiten der Wirtschaft als auch aufseiten der Politik, die der Branche eben gerade nicht hilft, indem sie sie mit allerlei Maßnahmen dazu animiert, an ihrem alten Erfolgsweg festzuhalten. Neue Geschäftsmodelle, alternative Antriebsarten und neue Wettbewerber, wie Tesla und Google in den USA oder Nio und Byton in China, werden das unmöglich machen. Experten warnen daher inzwischen schon vor einem »Klumpenrisiko« des Fahrzeugbaus, also einer drohenden Kettenreaktion. Denn wenn einer der großen hiesigen Hersteller durch die anstehenden Veränderungen in ernste Schwierigkeiten geraten sollte, und das ist durchaus möglich, wovon das Beispiel Opel schon eine Vorahnung geben konnte, hätte das durch die erwähnten vielfältigen Verflechtungen für die gesamte deutsche Volkswirtschaft kaum absehbare Konsequenzen.

Diese Gefahr ist real. Der Gefährder sitzt aber gewissermaßen in den eigenen Reihen. In keiner anderen Industriebranche hat sich in den Jahren ihres Bestehens so wenig geändert wie im Autobau. Trotz aller beeindruckenden Verbesserungen von Motorleistung, Sicherheit, Komfort und Design wird das Auto heute im Grunde noch so gebaut wie vor gut hundert Jahren, mit einem Verbrennungsmotor, der seine Kraft über

Wellen, Gelenke und Lager auf die Räder überträgt. Zweifellos ist das Produkt wie auch seine Fertigung durch große Ingenieurskunst immer zuverlässiger, immer ein wenig schneller, immer auch ein wenig sauberer und sparsamer geworden. Allerdings wurden gerade die letztgenannten Zugewinne durch immer stärkere Motoren und eine durch vielfältige Ausstattungsdetails verursachte Gewichtszunahme zu großen Teilen stets kompensiert. Von Neuausrichtung keine Spur. Das rächt sich nun langsam. Ihr nur an linearer Optimierung orientierter technischer Ehrgeiz fällt den Herstellern nun gewissermaßen auf die Füße. Die gesetzlichen Vorgaben werden schärfer, und die Präferenzen der Kunden, die man bislang durch Marketing- und Werbemaßnahmen steuern zu können glaubte, entziehen sich zunehmend solchem Einfluss und ändern sich rasant. Die Neuwagen glänzen zwar nach wie vor in allen Formen und Farben, sehen aber plötzlich seltsam alt aus und taugen in Zeiten des Klimawandels und eines nun auch in breiten (Käufer-)Schichten erwachenden Umweltbewusstseins auch nicht mehr recht als Statussymbol.

Die deutsche Autoindustrie steht damit vor der vielleicht größten Herausforderung ihrer Geschichte. Sie muss sich praktisch neu erfinden, wirkt aber wie erstarrt und verschwendet Energie wie Kapital auf gestrigen Kampfplätzen. Man strebt weiterhin die Weltmarktführerschaft an, ein Ehrgeiz, der fast schon traditionell vor allem bei Volkswagen ausgebildet ist. Dabei müsste man doch wissen, dass Größe allein vor gar nichts schützt, sondern nur die Fallhöhe steigert, wie das Schicksal des US-amerikanischen Giganten General Motors belegt, der jahrzehntelang diese Spitzenposition innehatte und 2009 eine spektakuläre Pleite hinlegte. Dennoch wird immer noch und immer weiter um Stückzahlen gewetteifert, werden weltweit neue Fabriken gebaut, um die Hoffnungsmärkte im Ausland effektiv bedienen zu können und ausländische Regierungen zu wohlwollenden Steuer- und Zollregelungen zu veranlassen.

Exakte Angaben sind schwer zu ermitteln, aber meiner Schätzung nach würden die weltweiten industriellen Kapazitäten im Autobau locker ausreichen, um mehr als 100 Millionen Pkw pro Jahr herzustellen; und immer noch planen einige Konzerne weitere Werke, stets großzügig unterstützt von der regierungsverantwortlichen Politik in der jeweiligen Zielregion, die auf Arbeitsplätze, Steuereinnahmen und Kaufkraft hofft und dafür zu vielen Zugeständnissen bereit ist. Die tatsächlich produzierte Stückzahl liegt natürlich weit unterhalb der möglichen Gesamtkapazität, weil die Produktionsmöglichkeiten die Nachfrage deutlich übersteigen: An die Kunden ausgeliefert werden jährlich stets weniger Neufahrzeuge, als produziert werden. Und genau darin besteht eines der akuten, mittlerweile schon »chronisch« zu nennenden Hauptprobleme der gesamten Branche.

Überkapazitäten sind eine schwerwiegende Kostenfalle, da die Nichtauslastung von extrem teuren Fertigungsanlagen die Profitmarge pro Fahrzeug empfindlich schmälert. Hier die richtige Balance zu finden, ist kaum möglich. So kommt es, dass seit Jahren die Anzahl der hergestellten Autos millionenfach über der der verkauften liegt, und ebenso lange versucht man, dieser Mehrproduktion mithilfe kostspieliger Rabattschlachten oder extrem günstiger Kredit- und Leasingangebote Herr zu werden. Abgesehen von der »Blase«, die dadurch in der Automobilwirtschaft ebenso entsteht wie in der Immobilienwirtschaft, ist das ein völlig hoffnungsloses Unterfangen, weil die Autos, die ich vorn auf die Resterampe schiebe und zum Schnäppchenpreis an die Händler ausliefere, hinten schon wieder vom Band rollen – während die Gewinne pro

Fahrzeug durch die diversen Preisnachlässe abschmelzen wie die Polkappen durch die Erderwärmung.

All diese gewissermaßen strukturellen Probleme sind hinlänglich bekannt, sie waren schon zu meiner aktiven Zeit virulent und wurden auch durchaus heftig, sprich: kontrovers diskutiert. Ohne nennenswerte Folgen bis heute. Das stellt sich aus der Binnenperspektive – ich weiß, wovon ich spreche – natürlich stets etwas anders dar. Aus einer Außenperspektive ist das schlicht nicht nachvollziehbar. Die schon damals bekannten Probleme zu lösen, wäre unternehmerisches, kaufmännisches Handwerk gewesen, keineswegs Hexenwerk. Dass solche Hausaufgaben bis heute nicht erledigt wurden, liegt einerseits daran, dass das Management nach wie vor primär auf Produktions-, Absatz- und Umsatzzahlen fokussiert ist und sich angesichts vermeintlicher Verkaufserfolge gern in der eigenen Großartigkeit sonnt. Es hat andererseits aber sicherlich auch damit zu tun, dass sich diese wichtige und gewichtige Industrie seit geraumer Zeit in einen ökologischen Strudel gezogen sieht, dessen Sogwirkung sie allzu lange unterschätzt hat – und dafür nun massiv Lehrgeld bezahlt.

Weder Produktivität und Effizienz noch Kapazitäten und Profitmargen, die bis heute gültigen »Marker« für den Erfolg eines Unternehmens, werden über ihre Zukunft entscheiden, sondern zum einen ihre Wandlungsfähigkeit und zum anderen der künftige Mobilitätsbedarf sowie die Umweltfrage. Und Letztere ist durchaus komplexer, als dass die derzeitigen Wendemanöver darauf bereits eine Antwort sein könnten. Die plötzlich so resolute Hinwendung zum Elektromotor, so mein Eindruck, ist deshalb in erster Linie ein groß angelegtes Marketing-Manöver. Es soll den durch zahlreiche Skandale beschädigten Ruf aufpolieren, und das heißt schlicht: von den Verfehlungen ablenken, um verlorenes Vertrauen zurückzuerobern und Gesetzgeber wie Kundschaft wieder für sich einzunehmen.

Noch während der jüngsten Internationalen Automobil-Ausstellung (IAA) im September 2019 in Frankfurt konnte solche Fassadenpolitik bestaunt werden. Zwar gab es, wie schon in den Jahren zuvor, sehr viel grüne Rhetorik, entsprechende Neuheiten wurden jedoch nur sehr vereinzelt präsentiert. So kündigte beispielsweise BMW-Chef Oliver Zipse vollmundig an, bis Ende 2020 insgesamt eine Million elektrifizierte Fahrzeuge auf die Straße bringen zu wollen, und hob stolz hervor, dass kein anderer Hersteller 2019 mehr E-Autos verkauft habe als BMW. Auf dem eigenen Messestand waren allerdings andere Neuheiten die Hingucker, etwa das BMW M8 Coupé mit V8-Motor, 625 PS und einer Höchstgeschwindigkeit von 305 km/h. Wow! Da toben sich die Ingenieure, wie gehabt, für ein paar wenige Verrückte – zu denen ich mich wohl auch rechnen muss – aus, setzen damit aber die falschen Signale und erhöhen das Tempo in der Sackgasse, anstatt es entschieden zu drosseln und zu jenem Wendemanöver anzusetzen, das ihre Chefs in der Öffentlichkeit gern beschwören.

Ähnliches ließ sich auch bei Audi und Mercedes beobachten. Obwohl die Zukunft elektrisch sei, wie Audi-Chef Bram Schot sein Publikum wissen ließ und die eigene Marke dabei sogar zum »Taktgeber für die alltagstaugliche E-Mobilität« stilisierte, war außer dem »Konzeptauto« Audi AI:Trail, dessen Serienproduktion unwahrscheinlich sein dürfte, nichts davon auf der Messe zu sehen. Premierenstar war stattdessen der neue Audi RS7 Sportback mit Vierliter-V8-Motor, dessen 600 PS den Wagen ebenfalls auf 305 km/h beschleunigen. Und auch Daimler-Vorstand Ola Källenius formulierte hehre Ziele – so solle die Fahrzeugproduktion in Europa bis 2022 komplett CO_2-neutral sein –, ließ aber offen, wie man dahin gelangen wll. Zwar war auf dem Messestand mit der »Studie« EQS eine elektrische Alternative zur S-Klasse zu sehen, ansonsten prägten aber auch bei den Stuttgartern vor allem leistungsstarke »Verbrenner« das Bild, etwa das neue Mercedes-AMG GLE Coupé mit Sechszylindermotor und 435 PS. Als würde die ganze CO_2-Diskussion die Unternehmen nur am Rande tangieren und mit Rhetorik sowie leichten kosmetischen Operationen beantwortet werden können.

Sich auf der Bühne als Saubermann zu präsentieren, während hinter den Kulissen alles weiterläuft wie zuvor, ist zudem – mindestens zurzeit noch – eine leichte Übung. Denn ein willkommener Nebeneffekt des E-Hypes besteht darin, dass noch einige zu klärende Fragen – wie etwa die Ladesäulen-Infrastruktur – den Unternehmen helfen, Zeit zu gewinnen, bevor sie ihre Produktion tatsächlich umrüsten müssen. So werden in den nächsten Jahren noch Millionen an Benzin- und Dieselfahrzeugen von den Bändern rollen, die natürlich verkauft werden sollen. Wie ernst es der Branche mit der lauthals verkündeten und von zahlreichen Marketing-Aktivitäten orchestrierten »Wende« wirklich ist, vermag ich deshalb momentan nur schwer einzuschätzen. Klar ist allerdings, sollte es jedenfalls sein, dass der Verbrennungsmotor endgültig seine Unschuld verloren hat. Darauf zu setzen, dass der öffentliche Kampf gegen jede Art von Emission wieder abflauen wird, wäre eine schwere strategische Fehleinschätzung. Aber davor sind ja leider weder Politiker noch Manager gefeit, wie wir immer wieder hinlänglich erfahren müssen.

Entscheidend ist, was hinten rauskommt

»Man ist verloren, wenn man zu viel Zeit
bekommt, an sich zu denken.«
Georg Christoph Lichtenberg

Die titelgebende Einsicht dieses Kapitels stammt bekanntlich von einem Kanzler, Helmut Kohl, der damit aber keineswegs irgendwelche Emissions- oder Abgaswerte im Blick hatte, sondern derart launig seinen unaufgeregten, aber erfolgreichen Regierungsstil charakterisierte. Es hätte aber auch schon damals in Bezug auf die Autoindustrie gepasst. Denn das Zitat stammt interessanterweise aus einer Zeit, 1984, in der sich die Automobilhersteller in hitzigen Debatten über den sauren Regen und das Waldsterben erstmals als »Atmosphären-Killer« an den Pranger gestellt sahen und sich dagegen heftig zur Wehr setzten.

Ich erinnere mich noch gut an den Ärger meiner Kollegen, als ich die Kritik ernst nahm und öffentlich einräumte, mit einem Tempolimit, wie es damals diskutiert wurde, leben zu können. Wenn es in jenen Tagen bereits das Internet gegeben hätte, wäre ein Shitstorm über mich hereingebrochen.

Bei einer anderen Maßnahme, die aus den genannten Gründen ebenfalls gefordert wurde, war ich weit weniger forsch, sondern lehnte die gesetzliche Einführung eines Katalysators ebenso vehement ab wie die Vorstandskollegen aller anderen Hersteller. Eine solche Entscheidung würde nur Arbeitsplätze gefährden und den »Standort« beschädigen – das war schon zu jener Zeit das Hauptargument der Verteidigungsstrategie. Die Kunden würden keine höheren Kosten tolerieren, und die

Technik sei für das handelsübliche Benzin nicht geeignet. *No way!*

Diese Veto-Haltung entsprach zwar auch damals durchaus nicht meiner persönlichen Meinung über die Notwendigkeit einer verbesserten Abgasreinigung. Fakt war aber, dass die US-Mutter, Ford, des von mir geleiteten Konzerns in jener Phase Zeit gewinnen musste – wie sich die Strategien von gestern und heute gleichen –, weil sich unsere Modellpalette, im Unterschied zu der von BMW oder Mercedes beispielsweise, einfach nicht so schnell umrüsten ließ. Eine sofortige Einführung von Katalysatoren in Deutschland hätte unweigerlich zu einem Verlust von Marktanteilen geführt. Da ist man auch in exponierter Position mitunter in der Firmenpolitik gefangen und muss gewissermaßen mit den Wölfen heulen, will man sich die Möglichkeit der Gestaltung hinsichtlich anderer Fragen erhalten. Ein Ruhmesblatt war diese kalkulierte Abwehr im Rückblick aber gewiss nicht.

Denn der Fortgang der Geschichte ist bekannt. Die Kunden und die öffentliche Meinung – zu jener Zeit entstand die Partei der Grünen – forderten den Kat hartnäckig ein. Das war gut und richtig so. Und siehe da, trotz aller scharfen Proteste seitens »der Wirtschaft« war die Abgas-Säuberungstechnik schon bald darauf bei allen Neuwagen obligatorisch, und zwar ohne die geschäftliche Performance der Hersteller spürbar zu beeinträchtigen. Wie heißt es so schön: Viel Lärm um nichts. Es ist deshalb für mich völlig unverständlich, weshalb die deutschen Autobauer aus dieser ersten umweltpolitischen Lehrstunde so rein gar nichts gelernt zu haben scheinen. Sobald jemand versucht, die Umweltbilanz des Automobils durch technische Neuerungen oder durch strengere Gesetzesvorgaben zu verbessern, greifen die gleichen Abwehrreflexe wie damals, nicht selten begleitet von den ebenfalls gleichen unmissverständlichen Drohungen, Arbeitsplätze abzubauen und Standorte zu schließen oder ins Ausland zu verlagern. Es ist fast schon wie ein Ritual mit vorhersagbarem Ausgang – an dessen mehr als schmählichem Ende dann die systematischen Manipulationen der Abgaswerte stehen.

Aber so weit sind wir hier noch nicht. Als die französische Konkurrenz von sich aus (!) ihre Dieselmotoren Anfang der 2000er-Jahre mit Partikelfiltern ausstattete und sich damit umweltpolitisch deutlich profilierte, stiegen die deutschen Mitbewerber gleich wieder auf die Nörgler-Bühne und behaupteten selbstbewusst, die Abgase ihrer Fahrzeuge mit besserer Motortechnik sehr viel effizienter reinigen zu können als die Franzosen mit ihrem lächerlichen Filter im Auspuff. Nützte erneut nichts! Die Kunden wollten den Filter, und bald darauf war der staubfreie Diesel mit Partikelfilter Standard. Zum wiederholten Male zeigte sich, wie fern die Automanager ihrer Kundschaft sind, wie selbstbezogen sie ihr Angebot in den Markt zu drücken versuchen – ganz gelehrige Schüler des oben bereits erwähnten Begründers der Public Relations, Edward Bernays. Etwaige Veränderungen im Nachfrageverhalten werden oftmals übersehen, manchmal schlicht ignoriert. Oder man versucht, die Kunden durch propagandistische Gegenmaßnahmen im Sinne Bernays' wieder in die Spur zu bringen.

Das gelingt leider zuweilen mit erstaunlichem Erfolg. So kommt es, dass trotz aller immer öfter aufflackernden Umweltdebatten rund ums Auto die Durchschnittsleistung eines Pkw in Deutschland seit Jahren permanent gestiegen ist. Hatten die Autos 1995 im Schnitt eine Motorleistung von 95 PS, so beträgt dieser Wert bei den 2018 neu zugelassenen Fahrzeugen bereits 151 PS. Da kann auch verbesserte Technik höchstens dazu beitragen, den Verbrauchs- und Abgas-Standard auf gleichem Niveau zu halten, an Reduktion ist nicht zu denken.

Viele Erfolge im Kleinen – bessere Abgasreinigung, niedrigere Verbrauchswerte – haben sich deshalb übers Ganze gesehen nicht nennenswert ausgewirkt. Und dabei, das muss gesagt werden, spielen auch die Verbraucher eine nicht eben rühmliche Rolle. Anstatt beispielsweise den Mini-Van-, SUV- oder Allrad-Wahnsinn als solchen zu erkennen und mit Nichtachtung zu strafen, lassen sie sich von den Herstellern mit wenigen Argumenten zum erweiterten Platzangebot, zu erhöhter Sicherheit und zu besserer Übersicht sowie mit dem Versprechen, Komfort mit Sportlichkeit zu verknüpfen, verleiten, stetig auf- statt endlich abzurüsten.

So machen sich mittlerweile allmorgendlich unzählige Eltern mit ihren Mini-Panzern auf den Weg, um ihre lieben Kleinen sicher zur Kita oder Grundschule zu geleiten – und auf dem Rückweg vielleicht noch beim Öko-Markt einen Stopp einzulegen. Es gibt in Deutschland inzwischen nahezu 100 SUV-Modelle – »SUV« steht für *Sport Utility Vehicle*, unsinnigerweise auch »Geländelimousinen« genannt –, die heute fast ein Drittel der Neuwagenzulassungen (etwa 100 000 im Monat) ausmachen; zum Vergleich: Bei den Kompaktwagen sind es gerade einmal knapp 40 Modelle. Als unverbesserlicher Auto-Liebhaber kann ich den Reiz von Größe, Stärke und Komfort zwar unmittelbar nachvollziehen; dennoch erstaunt mich die inkonsistente, widersprüchliche Haltung vieler Menschen, die zweifellos das Richtige wollen, aber mit ihrem Verhalten das Falsche stützen. Denn die fatalerweise durch solchen Verbraucherzuspruch erfolgreiche Modellpolitik vieler Autofirmen weist eindeutig in die falsche Richtung, sie konterkariert alle Bemühungen, die umweltbelastenden Folgen des Verkehrs tatsächlich zu reduzieren.

Und damit nähern wir uns dem schmählichen Ende des in Wahrheit ausschließlich die Interessen der Unternehmen verfolgenden, profitfixierten Agierens. Als sich 2007 abzeichnete, dass die europäische Autoindustrie die zunächst von der Europäischen Kommission akzeptierte »freiwillige« Selbstverpflichtung, den durchschnittlichen Kohlendioxidausstoß ihrer Fahrzeugflotte auf 140 Gramm pro Kilometer zu senken, deutlich verfehlen würde, nicht zuletzt weil die deutschen Premiumhersteller den Durchschnittswert, beispielsweise mit ihrer SUV-Kampagne, in die Höhe schraubten, verlangte die EU-Kommission nun einen Grenzwert von 120 Gramm bis 2015, der bis 2021 noch einmal auf 95 Gramm pro Kilometer abgesenkt werden soll; das entspräche dann einem durchschnittlichen Verbrauch von um die vier Liter Diesel oder Benzin. Es sollte einleuchten, dass das mit einem großen, »geländetauglichen« Wagen mit Allradantrieb kaum möglich sein wird.

Sowohl die Modellpolitik der deutschen Hersteller mit ihrem Hang zum Premiumsegment als auch die Wachstumslust mancher Konzerne, die dann, wie zum Beispiel von VW, mit dem Zukauf von Luxusmarken befriedigt wurde, ließ die Einhaltung immer strengerer Abgasvorgaben in weite Ferne rücken. Ein Lamborghini, Porsche, Bentley oder Bugatti treibt den durchschnittlichen Kohlendioxidausstoß der gesamten Fahrzeugflotte natürlich in schwindelnde Höhen. Die von der EU geforderten Grenzwerte waren damit schlicht nicht zu erreichen, die US-amerikanischen gleich gar nicht.

Untergang des Abendlandes! Zeter und Mordio. Die EU-Kommission gefährde die Zukunft einer ganzen Industrie, ließ die VW-Spitze – wieder einmal – verlauten. Dann gebe es ja bald gar keine großen Autos mehr, »keinen Audi A8, keine S-Klasse von Mercedes, keinen 7er von BMW«, keinen VW Touareg, keinen BMW X4, keinen Porsche Cayenne – und wie die neuen Luxus- und Großautos alle so heißen. Eine offenbar unerträgliche Vorstellung für die »Fachleute« der Branche, die es eigentlich besser wissen sollten, selbst aber niemals einen Kleinwagen als Dienstauto akzeptieren würden. Nicht standesgemäß. »Elefantenrollschuh« hat Ferdinand Piëch den Smart einmal verächtlich genannt.

Kurz: Können könnten sie schon, sie wollen halt nicht. Klar, der Gesetzgeber setzt die Automobilindustrie mit immer niedrigeren Abgas-Grenzwerten unter Druck. Aber diese Grenzwerte sind an sich gar nicht das Problem, die könnten die Autofirmen im Prinzip locker einhalten, schon seit Jahren. Das machen sie aber nicht, weil es kurz- und mittelfristig die Gewinnmargen zu schmälern droht, was den Aktionären und Teilhabern selbstverständlich nicht gefallen würde. Mit großen Autos machen die Hersteller einfach mehr Profit, also werden die Vorzüge von »Geländelimousinen« gepriesen, die in der Stadt in Wahrheit kein Mensch braucht. Leider sprangen und springen allzu viele Kunden dennoch durch den hingehaltenen Reifen. Wer will schon gern ein kleines, langweiliges Auto fahren?

Aber die kurzfristigen Erfolge des anhaltenden Upgrade-Rennens haben einen hohen Preis, nicht nur für die Käufer der vergleichsweise teuren SUVs, auch für die Branche, die sich damit in einen Teufelskreis manövriert hat. Für mich entlarvt sich hier ein, pardon, perverses System der organisierten Verantwortungslosigkeit. Ökologische und soziale Belange, selbst kaufmännische Maximen sind allenfalls sekundär. Dazu passt eine Meldung aus dem Juli 2019, die das Prinzip beispielhaft veranschaulicht: »Deutsche Bank: Aussicht auf Job-Kahlschlag lässt Aktie deutlich steigen«. Nicht die Zukunftsstrategie eines Unternehmens oder dessen geschäftliche Performance – und die Deutsche Bank baut Stellen ab, weil die Perfomance miserabel ist – sind entscheidend, sondern Einschätzungen und Erwartungen von sogenannten Analysten, die mit dem tatsächlichen Geschäftsbetrieb kaum etwas zu tun haben, während die Automobilmanager mit einem Auge wie gebannt auf das Auf und Ab an der Börse starren und mit dem anderen Auge auf die ganz akuten Verkaufszahlen fokussiert bleiben, obwohl sie wissen, dass die nicht von Dauer sein werden, nicht von Dauer sein können – und die darüber hinaus nicht die geringste Ahnung haben, wie sie jemals die geforderten Grenzwerte erreichen sollen.

Durch die Fixierung auf den gegenwärtigen Erfolg und den Versuch, die Erfolgsgeschichte so lange wie möglich fortzuschreiben, gerät so am Ende auch die eigene Zukunft aus dem Blick. Denn die liegt bei weiterhin stetig zunehmender Urbanisierung ganz gewiss nicht im Großraumlimousinen- oder Sportwagen-Segment, selbst wenn es mit Hybrid- oder Elektroantrieben gelingen sollte, die gesetzlichen Grenzwerte einzuhalten.

Zugleich bringen sich die Autobauer damit selbst in Schwierigkeiten, weil mit dem größeren Profit der schweren, starken Modelle auch die Durchschnittsemission der Flotte steigt, sodass es fast unmöglich ist, die Vorgaben des Gesetzgebers zu erfüllen. Wohin das geführt hat, beschäftigt Öffentlichkeit, Politik und Gerichte nun schon seit Jahren. Im sogenannten Abgasskandal wurde ein Ausmaß an betrügerischer, ja krimineller Energie offengelegt, das seinesgleichen sucht. Weil man auf die »Profitbringer« nicht verzichten wollte, wurde geschummelt und getrickst, was das Zeug hielt, um Strafzahlungen und Verkaufseinbußen zu verhindern. Offenbar um jeden Preis.

Dieser Preis ist inzwischen derart hoch, dass jeder halbwegs vernunftbegabte Mensch, der zumeist auch ein Autokunde ist, nur noch in Fassungslosigkeit versinken kann. Allein der VW-Konzern hat nach Angaben des eigenen Finanzvorstands seit 2015 mehr als 30 Milliarden Euro für Bußgelder, Entschädigungen und technische Umrüstungen aufbringen müssen, und ein Ende der Forderungen ist noch nicht einmal in Sicht. Doch auch jetzt schon ist die gigantische Summe unvorstellbar. In neue Technik oder neue Mobilitätskonzepte investiert, hätte man damit ein ganz großes Rad drehen können. Stattdessen muss nun gefragt werden, wer für diese bizarren Strafzahlungen denn aufzukommen hat. Der Konzern? Der finanziert sich ganz wesentlich durch das Geld seiner Kunden. Ergo: Die Geschädigten selbst, beispielsweise die Käufer, die sich einen »supersauberen« neuen Diesel angeschafft haben, haften für den Schaden, den ihr Verkäufer vorsätzlich verursacht hat.

Dieses immer wiederkehrende Muster: Gewinne werden privatisiert – zum Beispiel als Dividende an die Aktionäre oder als Boni an die Manager ausgeschüttet –, Verluste werden sozialisiert – also auf die Gemeinschaft der Kunden oder Steuerzahler abgewälzt –, hat mittlerweile ein Verdruss-Potenzial geschaffen, das von großer Sprengkraft ist. Es entlädt sich fatalerweise in politischen Strömungen, die den Verdruss zu Hass verschärfen, ohne an seinen Ursachen zu rühren, im Gegenteil. Gerade Trump und Bolsonaro etwa betreiben eine immer rücksichtslosere Politik des *»Me first«* und *»Money first«*.

Aber zunächst zurück zum Abgasskandal und zu seinen Konsequenzen. Da hierüber in den letzten Jahren in allen Medien ausführlich berichtet wurde, allein in der Wikipedia gibt es hierzu einen 64 Seiten langen Eintrag, halte ich es für entbehrlich, die Vorgänge an dieser Stelle abermals im Detail zu rekonstruieren. Ich möchte mich stattdessen darauf beschränken, zu einigen wenigen Punkten Stellung zu nehmen, die aus meiner Sicht dafür sprechen, dass es sich hier nicht nur um eine Verfehlung einzelner, in Wahrheit fast aller Konzerne handelt, sondern um ein systemisches, auch von der Politik beförderte s Versagen.

Der konkrete Manipulations-Vorwurf ist mittlerweile unbestritten, etliche Führungskräfte, darunter die – inzwischen ehemaligen – Chefs von VW und Audi, mussten oder müssen sich vor Gericht verantworten: In Millionen von Fahrzeugen wurde, um die Abgasnormen zu erreichen, eine Abschalteinrichtung verwendet, die dafür sorgte, dass der Motor auf dem Prüfstand deutlich weniger Schadstoffe emittierte als im Normalbetrieb. Das geschah beispielsweise durch eine einfache Software in der Motorsteuerung, die erkennt, wann sich das Fahrzeug auf einem Rollenprüfstand befindet, und daraufhin die Motorleistung drosselt, um den Benzinverbrauch sowie den Stickoxidausstoß zu reduzieren. Den Testzyklus zu erkennen, ist nicht besonders schwer, denn auf dem Prüfstand überträgt der Motor zwar die Leistung auf die Räder, jedoch ohne dass sich der Wagen dadurch in Bewegung setzt. Für den Normalbetrieb, also in Bewegung, ist diese Art der »Abgasreinigung« nicht geeignet, weshalb sie nach der Prüfung wieder selbstständig abgeschaltet wird.

Die Operation war äußerst erfolgreich, die Unternehmen hofften, dadurch die US-amerikanischen Zulassungsbedingungen erfüllen und in Europa Strafzahlungen vermeiden zu können, ohne teure Nachrüstungen vornehmen zu müssen. Im Ergebnis waren die auf dem Prüfstand gemessenen Werte um das Vier- bis Siebenfache geringer als im Normalbetrieb. Natürlich muss man das »Betrug« nennen, nicht nur, weil hier gezielt und systematisch gegen gesetzliche Regelungen verstoßen wurde. Betrogen und belogen wurden auch die Käufer der betroffenen Fahrzeuge, die mit dezidiert falschen Herstellerangaben zum Kauf der vermeintlich sauberen Autos verleitet wurden.

Inzwischen sind neue Abgas- und Verbrauchsprüfstandards eingeführt worden, die solche Manipulationen wohl nicht mehr zulassen. Ob deswegen künftig alles sauber und korrekt zugeht, darf jedoch getrost bezweifelt werden. Denn das Schummeln in Fragen des Verbrauchs und der Emission hat Tradition, weshalb das »Unrechtsgefühl« in den Führungsriegen der Automobilbranche eher wenig ausgeprägt sein dürfte. Dass die Autos die Abgasemissionen ebenso wie die Verbrauchswerte lediglich unter nicht realen Bedingungen auf dem Prüfstand erfüllen müssen und die Werte im realen Fahrbetrieb massiv höher liegen, ist weit über den Kreis der Experten hinaus bekannt. Alle Autofahrerinnen und -fahrer werden das wissen. Jeder Fahrtest-Bericht über ein neues Modell dokumentiert diese Diskrepanz ebenso wie der eigene Tankstellenbesuch. Von großer Empörung darüber ist mir jedoch nichts bekannt. Im Gegenteil, Politik und Öffentlichkeit haben solche Abweichungen über Jahrzehnte toleriert, der Gesetzgeber hat sie indirekt sogar befördert, und die Autohersteller haben es sich in dieser Praxis bequem gemacht und konnten sich dabei in Sicherheit wiegen. Bis vor wenigen Jahren (2017) waren nichttechnische Manipulationen an Fahrzeugen auf den Prüfständen sogar ganz legal und also gang und gäbe. Mit einer vollständig geladenen Batterie, einem abgefahrenen Reifensatz und durch Gewichtsreduktion, also unter Verzicht auf Extraausstattungen und Klimaanlage, konnten die kilometerbezogenen Emissionen um einige Gramm gesenkt werden. Ganz offen. Und bis zum Abgasskandal hatte niemand an dieser Schummel-Praxis Anstoß genommen; die neuen Testverfahren verbieten nun auch solche Maßnahmen.

Das ist aber nur ein erster Schritt und heißt mitnichten, dass sich nicht weiter tricksen lässt. Ging doch bislang auch. »Emissionshandel« ist das neue Zauberwort, mit dem man gleich zwei Fliegen mit einer Klatsche zu treffen hofft. Denn neben den Abgas-Grenzwerten macht der Automobilwirtschaft die immer wieder von Umweltinitiativen und jüngst auch von der deutschen Umweltministerin vorgeschlagene CO_2-Steuer auf Kraftstoffe, Heizöl und Erdgas zu schaffen. Die würde das Tanken verteuern und der ohnehin sinkenden Attraktivität des Autofahrens weiter zusetzen. Erneut ist der Widerstand groß und lauthals, die Lobby formiert sich. Der Verband der Automobilindustrie (VDA) warnt gar vor »sozialen Verwerfungen«, weil die Verbraucher über Gebühr belastet würden. Nun ja. Dass Verbrauchssteuern jeden belasten, ist schon klar, was aber angesichts der zwingend zu erreichenden Klimaziele mit »über Gebühr« gemeint sein könnte, lässt der Verband offen, verspricht aber immerhin eine »treibhausneutrale Mobilität bis 2050«. Chapeau!

Um dieses ausgesprochen ehrgeizige Ziel zu erreichen, schaffe eine »marktwirtschaftliche Logik« weit bessere Voraussetzungen als eine Steuer, so der Verband in seinem 2019 veröffentlichten Positionspapier. Das ist eine mutige Aussage, die allerdings nicht unmittelbar einleuchten kann. Denn bisher hatte die »marktwirtschaftliche Logik« – mehr Autos, stärkere Motoren, höhere Gesamtfahrleistung – den genau gegenteiligen Effekt. Trotz aller Fortschritte bei Abgasreinigung und Antrieben ist die CO_2-Emission Jahr für Jahr weiter gestiegen. Aber damit soll ja nun Schluss sein, und zwar mithilfe des eben genannten Emissionshandels, also dadurch, dass man für die Treibhausgase einen »Markt« schafft, auf dem die Schadstoffe, die über Angebot und Nachfrage einen Preis erhalten, »gehandelt« werden. Emission wird logischerweise also auch dadurch teurer, aber im Unterschied zu einer Steuer, die alle gleichermaßen belastet, bleiben die Kosten für die Unternehmen anders gestaltbar. Gleichwohl sind die Preise für zu handelnde »CO_2-Zertifikate« natürlich ein Anreiz, Abgas zu vermeiden. Jedenfalls theoretisch.

Es gibt Erfahrungen damit, die einen lehren können, was praktisch zunächst passieren wird. In der Schweiz beispielsweise, wo ich lebe, findet solcher Handel bereits seit einiger Zeit statt. Wenn hier ein neu zugelassenes Auto den CO_2-Grenzwert übersteigt, werden entweder Strafsteuern fällig oder der Hersteller kauft sich, beispielsweise bei anderen Autofirmen, deren Fahrzeuge die Grenzwerte unterschreiten, durch sogenannte CO_2-Zertifikate davon frei. Insbesondere bei leistungsstarken Limousinen lohnt sich das Geschäft, weil die Zertifikate deutlich billiger sind als die Strafsteuer. Für ein in der Schweiz nicht eben seltenes Luxusgefährt, das, sagen wir, mehr als 100 Gramm über dem Grenzwert liegt, würden schnell mehr als 10 000 Euro Bußgeld anfallen.

Die Steuer ist gestaffelt: Während die ersten drei Gramm noch recht günstig sind, werden ab dem vierten Gramm für jedes weitere Gramm rund 117 Euro berechnet. Wenn ich ein derartiges Kostenvolumen auf den Kunden umlegte, würde das den Neuwagenkauf extrem verteuern, wodurch aller Voraussicht nach mit einem deutlichen Rückgang der Nachfrage zu rechnen wäre. Wenn ich als Unternehmen zumindest einen Teil der Kosten selbst übernehme, mindere ich wiederum meine Gewinnmarge, die mich zuvor ja überhaupt erst motiviert hat, einen großen, starken, teuren Wagen anzubieten. Beide Optionen werde ich also zu vermeiden versuchen.

Und hier kommt jetzt der Emissionshandel ins Spiel. Denn wenn ich den Wagen nun als Hersteller stattdessen etwa mit einem Tesla Model S kombiniere, entfällt die Strafsteuer, weil das elektrische Model S als Null-Emissions-Auto gilt. Ich kann die Grenzwert-Überschreitung meines Fahrzeugs also leicht und locker kompensieren. Mit diesem willkommenen Nebengeschäft verdient Tesla inzwischen tatsächlich Milliarden und versteigert seine Zertifikate höchstbietend – der Schweizer *Tages-Anzeiger* berichtet von Preisen um die 3300 Euro. Das ist im Vergleich zur Strafsteuer natürlich ein Schnäppchen, auf das die derzeitigen Großkunden von Tesla, allen voran Fiat Chrysler und General Motors, gern zurückgreifen und damit sich und ihre Flotte gewissermaßen »reinwaschen«. Und an diesem Spiel möchten die deutschen Konzerne, wer will es ihnen verdenken, auch gern teilhaben, weshalb sich ihr Sprachrohr, der VDA, gemeinsam mit dem Deutschen Gewerkschaftsbund (DGB), dem Bundesverband der Deutschen Industrie (BDI), dem Deutschen Industrie- und Handelskammertag (DIHK) und anderen einflussreichen Partnern, nun für einen europaweiten Emissionshandel starkmacht.

Die Absicht ist klar: Es geht darum, eine allgemeine CO_2-Steuer zu verhindern und neue Spielräume für die »Einhaltung« von Grenzwerten zu gewinnen. Solange die Produktion eigener Elektrofahrzeuge noch so schleppend läuft wie bislang, man könnte auch von »Verschleppung« sprechen, sollen mithilfe der nun geforderten Kompensationsgeschäfte noch möglichst viele Geländelimousinen vom Band rollen können. Natürlich wäre die eigene Produktion von Null-Emissions-Autos mittelfristig der eleganteste Weg, aus dem jetzigen Dilemma herauszukommen. Aber die deutschen Hersteller sind hierbei, gemessen an der Konkurrenz aus den USA und China, ins Hintertreffen geraten. So geloben sie nun, diesen Vorsprung aufholen zu wollen, und bitten gleichzeitig um Geduld – und um den erwähnten Ablasshandel.

Mit Erfolg. Die deutsche Bundesregierung hat auf ihrem »Klimagipfel« den Weg für solchen Emissionshandel frei gemacht und den Einstieg mit preislichen Unter- und Obergrenzen so moderat gestaltet, dass die CO_2-Kosten auf Jahre hinaus niemandem wirklich wehtun. Ich persönlich würde statt von »Verteuerung« von einer »Globuli-Lösung« sprechen. Die vereinte Autolobby konnte sich, wie bislang fast immer, durchsetzen, zeigt dabei aber zugleich ihr wahres Gesicht: Die großen Hersteller haben gar kein Interesse an einer möglichst schnellen Einführung eines massentauglichen E-Autos, wie es links und rechts von kleineren Firmen und Start-ups schon auf den Markt gebracht wird. Es geht den namhaften Konzernen nach meiner Überzeugung vielmehr in erster Linie darum, noch ein paar Jahre Zeit zu gewinnen für den Verkauf der Verbrenner.

Wie zum Beweis dessen stellte Mazda im Spätsommer 2019 völlig überraschend ein eigenes E-Modell vor, dessen Produktion zeitnah anlaufen solle. Noch zwei Jahre zuvor, 2017, hatte der Europachef des Konzerns, Jeffrey Guyton, kategorisch erklärt, keine eigenen Elektroautos anbieten zu wollen, solange die Energie für die elektrischen Antriebe nicht ausschließlich aus erneuerbaren Quellen stamme. Diese durchaus vernünftige Einsicht hat man inzwischen offenbar pragmatisch revidiert. Denn da die Mazda-Kunden zu einem erheblichen Anteil einen SUV wählen (CX-3 und CX-5), wären die ab Ende 2020 geltenden EU-Grenzwerte (95 g/km) für Mazda unmöglich zu erreichen. Da braucht es Kompensationsmasse, und dieser Bedarf ist in meinen Augen der wahre Hauptantrieb, weshalb die meisten Automobilhersteller in die E-Mobilität einsteigen.

Mit anderen Worten: Die Luft und das Klima stehen zwar im Vordergrund, im Hintergrund wirken jedoch die Interessen der Industrie. Die als emissionsfrei geltenden Elektroantriebe sind dabei so etwas wie Nebelkerzen, die diesen Hintergrund verschleiern und den Vordergrund unzulässig verschönern. Denn die Behauptung, dass ein Elektroauto tatsächlich emissionsfrei sei, entspricht weniger als der halben Wahrheit. Der

Wert gilt unter bestimmten Bedingungen, beispielsweise die von Mazda zunächst genannte Voraussetzung, die aber noch längst nicht gegeben ist, vielleicht für den Gebrauch, nicht aber für die Herstellung der Fahrzeuge. Eine Gesamtbilanz will jedoch kaum jemand aufmachen. Es entspricht nicht dem Zeitgeist, der von nun an lieber ungestört von jedweden Schadstoffen durch die Landschaften und Stadtfluchten schwebt – und es würde die Geschäfte stören.

Dennoch möchte ich ausdrücklich festhalten, dass Gesetzgeber und Öffentlichkeit aus meiner Sicht richtige und wichtige Impulse setzen, indem sie die Hersteller zwingen, ihre Modellpolitik zu verändern und die Abgas-Emissionen insgesamt zu senken. Ich möchte aber ebenso ausdrücklich dafür werben, in all der Euphorie über die »Mobilitätswende« nicht den Überblick zu verlieren. So wenig, wie eine Schwalbe den Sommer ausmacht, so wenig werden elektrisch angetriebene Autos das Klima retten und für reine, frische Atemluft sorgen können. Der Autoverkehr ist für weit weniger als 20 Prozent des klimaschädlichen Kohlendioxidausstoßes verantwortlich, unser Heizen, die Massentierhaltung oder die industrielle Landwirtschaft sind da deutlich belastender. Ganz zu schweigen von den großen Container- und Kreuzfahrtschiffen, die auf den Weltmeeren unterwegs sind. Allein 15 von den modernen Riesen-Containerschiffen, das hat Professor Jörg Wellnitz von der Technischen Hochschule Ingolstadt einmal errechnet[3], produzieren so viele Schadstoffe wie 750 Millionen Autos. Es wäre also angebracht, sich keine falschen Hoffnungen auf eine unmittelbar spürbare Entlastung zu machen, sollte der Individualverkehr – endlich! – auf alternative, möglichst regenerative Antriebsarten umschwenken.

Es wäre ein guter erster Schritt in die richtige Richtung, kaum mehr, könnte aber eine Initialzündung sein für viele weitere Schritte, die nötig sind. Dabei sollte jedoch nicht verdrängt werden, dass die vermeintlich neue Technik, wie immer, auch mit neuen Risiken verbunden ist, die zwar hin und wieder benannt, jedoch zumeist als bremsende Nörgelei abgetan werden. Zu Unrecht, wie ich meine. Denn den Risiken können wir nur wirkungsvoll begegnen, wenn wir sie ernst nehmen und frühzeitig gegensteuern. Bei der Atomkraft haben wir hoffentlich gelernt, dass zwar sauber sein kann, was hinten rauskommt, dass im Innern aber ein Dreck entsteht, der uns über Jahrhunderte gefährdet und den wir nur irgendwie möglichst sicher »endlagern«, nicht jedoch beseitigen können. Er bleibt eine schwere Erblast des Fortschritts, die wir praktisch nicht beherrschen, sondern die sich bestenfalls eindämmen und etwa unter meterdickem Beton entschärfen lässt. Das sollte uns eine Lehre sein.

Wenn ich mich nun, kurzzeitig, unter die »Nörgler« mische, geschieht das vor diesem Hintergrund. Gerade weil ich an der positiven Vision einer saubereren Zukunft, zu der die E-Mobilität beitragen könnte, festhalten möchte, muss ich mich auch mit deren Risiken und Nebenwirkungen auseinandersetzen, um zu lernen, sie zu beherrschen und um möglichen Fehlsteuerungen entgegenwirken zu können. Denn der Elektroantrieb ist nicht unter allen Bedingungen, nicht für jedes Verkehrsmittel, nicht für jede Nutzungsart, nicht unter allen klimatischen Umständen und nicht an jedem Ort der Welt die technisch und ökologisch erste Wahl. Um in Zukunft die bestmögliche Mobilität zu gewährleisten, werden wir, um das klar auszusprechen, auch die Dieseltechnologie weiterhin benötigen – und neben dem Dieselmotor noch einige andere Antriebsarten. Denn auch die Elektrifizierung hat ihre Tücken.

Schöne neue Elektro-Welt

»Probleme kann man niemals mit derselben
Denkweise lösen, durch die sie entstanden sind.«
Albert Einstein

Vorab bemerkt: Der Elektroantrieb ist alles andere als neu. Er prägte tatsächlich schon den Beginn des automobilen Zeitalters. Die ersten Geschwindigkeitsrekorde für »Landfahrzeuge« wurden von Elektroautos aufgestellt, bereits 1899 überbot der Belgier Camille Jenatzy mit einer elektrisch angetriebenen Rennmaschine erstmals die 100-km/h-Marke. Der reine Wahnsinn, wenn man bedenkt, dass sich die Zeitgenossen damals ernsthaft um die Gesundheit der Fahrgäste der neuen Eisenbahnen sorgten, deren dampfgetriebene Lokomotiven die Züge so unvorstellbar schnell durch die Landschaft zogen, dass kein Reiter zu Pferde mehr folgen konnte. Um 1900 waren in den USA noch nahezu doppelt so viele Elektrofahrzeuge wie benzinbetriebene Autos unterwegs, bevor dann, etwa zehn Jahre später, das Ölzeitalter anbrach.

Die größere Reichweite von Verbrennungsmotoren und der lange Zeit extrem günstige Preis für Vergaserkraftstoffe ließen den Elektromotor zwar nicht in Vergessenheit geraten; er blieb im Zug- und Nahverkehr von Bedeutung, wo die Energie etwa aus Oberleitungen gewonnen wird. Im Individualverkehr wurde jedoch der benzin- oder dieselbetriebene Ottomotor bald zum massenindustriellen Standard, auch weil die aufstrebenden Ölgesellschaften ein riesiges Geschäft witterten und zügig ein nahezu flächendeckendes Tankstellennetz aufbauten. Und die Motoren wurden bekanntlich immer besser und leistungsstärker, sodass für die kommenden fast hundert Jahre kaum jemand Interesse an alternativen Antriebsarten zeigte. Warum auch? Der Sprit war im Überfluss vorhanden, und was da aus immer mehr Auspuffen drang, jahrzehntelang völlig ungefiltert, kümmerte kaum noch jemanden. Im Gegenteil, die Mischung aus Benzin- und Abgasgeruch wurde für viele Menschen zum Duft von Wohlstand und Freiheit.

Das änderte sich ganz maßgeblich erst durch die vom Golfkrieg ausgelöste Ölkrise der 1990er-Jahre sowie durch ein im Autoland Kalifornien vom sogenannten California Air Resources Board (CARB) 1990 erlassenes Gesetz, das die Hersteller fortan verpflichtete, die Emission von Fahrzeugen, zeitlich gestaffelt, deutlich zu reduzieren. Vorläufer dieses Gesetzes – und Vorbild für die Gesetzgebung in anderen Ländern – war der bereits in den 1960er-Jahren unter Präsident Kennedy in Kraft getretene *Clean Air Act*, der sich schon damals zum Ziel gesetzt hatte, die Gesundheit und die Umwelt zu schützen und die Treibhausgasemissionen zu reduzieren. Was aber lange Zeit nur eine politische Absichtserklärung war und als Fernziel formuliert worden war, erhielt nun Gesetzesrang. Plötzlich war die Automobilindustrie zu Produktentwicklungen gezwungen, zumal die Umweltfrage auch von der Öffentlichkeit, also der potenziellen Kundschaft, immer stärker thematisiert wurde.

Der fabelhafte derzeitige Präsident der Vereinigten Staaten hält das allerdings alles für maßlos übertrieben und zudem für wirtschaftsfeindlich; überhaupt ist die Angst vor dem Klimawandel sehr »unamerikanisch«. Er möchte die strengen Umweltauflagen im Bundesstaat Kalifornien deshalb gern aushebeln. Da die hier festgesetzten Grenzwerte für Schadstoffemissionen deutlich unter denen von Trumps Umweltbehörde liegen, hat er sein Verkehrsministerium angewiesen, die in dem Bundesstaat geltenden Vorschriften durch das laschere Bundesrecht zu ersetzen, weshalb Kalifornien nun, zu Recht stolz auf das dort Erreichte, gegen den eigenen Präsidenten und seine Bundesbehörde vor das Oberste Gericht zieht. Die Autoindustrie ihrerseits steht in dieser Frage übrigens keineswegs geschlossen an Trumps Seite. Zwar schmerzen sie die strengen Vorschriften im bevölkerungsreichsten Bundesstaat der USA, andererseits brauchen sie eine möglichst einheitliche Regelung, und die kalifornischen Vorgaben waren in dieser Hinsicht immer ein Maßstab. Ein dort zugelassenes Fahrzeug hat auch woanders mit keinerlei Hürden zu rechnen.

Dank der seit 1990 geltenden kalifornischen Umweltauflagen jedenfalls, mit dem schon unter Kennedy angepeilten Ziel, die Schadstoffemissionen auf null zu senken, erlebte auch der Elektroantrieb eine Art Renaissance. Das ist einerseits gut so, andererseits besteht zu euphorischen »Heilserwartungen« vorerst noch kein Anlass. Denn die schöne neue, saubere Elektro-Welt ist zunächst einmal vor allem eins: ein Mythos, bestenfalls Wunschdenken wie einst der *Clean Air Act*. Dass Elon Musk seine Tesla-Bilanz mit den erwähnten Zertifikaten aufbessern kann, sei ihm ja gegönnt. Den Weg in eine emissionsfreie Zukunft weist solcher Handel jedoch nicht, im Gegenteil, er wird den Wandel erneut bremsen. Den Weg in eine solche Zukunft weisen übrigens, zumindest auf absehbare Zeit, auch nicht die schicken Tesla-Modelle selbst, auch wenn es diesen Handel nicht gäbe. Die nun unversehens von allen Seiten auf uns zurollende E-Mobilität kommt mir daher manchmal vor wie eine riesige Propaganda-Maschinerie, deren Betrieb allerdings, ganz so, wie es das Marketing lehrt, wesentliche Fakten hinter gleißenden Versprechungen zum Verschwinden bringt oder sie als kollaterale, noch zu beseitigende, also zeitlich begrenzte Nebenwidersprüche im »Kleingedruckten« versteckt. »Wir arbeiten dran!«

Das wird aber nicht ganz leicht sein. Denn natürlich müssen die E-Scooter, Elektroautos und Wasserstoffbusse, die praktisch aus dem Nichts plötzlich das Stadtbild etwa von Berlin, Paris, London oder Barcelona prägen, hergestellt und mit Energie versorgt werden. Von »Null-Emission« kann dabei bis auf Weiteres keine Rede sein. In einem wörtlichen Sinne ist dieses Ziel tatsächlich nie zu erreichen, solange die Fahrzeuge dinglichen Charakter behalten und »Treibstoff« benötigen. Die Deklaration als »Null-Emissions-Fahrzeuge«, mit der Tesla vorläufig bessere Geschäfte macht als mit dem Verkauf der vermeintlich sauberen Autos, kann deshalb zumindest als fragwürdig gelten.

Für ein anderes, sich zunehmender Beliebtheit erfreuendes Alltagsprodukt ist so eine Gesamtbilanz bereits einmal vorgelegt worden. Wer als Leser die Natur schonen und die Umwelt entlasten will, nutzt mittlerweile gern einen E-Book-Reader. Denn für die Herstellung gedruckter Bücher müssen bekanntlich Bäume gefällt werden, zudem erfordert die Produktion von Papier Unmengen an Wasser und Chemikalien. Für ein 200-Seiten-Buch, so hat es das Öko-Institut in Freiburg vor einigen Jahren mal errechnet, fallen daher durchschnittlich 1,1 Kilogramm CO_2 an, den Transport der Bücher – von der Druckerei ins Zwischenlager, vom Zwischenlager zum Buchhändler, vom Buchhändler zum Kunden – noch gar nicht mit eingerechnet.

Was aber heißt das? Ist das schlimm? Die gleiche Menge emittiert ein Kleinwagen schließlich schon für eine Strecke von weniger als zehn Kilometern. Ja, dagegen erscheint ein Buch harmlos. Doch mit Blick auf die einstmals grünen Bäume wird die abstrakte, scheinbar zu vernachlässigende Zahl sehr viel konkreter und geradezu alarmierend: Das Papier für eine Million Bücher stammt von gut 10 000 erwachsenen Bäumen – leider kommt Recycling-Papier bei den Verlagen noch kaum zum Einsatz. Das heißt, die Produktion von Büchern allein in Deutschland mit rund 80 000 Neuerscheinungen und knapp 30 Millionen verkauften Exemplaren verschlingt Jahr für Jahr einen Wald von 300 000 Bäumen.

Da möchte man sich entweder das Lesen abgewöhnen oder tatsächlich sofort zu einem E-Book-Reader greifen. Doch langsam, der Impuls ist zwar richtig, trägt jedoch nicht unbedingt zu einer Umweltentlastung bei. Zwar lassen sich durch die Lektüre eines E-Books Papierverbrauch und Druck vermeiden, aber in der Herstellung und Nutzung verursacht ein E-Book-Reader nach Berechnungen des Öko-Instituts etwa achtmal so viel Treibhausgas wie die Herstellung eines gedruckten Buches. Dabei werden auch seltene Metalle sowie Plastik verbaut, und die meisten Geräte werden in China hergestellt, wodurch es zu langen Transportwegen kommt – abgesehen davon, dass ich durch den Erwerb eines Readers perspektivisch Elektronik-Müll produziere, dessen Recyclingfähigkeit zumindest zweifelhaft ist. Das heißt, die Entscheidung für einen E-Book-Reader, so das Ergebnis des Vergleichs, ist aus ökologischer Perspektive überhaupt erst dann sinnvoll, wenn ich mindestens zehn Bücher im Jahr damit lese. Für Vielleser ist das also eine lohnende und vernünftige Anschaffung. Kaufe ich mir hingegen einen Reader, um im Jahresurlaub zwei oder drei Bücher zu lesen, ohne sie im Gepäck mitschleppen zu müssen, ist das natürlich auch in Ordnung, ganz sicher aber kein Beitrag zum Klimaschutz.

So ähnlich verhält es sich im Prinzip auch bei der E-Mobilität, wenngleich die Angelegenheit hier ungleich komplexer und komplizierter ist als bei den handlichen, kleinen Lesegeräten. Am einfachsten zu beantworten ist auf den ersten Blick die beim Individualverkehr momentan im Zentrum stehende Abgasfrage: Was kommt hinten raus? Ja, E-Scooter und elektrisch betriebene Pkw stoßen gewissermaßen lokal keine Schadstoffe mehr aus, ebenso wenig wie mit Wasserstoff betriebene Brennstoffzellen-Fahrzeuge, bei denen als Abfallprodukt lediglich Wasser anfällt. Das ist ganz wunderbar und könnte die Umwelt in absehbarer Zeit zweifellos spürbar entlasten.

Leider ist hier jedoch noch der Konjunktiv erforderlich, denn eine solche Entlastung wird auf den zweiten Blick erst dann eintreten, wenn der Strom für die Elektromobilität ausschließlich aus erneuerbaren Energien stammt; das war die durchaus nachvollziehbare, inzwischen, wie oben beschrieben, zurückgenommene Bedingung, die laut dem Europachef von Mazda erst erfüllt sein muss, bevor sein Unternehmen in die Produktion von E-Autos einsteigen wird. Diese Voraussetzung ist allerdings noch längst nicht gegeben. Zwar steigt der Anteil erneuerbarer Energien am sogenannten Strommix in Deutschland – also der Kombination aus Kohlekraft, Ölkraft, Gaskraft, Atomkraft, Windkraft, Fotovoltaik, Biokraft, Wasserkraft – kontinuierlich; und das ist gut so. Aber nach Angaben des Bundesumweltamtes[4] verursacht eine Kilowattstunde verbrauchten Stroms hierzulande nach wie vor (2018) 474 Gramm CO_2. Damit ist ein Elektroauto also zurzeit von vornherein »belastet«, auch wenn hinten nichts mehr rauskommt. Ein Mittelklasse-Pkw kann mit dieser Kilowattstunde etwa sechs Kilometer weit fahren und dadurch die entsprechende Emission eines Fahrzeugs mit Verbrennungsmotor einsparen. Ein moderner Diesel beispielsweise würde auf derselben Strecke – mit Praxis-, nicht mit Prüfstandverbräuchen gerechnet – circa 750 Gramm Kohlendioxid emittieren, also deutlich mehr.

Na bitte. Immerhin! Nur leider ist das lästige Zahlenspiel damit noch nicht beendet. Die Herstellung fehlt noch. Bei Karosserie und Fahrgestell dürfte es zwischen den Antriebsarten keine großen Unterschiede geben. Allerdings schlägt die Batterieproduktion bei den E-Fahrzeugen ganz massiv zu Buche: Auf die eben erwähnte Fahrstrecke von sechs Kilometern berechnet, fallen bei einer kleinen Batteriegröße von 40 kWh noch einmal 215 Gramm CO_2 an; bei einer größeren, zum Beispiel 100 kWh wie in einem Tesla, sind es gar 540 Gramm.[5] Das heißt, der Tesla schneidet danach in der CO_2-Bilanz sogar schlechter ab als ein Mittelklasse-Diesel, gilt also durchaus zu Unrecht als ein Null-Emissions-Fahrzeug.

Ich gebe zu, das ist verwirrend, und diese Verwirrung steigert sich beinahe täglich weiter, weil in der medialen Berichterstattung über die anbrechende E-Mobilität immer wieder verschiedene Untersuchungen zitiert werden, die hierbei zu ganz unterschiedlichen Ergebnissen kommen. Für die einen schneiden die E-Autos in der Umweltbilanz deutlich besser ab als Diesel-Pkw, und das dürfte im Moment die Mainstream-Ansicht sein, bei anderen ist es genau umgekehrt – und der Leser solcher Meldungen bleibt ratlos zurück. Was denn nun? Es wird ja schwerlich beides zutreffend sein. Natürlich kann auch ich diese Ratlosigkeit hier nicht auflösen, schon gar nicht, indem ich mich auf die eine oder andere Seite schlage. Das wäre vermessen – und zudem unseriös, weil die scheinbar einfache Frage tatsächlich beide Antworten zulässt.

Ohne mich jetzt hier am Erbsenzählen zu beteiligen – hier ein paar Gramm mehr, dort ein paar Gramm weniger –, lässt sich allgemein festhalten, dass die Batterie, neben dem Strommix, gewissermaßen die Achillesferse der E-Mobilität ist. Vor allem das bei der stromintensiven Batterieproduktion anfallende Kohlenstoffdioxid stattet die Elektroautos sozusagen mit einem CO_2-Rucksack aus, dessen Füllstand von Faktoren abhängt, die sich nicht eindeutig und schon gar nicht einheitlich beziffern lassen, sondern beispielsweise von Land zu Land ganz unterschiedlich sein können. Nur mit diesen eben sehr variablen Faktoren lässt sich aber der tatsächliche CO_2-Ausstoß eines E-Autos errechnen, seine »CO_2-Schulden« sozusagen, die er im Betrieb »abbezahlen« muss. Vereinfacht gesagt, sorgen diese »Schulden« in der Tat dafür, dass man mehrere Jahre lang mit einem Verbrennungsmotor fahren könnte, um die gleiche Umweltbelastung zu verursachen, die die Herstellung einer mittelgroßen Batterie erzeugt.

Nach wie vielen Jahren oder nach wie vielen gefahrenen Kilometern dieser Nachteil ausgeglichen wird, ist aber ungewiss, auch weil die Batteriehersteller selbst keine präzisen Angaben über die Ökobilanz ihrer Batterieproduktion machen. So nutzt Tesla nach eigenen Aussagen dabei auch Solarstrom und hat das erklärte Ziel, künftig ausschließlich erneuerbare Energien einzusetzen; über den derzeitigen Stand des Strommixes schweigt sich das Unternehmen aber aus. Wie viel CO_2 tatsächlich bei der Herstellung von Lithium-Ionen-Akkus entsteht, ist also faktisch schwer zu ermitteln. Als sicher kann lediglich gelten, dass die dabei anzusetzende CO_2-Menge beispielsweise in Schweden, wo fast ausschließlich Öko- und Atomstrom zum Einsatz kommen, deutlich geringer ausfällt als etwa in den USA oder gar in China, wo aktuell immer noch Unmengen an Treibhausgas durch Kohle-Verstromung freigesetzt werden – wo aber zurzeit die meisten in Elektrowagen verbauten Akkus herkommen.

Das ist einerseits ernüchternd, andererseits aber auch nicht mehr als eine Momentaufnahme. Mittelfristig wird der Anteil erneuerbarer Energien am verfügbaren Stromangebot überall wachsen, auch in China, weshalb sich die CO_2-Bilanz sowohl der Batterieproduktion als auch des Betriebs der Elektroautos zunehmend verbessern wird. Noch ist es jedoch nicht so weit, noch ist die schöne saubere Elektro-Welt nicht mehr als ein Versprechen, das umso schwieriger einzulösen sein wird, je länger der branchenübliche Größer-schneller-stärker-Ehrgeiz auch bei den E-Auto-Anbietern weiter wirksam ist.

Von null auf hundert in vier Sekunden und rauschhafte Höchstgeschwindigkeiten. Alles machbar. Aber was soll der Unsinn? Statt Bedürfnisse zu stillen, werden hier abermals Erwartungen geweckt, die den Sinn des Wandels zu konterkarieren drohen. Wer täglich 20 Kilometer zur Arbeit pendelt und den Wagen ansonsten vielleicht einmal im Monat für eine längere Strecke nutzt, für den oder die ist ein mit großer Batterie ausgestattetes Elektroauto, dessen Hersteller mit den genannten Fahrleistungen wirbt, mindestens so sinnlos und ökologisch verheerend wie ein SUV. Wenn die Kunden, wie es etwa bei Tesla absehbar ist, dieses Spiel mitspielen, wäre nichts gewonnen.

Solange dieser Schwachsinn nicht aufhört, wird auch die E-Mobilität keinen nennenswerten Beitrag zum Klimaschutz leisten können, weil die »lokal emissionsfreien« Fahrzeuge schon vor ihrem Einsatz auf der Straße so viel CO_2 produziert haben, dass es beinahe egal ist, was am Ende hinten rauskommt. Das heißt, wir brauchen Hersteller, die Modelle anbieten, und Kunden, die Modelle nachfragen, die sich am tatsächlichen Mobilitätsbedarf orientieren – ein Apell, der für eine ganze Weile wohl weiterhin ungehört bleiben wird. Doch solange wir große, starke, schnelle Autos bauen und kaufen, so einfach ist das, wird die schöne saubere Elektro-Welt ein frommer Wunsch bleiben.

Das Öl der Zukunft

»Es geht mir nicht darum, Geld zu verdienen,
sondern darum, die Probleme der Menschheit zu lösen.«
Elon Musk

Der hier mit seinem frommen Wunsch zitierte Elon Musk ist für seine ambitionierten Ziele bekannt, und es ist überhaupt nicht auszuschließen, dass es ihm damit ernst ist. Als Mitbegründer von PayPal revolutionierte er den US-amerikanischen Zahlungsverkehr und wirbelte damit, als Branchenfremder, das Geschäftsmodell der Banken, die vor allem den Internethandel verschlafen hatten, gehörig durcheinander. Als Gründer und Eigner des Raumfahrtunternehmens SpaceX führte er seine Firma, erneut als Branchenfremder, in wenigen Jahren an die Spitze der internationalen Raumfahrtindustrie; SpaceX ist heute ein bedeutender Versorger der Raumstation ISS und weltweiter Marktführer bei Satellitenstarts. Aber auch dies ist für den Unternehmer eher ein Nebeneffekt, gewissermaßen ein Lernfeld zum Erreichen des eigentlichen Ziels: der Besiedelung des Planeten Mars – falls die Erde irgendwann nicht mehr zum Überleben tauge. Auch das scheint ihm ein ernstes Anliegen zu sein.

Damit unser Heimatplanet nicht gar so schnell unbewohnbar wird, hat er sich parallel zum Weltraum dem irdischen Energie- und Verkehrssektor zugewendet, nicht etwa, wie eingangs zitiert, um mit dem Verkauf von Elektroautos Geld zu verdienen, sondern um die Menschheit aus der Abhängigkeit vom immer knapper und teurer werdenden, zudem natürlich umweltbelastenden Erdöl zu befreien. Und wieder nimmt er es dabei, als Branchenfremder, mit facherfahrenen Giganten des ausgehenden Industriezeitalters auf und setzt die Automobilindustrie mit seiner Firma Tesla gehörig unter Zugzwang. Seine Modelle haben geradezu Apple-Status und sind derart begehrt, dass die Produktion nur schleppend hinterherkommt. Anleger, Investoren und Kunden standen und stehen dennoch Schlange und haben das Unternehmen mittlerweile, nimmt man die Börsennotierungen als Gradmesser, zu einem der wertvollsten der Welt gemacht. Wie die Sache für Tesla ausgeht, ist noch offen; die Firma bleibt seit Jahren hinter ihren selbstgesteckten Zielen zurück. Dass Elon Musk aber die E-Mobilität gewissermaßen mit Sex-Appeal aufgeladen und ihr dadurch einen kräftigen Schub verpasst hat, ist kaum zu bezweifeln und verdient Anerkennung.

Und noch etwas ist erstaunlich, wird aber angesichts des vordergründigen Feuerwerks aus Börsendaten, Absatz- und Bestellzahlen kaum angemessen zur Kenntnis genommen. Wie schon mit seiner Firma SpaceX hat Musk auch mit Tesla in gewisser Weise gleich die ganze Globalisierung rückabgewickelt, indem er fast alle relevanten Fertigungsabschnitte und Serviceleistungen am eigenen Standort versammelt und auf ausländische Zulieferungen, soweit es irgend geht, verzichtet. Er hat sozusagen die modulare Server-Architektur auf sein Unternehmen übertragen und damit geschafft, was niemand für möglich gehalten hätte: für die etablierten Autokonzerne zu einer ernst zu nehmenden Konkurrenz zu werden. Natürlich besteht ein Elektroauto aus deutlich weniger Teilen als ein herkömmlicher Wagen, allein der Verbrennungsmotor hat bis zu neunzigmal mehr bewegliche Teile als ein E-Motor, weshalb die Montage deutlich einfacher zu organisieren ist. Dennoch halte ich Musk für einen Visionär, weil er die Bau- und Funktionsweise des Computers – ausbau- und updatefähig, voll integriert, modular – auf den Bau und die Funktionsweise von Fahrzeugen übertragen hat. Seine Autos sind nicht mehr nur Fortbewegungsmittel, es sind Computer auf Rädern.

Aber wir dürfen es mit dem Respekt für Elon Musk auch wieder nicht übertreiben. Als Automobilhersteller ist er in mancher Hinsicht ein Unternehmer alten Typs. Nach allem, was man hört, darüber hinaus wohl auch einer der eher unangenehmen Sorte, der seine Mitarbeiter bis zur Erschöpfung auspresst, mit Wertschätzung äußerst sparsam umgeht sowie Anleger und Öffentlichkeit gern mit seinem Riesen-Ego und nicht zuletzt mit skurrilen Äußerungen verschreckt – man denke an seinen Pädophilie-Vorwurf gegenüber einem britischen Taucher, der Kinder aus einer thailändischen Höhle gerettet hatte, oder an seine Ankündigung, Tesla von der Börse zu nehmen.

Auch an einer Verkehrswende, die einen solchen Namen verdient, scheint der Industrielle nicht wirklich interessiert. Im Gegenteil. Wie alle anderen in der Branche setzt er auf weltweiten Massenabsatz seiner in Serienfertigung hergestellten Standardmodelle, die zudem ebenso groß und möglichst noch schneller sein sollen als die Fahrzeuge der Konkurrenz. Der einzige, allerdings nicht zu vernachlässigende Unterschied ist die konsequent elektrische Antriebsart. Davon abgesehen bleibt verkehrstechnisch alles im alten – und falschen – Koordinatensystem: Möglichst viele gleiche Autos, die unabhängig von ihrem Nutzen zum Eigentum ihrer Käufer werden, sollen auf die Straße gebracht werden. Die Zukunft der Mobilität sieht meiner Überzeugung nach ganz anders aus; ich werde darauf im abschließenden Teil zurückkommen.

Gleichwohl ist Musk zumindest in seinen Methoden innovativ, zuweilen handelt er sogar visionär, etwa bei der Batterieproduktion. Früher als andere hat der Tesla-Chef verstanden, dass dem Speichermedium eine zentrale Schlüsselfunktion für die Zukunft sowohl der E-Mobilität als auch der Energienetze insgesamt zukommt, denn mit der Elektrifizierung des Individualverkehrs wird auch die Nachfrage nach Energie sukzessive ansteigen. Solche Mehr-Energie ist ja auch durchaus vorhanden, kann aber bislang nur unzureichend für später vorgehalten werden, weshalb die Betreiber so viele Windräder oftmals stillstellen und Solarstromanlagen vom Netz nehmen müssen, weil es im Tagesbedarf ein Überangebot gibt. Denn im Unterschied zu Kohle-, Gas- oder Atomkraftwerken lassen sich Wind und Sonne nicht regulieren, um die Energieerzeugung der je aktuellen Nachfrage anzupassen. Dies ist ein zentraler Hemmschuh, der den Ausbau regenerativer Quellen bremst und nur durch intelligente Speichertechnik sowie durch ein dezentral organisiertes Stromnetz überwunden werden kann.

Elon Musk hat das früh erkannt, die Chinesen ebenso. Sie investieren daher seit Jahren in Forschung und Innovation, während die deutschen Konzerne erst langsam zu den Startlöchern traben, möglicherweise zu langsam, um am Wettlauf um Know-how und Rohstoffe überhaupt noch teilnehmen zu können. Die Rohstoffe wiederum könnten am Ende auch zu Musks Achillesferse werden, da ihm die Chinesen hier den Rang abzulaufen drohen und mit ihren staatlich gelenkten Konzernen während der letzten Jahre in großem Umfang weltweit Schürf- und Förderrechte erworben haben, die für die Batterieherstellung zumindest in der jüngeren Zukunft existenzwichtig sein werden.

Und an eben diesem Punkt ist dem weitsichtigen Unternehmer möglicherweise eine Fehleinschätzung unterlaufen. Um die Menschheit aus der Abhängigkeit vom Öl und der umweltbelastenden Energiegewinnung aus fossilen Brennstoffen zu befreien, führt er – gemeinsam mit allen Herstellern, die ihm aus guten Gründen und mutmaßlich besten Absichten folgen – sich (seine Firma) und uns in eine neue Abhängigkeit, die sich als ebenso problematisch erweisen kann wie die alte, ökologisch wie auch politisch. Das flüssige Gold wird durch weißes Pulver ersetzt, neuer Wein in alte Schläuche gefüllt. Vor allem Lithium wird zum Öl-Ersatz, und dessen Hauptfördergebiete in Chile, Argentinien und Bolivien werden gewissermaßen zum »Saudi-Arabien« des E-Zeitalters. Dadurch wird es zu geostrategischen Verschiebungen kommen, deren Konsequenzen noch kaum absehbar sind – mit einer Ausnahme: War das Öl-Zeitalter durch die eindeutige Vormachtstellung der USA gekennzeichnet, wird im Elektro-Zeitalter kein Weg mehr an China vorbeiführen.

Das gilt auch, vielleicht sogar an erster Stelle für den Hersteller Tesla, der nicht nur schon derzeit nahezu ein Fünftel seines Umsatzes durch den Export seiner Fahrzeuge nach China erzielt, sondern der vor allem seine führende Position in der Batterieproduktion nur mit chinesischer Hilfe aufrechterhalten könnte. Teslas »Gigafactorys«, ebenso wie die Umsetzung der Elektropläne der deutschen Hersteller, sind auf Rohstoffe angewiesen, deren Quellen entweder in großem Umfang unter chinesischer Kontrolle stehen oder in politisch instabilen Regionen mit fragwürdigen Förderbedingungen liegen, die als Bezugsherkunft nicht eben verkaufsfördernd sind.

Doch der Reihe nach: Nach dem derzeitigen Stand der Batterietechnik spielen vor allem Lithium, Kobalt, Coltan und Seltene Erden sowohl für die digitale Kommunikation als auch für die E-Mobilität eine zentrale Rolle. Ohne hier in die Details eintauchen zu können, sind für die Automobilindustrie insbesondere die Metalle Lithium und Kobalt wichtig, weil sie es ermöglichen, die Energiedichte der Akkus, etwa im Vergleich zu Blei, entscheidend zu erhöhen. Und genau dadurch werden die Batterien zugleich leistungsstärker und leichter. Im gleichen Maße, wie Laptops und Mobiltelefone dadurch immer kleiner, flacher und leichter wurden, eigneten sich die Lithium-Ionen-Akkus auch immer besser für den Einsatz in der E-Mobilität, weil das immense Gewicht und die nur für geringe Reichweiten ausreichende Energiekapazität der älteren Batterie-Generationen die Entwicklung von alltagstauglichen Elektroautos gehörig bremsten. Der Elektro-Boom im Verkehr wurde also ganz maßgeblich von der im Kommunikationszeitalter einsetzenden Entwicklung der Batterietechnologie befördert.

Der Elektroantrieb an sich ist, wie schon erwähnt, seit mehr als hundert Jahren erprobt, das Prinzip ist technisch einfach und wurde in zahllosen Elektrogeräten beständig verbessert. Ein Nadelöhr war lange Zeit die Energiezufuhr bei kabellosem Betrieb und hohem Leistungsabruf, wie er für sehr viele Anwendungsbereiche, unter anderem im Individualverkehr, vonnöten ist. Hierfür waren die herkömmlichen Nickel-Cadmium- oder Nickel-Metallhybrid-Akkus schlicht zu schwer. Erst als Anfang der 1990er-Jahre in einer Sony-Videokamera erstmals ein wiederaufladbarer Lithium-Ionen-Akkumulator zum Einsatz kam, erweiterte sich das Anwendungsfeld dramatisch.

Das ist alles noch gar nicht so lange her. Erst seit 2003 finden sich solche Batterien nicht nur in allerlei Elektrowerkzeugen und Haushaltsgeräten, ihr Einsatzgebiet ist praktisch unbegrenzt. Und mit der steigenden Nachfrage und beginnenden Massenproduktion sanken auch die Preise, wodurch der neue Energieträger für immer mehr Einsatzbereiche attraktiv wurde. Die sprunghaft steigende Nachfrage kurbelte Produktion und Entwicklung weiter an und machte die Kraftspender immer besser, sodass sie schließlich auch für den Verkehr und als Energie-Ressource für die Industrie interessant wurden – eine wirtschaftliche Erfolgsgeschichte wie aus dem Lehrbuch.

Aber wie jede Boom-Story – man denke nur an das Erdöl oder an die Atomkraft – hat auch dieses die Fantasien von einer sauberen Zukunft beflügelnde Wachstum seine Schattenseiten. Die weltweiten Reserven an Lithium und Kobalt beispielsweise, um hier nur von diesen beiden Grundsubstanzen zu sprechen, sind zwar zurzeit nach übereinstimmender Rohstoff-Experten-Meinung durchaus reichlich vorhanden, aber letztlich ebenso endlich wie das Öl. Sie befinden sich darüber hinaus zum Teil in politisch instabilen Regionen. Außerdem müssen diese Metalle, ebenso wie das Öl und das Uran, natürlich gefördert, verarbeitet und gehandelt werden. Und hier liegt, wie bekanntlich bei den letztgenannten Rohstoffen auch, durchaus »der Hase im Pfeffer« – wie immer dieses interessante deutsche Sprachbild für einen »Stolperstein«, für eine schwer zu überwindende Komplikation zustande gekommen sein mag.

Die Gewinnung dieser beiden für die Batterieherstellung bis auf Weiteres unverzichtbaren Mineralien ist äußerst aufwendig, energieintensiv und umweltbelastend. Lithium, obwohl eines der häufigsten Elemente der Welt, kommt in nur geringer Konzentration in Salzen und Steinen vor. Die größten bekannten Reserven liegen in Salzseen in Südamerika, deren Wasser man in riesigen, extra angelegten Becken über Monate verdunsten lässt. Außer dem Salz selbst bleibt dann eine dickflüssige Brühe übrig, die anschließend in einem Chemiewerk unter Zugabe von Soda zu Lithiumkarbonat, dem Grundstoff für die Akkus, verarbeitet wird. Theoretisch stellt auch das

Meer eine schier unerschöpfliche Lithiumquelle dar, allerdings ist die Substanz darin nur in deutlich geringerer Konzentration enthalten. Um Material für einen einzigen Tesla-Akku zu gewinnen, müsste man mehrere Millionen Liter Meerwasser verdunsten lassen.

Durch den vor einigen Jahren einsetzenden Boom der E-Mobilität und die dadurch eintretenden Skaleneffekte in der Batterieherstellung sind die Batteriepreise, wie schon erwähnt, zwar kontinuierlich gesunken, wodurch sich für Elektroautos nun auch der Massenmarkt öffnet. Der Preisverfall wird jedoch durch die sprunghaft steigende Nachfrage nach Lithium empfindlich gebremst, weil der Preis für diesen Grundstoff im selben Zeitraum um nahezu das Dreifache gestiegen ist. Und der Bedarf wird in Zukunft noch enorm zunehmen, weshalb schon heute bisweilen vor Lieferengpässen und weiter steigenden Preisen gewarnt wird, da die langwierige Lithiumproduktion nicht so schnell ausgeweitet werden kann, wie die Nachfrage steigt.

Das sorgt für Turbulenzen auf dem Markt und hat chinesische Firmen im vorvergangenen Jahr (2018) zu einer ausgiebigen Einkaufstour motiviert, um sich den Zugang zu den wichtigen Akku-Rohstoffen strategisch zu sichern und sich vor Preisschwankungen zu schützen. Schon heute verbraucht China über 40 Prozent des weltweiten Lithiums, weshalb sich Chinas staatlich gelenkte Unternehmensgruppen gezielt an Minenbetreibern beteiligen, die den Rohstoff für eine nachhaltige Energieerzeugung liefern. Den größten Zukauf tätigte 2018 das Bergbauunternehmen Tianqi und erwarb einen 24-prozentigen Anteil am chilenischen Lithiumproduzenten SQM.[6]

Ähnlich agiert China auch bei anderen für die E-Mobilität wichtigen Rohstoffen, etwa beim Kobalt, dessen Gewinnung in mancher Hinsicht noch aufwendiger und problematischer ist als die Lithiumförderung. Kobalt wird überwiegend aus Kupfer- und Nickelerzen gewonnen, aus denen es in einem mehrstufigen chemischen und physikalischen Prozess durch Rösten, Verschlackung, Wasser- und Säurebehandlung extrahiert wird. Mehr als die Hälfte des weltweit geförderten Kobalts kommt aus dem Kongo, wo es nicht selten von Kindern und Jugendlichen unter erheblichen Gesundheitsrisiken in kaum überwachten Minen abgebaut wird. Auch hier haben sich chinesische Firmen, bei denen die Umwelt- und Menschenrechtsstandards in der Werteskala bekanntlich nicht sehr weit oben rangieren, bereits nennenswerte Anteile gesichert, während europäische und amerikanische Unternehmen angesichts der politischen Risiken in dem unruhigen zentralafrikanischen Land und eben auch vor dem Hintergrund anhaltender Kritik von Verbraucherschützern und Menschenrechtlern vor einem solchen Engagement eher zurückschrecken. Da sind die zentral gelenkten, strategisch ausgerichteten chinesischen Konzerne deutlich im Vorteil gegenüber ihrer westlichen Konkurrenz, die ihre nicht selten nervösen Anleger und Aktionäre von einem möglicherweise riskanten Beteiligungsgeschäft erst überzeugen müssen.

Die Kobalt-Förderung hat sich mit dem Anschwellen der Akkuproduktion für Laptops, Mobiltelefone und Elektromotoren jeder Art in den letzten zwanzig Jahren nahezu verfünffacht, auf nunmehr gut 125000 Tonnen jährlich. Entsprechend hat die gestiegene Nachfrage, ähnlich wie beim Lithium, die Preise derart hochgetrieben, dass einstmals geschlossene Minen auch in anderen Teilen der Welt reaktiviert werden, weil Abbau und Gewinnung wieder wirtschaftlich attraktiv werden. Das ändert aber nichts daran, dass Kobalt und Lithium problematische Rohstoffe bleiben, die auf die E-Mobilität nicht nur einen ökologischen Schatten werfen, sondern die auch erheblichen politischen Zündstoff bergen.

Die Handelsstreitigkeiten zwischen den USA und China, die jahrzehntelangen, bis heute anhaltenden Konflikte und Kriege um den Zugriff auf und die Verfügungsmacht über den wichtigsten Treibstoff des Industriezeitalters, das Erdöl, das Ringen um Atomkraft und Atommacht, der Streit um die Gas-Pipeline von Russland nach Europa – das alles sind Beispiele dafür, wie sehr die Märkte und insbesondere der Energiemarkt stets umstritten sind. Es gibt nicht die geringste Veranlassung, zu glauben, dass sich dies in Zeiten der E-Mobilität ändern wird. Die Protagonisten und die Konfliktlinien werden andere sein, aber die zu erwartenden Kämpfe dürften nicht minder heftig ausfallen. Es geht um viel, im Grunde um alles.

Ob die europäischen Autohersteller ebenso wie die noch mächtigen Energieversorger und Technologiekonzerne die absehbare Neuordnung einigermaßen unbeschadet überstehen werden, ist zumindest fraglich. Natürlich bemühen sich die großen deutschen Automobilkonzerne inzwischen ebenfalls, sich den Zugang zu den für die E-Mobilität erforderlichen Rohstoffen zu möglichst konstanten Preisen zu sichern, aber die Anlage- und Beteiligungsmöglichkeiten werden teurer, seltener und riskanter. Sie sind, schlicht gesagt, einige Jahre zu spät dran. Wenn die Elektrifizierung des Verkehrs auch nur annähernd jene Dynamik erreicht, die von den Chefs der wichtigsten Massenmarken auf Branchentreffen wie der IAA imagefördernd in Aussicht gestellt wird, werden sie in Produktionsprobleme geraten und sich in Abhängigkeiten etwa von chinesischen oder amerikanischen Batteriezulieferern begeben müssen, die ihnen bislang unbekannt sind – und die ihrem Selbstverständnis wie ihrem Anspruch auf Weltmarktführerschaft ganz gewiss nicht entsprechen.

Ähnliche Probleme stehen aber auch dem derzeitigen »Weltmarktführer« in der Batterietechnologie bevor, der Firma Tesla. Zwar konnte sich das Unternehmen, etwa durch die Finanzierung einer Erz-Mine in Nordmexiko, die Versorgung mit Lithium zumindest für die erste Gigafactory in Nevada für wenige Jahre zu vereinbarten Preisen sichern; der durch die E-Mobilität steigende Bedarf wird aber möglicherweise zu Lieferengpässen und sehr wahrscheinlich zu weiteren Preisauftrieben führen. Seit 2016 hat sich der Lithiumabbau mehr als verdoppelt, 2019 wurden etwa 70 000 Tonnen gefördert, zugleich stieg jedoch der Preis seit 2012 um das Vierfache. Tesla ist zurzeit der weltgrößte Lithium-Käufer – und wird es wohl auch in naher Zukunft bleiben. Das heißt, dem dezidierten Ziel, die Herstellungskosten der Akkus durch die Skaleneffekte in der Massenproduktion um ein Drittel abzusenken, damit die E-Autos für möglichst große Käuferschichten interessant werden, laufen die Preissteigerungen bei den eingesetzten Rohstoffen entgegen.

Die von Tesla gemeinsam mit dem Panasonic-Konzern in Nevada betriebene Gigafactory 1 kann das Problem anschaulich vor Augen führen. Obwohl sie sich noch im Bau befindet, laufen hier bereits seit 2016 sowohl Autobatterien als auch andere Energieprodukte wie der Heimspeicher »Powerwall« oder das Batteriepaket »Powerpack«, das die Industrie vor Energieschwankungen zu schützen verspricht, vom Band. Nach ihrer Fertigstellung, geplant ist diese im Jahr 2020, wird die Gigafactory das größte Produktionsgebäude der Welt sein, in dem dann jährlich 500 000 Autobatterien mit einer Kapazität von 35 Gigawattstunden produziert werden sollen; das entspräche der weltweiten Batterieproduktion des Jahres 2013. Und als wäre dies noch nicht genug an Gigantomanie, wird schon an einer ähnlich großen Batteriefabrik, Gigafactory 3, in Schanghai gearbeitet, von wo aus der chinesisch-asiatische Markt, auch ohne drohende Strafzölle, beliefert werden kann.

Das klingt nach wild entschlossenem Vorgehen, stößt jedoch in Bereiche vor, die aus heutiger Sicht kaum realisierbar erscheinen. Sollte nur das Werk in Nevada, die Gigafactory 1, die geplanten Kapazitäten erreichen, wäre dort Schätzungen zufolge mit rund 25 000 Tonnen schon mehr als ein Drittel des heute weltweit geförderten Lithiums erforderlich.

Da fragt man sich natürlich, wie das ausgehen soll und ob andere Hersteller, beispielsweise die deutschen Autobauer mit ihren hochfahrenden Elektroplänen, überhaupt eine Chance haben, in diesem Ressourcenwettlauf zu bestehen. Zwar ist, wie schon erwähnt, davon auszugehen, dass mit der steigenden Nachfrage auch das Angebot, also die Fördermenge wächst und dass weltweit neue Lithiumvorkommen erschlossen werden. Es dürfte jedoch eher wenig wahrscheinlich sein, dass beide Steigerungsraten halbwegs synchron verlaufen.

Aber auch hier könnte und sollte man anfügen, dass es sich wie schon beim Strommix um eine Momentaufnahme handelt. Zu Schwarzmalerei besteht noch kein Anlass. Gerade der Mangel an Rohstoffen und deren Verteuerung werden zu technischen Verbesserungen und Materialoptimierungen führen sowie die Entwicklung alternativer Batterietechnologien befördern, die dann möglicherweise mit deutlich weniger oder gar ohne Lithium und Kobalt auskommen. Aber so weit ist es noch nicht, und es gibt nicht wenige Experten, die solche Hoffnungen dämpfen. Zumindest das Lithium wird danach auf unabsehbare Zeit kaum ersetzbar sein. Hier wird es eher darum gehen, Recyclingprozesse zu entwickeln, die den teuren und aufwendig herzustellenden Rohstoff, wie auch andere Materialien, aus alten Batterien wieder zurückgewinnen können.

Beim Kobalt hingegen gibt es erste Hoffnungszeichen. Nach eigenen Angaben ist es Tesla in Zusammenarbeit mit Panasonic bereits gelungen, den Kobalt-Anteil in den Kathoden der Lithium-Ionen-Zellen auf unter drei Prozent zu senken, während der Kobalt-Anteil bei den meisten anderen Akku-Herstellern noch bei acht und mehr Prozent liegt. Künftig, so das erklärte Ziel, will Tesla gar kein Kobalt mehr nutzen. Ob das möglich sein wird, kann ich nicht im Geringsten einschätzen. Soweit mir bekannt ist, sorgt das Metall nicht nur für eine höhere Energiedichte; für die Praxistauglichkeit von E-Autos ist mindestens ebenso wichtig, dass es, da es den Strom besonders gut leitet, kurze Ladezeiten der wiederaufladbaren Akkus gewährleistet. Welche Alternativen es gäbe, um beide für den Ausbau der E-Mobilität nicht unwesentlichen Eigenschaften beizubehalten oder gar noch zu verbessern, ist eine offene Frage, auf die es bis heute noch keine Antwort gibt.

Zusammenfassend lässt sich festhalten, dass die Batterieherstellung die Schwachstelle der E-Mobilität ist und bis auf Weiteres bleiben wird. Ich halte es deshalb für wichtig, die dabei auftretenden Probleme und deren mögliche Konsequenzen im Zuge der allgemeinen Elektro-Euphorie nicht unter den Tisch zu kehren, sondern klar zu benennen, damit uns das Öl der Zukunft nicht dazu verleitet, dieselben Fehlentwicklungen zu durchlaufen wie beim Öl der Vergangenheit. Es käme also darauf an, diesmal sowohl technologisch wie auch wirtschaftlich sehr viel differenzierter zu agieren. Die nahezu ausschließliche Konzentration auf das Erdöl und die daraus raffinierten Kraftstoffe hat uns, trotz aller schon früh, spätestens seit Ende der 1960er-Jahre einsetzenden Warnungen, in die Situation gebracht, aus der wir heute einen Ausweg suchen. Wir sollten vermeiden, nun einen ähnlichen Fehler erneut zu begehen, indem wir die im Falle der für die Batterietechnik erforderlichen Rohstoffe sogar noch früher erkennbaren Warnsignale aufgrund der ganz akuten Geschäftsaussichten abermals beiseiteschieben – ebenso wie etwaige moralische und soziale Bedenken.

Die letztgenannten Bedenken wiegen gerade beim Rohstoffabbau für die Lithium-Ionen-Zellen schwer. Um die Verschmutzung der Städte in den Industrieländern aufzuhalten und das Klima und damit unsere eigene Lebensgrundlage zu schützen, dürfen wir nicht die Lebensgrundlage anderer zerstören. Diese Doppelmoral des kapitalistischen Wirtschaftens war und ist schon etwa beim Uranabbau verheerend, und sie diskreditiert am Ende jede gute Absicht. Dennoch zeigt sich eine solche quasi-koloniale Attitüde gerade wieder in Südamerika – wie beispielsweise kürzlich der Deutschlandfunk in einer Reportage berichtete.[7]

Im Dreiländereck Bolivien, Chile, Argentinien, wo, wie schon erwähnt, 70 Prozent der weltweiten Lithiumvorkommen lagern, ist das indigene Volk der Kollas beheimatet, dessen etwa 100 000 Angehörige vorwiegend von der Lama-Zucht leben, deren Lebensgrundlage nun aber massiv gefährdet ist. Zwar gilt die Lithiumproduktion im Unterschied zur Kobaltgewinnung im Allgemeinen als ökologisch einigermaßen verträglich, weil das Lithium vorwiegend mittels einer als »energiesparend« bezeichneten Verdunstungstechnik gewonnen wird; äußerst problematisch ist jedoch der extrem empfindliche Wasserhaushalt in der hoch gelegenen Salzwüsten-Region.

Mit dem Run auf den begehrten Rohstoff graben nun immer mehr schwere Maschinen den Untergrund auf, um Brunnen zu bohren und Transportwege zu bauen, wodurch die natürlichen Barrieren zwischen Salz- und Süßwasser häufig zerstört und die von den Anwohnern und ihren Tieren genutzten Trinkwasserquellen kontaminiert werden; immer öfter trocknen sie auch schlicht aus, weil die Bergbauunternehmen die Grundwasservorräte anzapfen müssen, um mit dem Frischwasser die Salzmasse aus dem Untergrund zu befördern.

»Der Abbau von Lithium für Europa und der Wechsel zum Elektroauto wird unsere Gemeinden und unsere Landschaft, unsere Tiere und uns umbringen«, wird in der erwähnten Reportage ein Vertreter von betroffenen Gemeinden zitiert, die sich mit ihrem Protest mittlerweile nicht mehr nur an die lokalen Regierungen, sondern auch an die Interamerikanische Kommission für Menschenrechte und an die Internationale Arbeitsorganisation (ILO) wenden. Ihr Engagement richtet sich nicht einmal generell gegen den Ressourcenabbau in dem von ihnen bewohnten Territorium. Sie setzen sich »lediglich« dafür ein, dass Politik und Wirtschaft ihrer Verantwortung gerecht werden und anspruchsvollere Standards bei der Lithiumproduktion umsetzen.

Von den in der Region tätigen Unternehmen, an denen auch deutsche, japanische und natürlich chinesische Autohersteller beteiligt sind und die mit dem Lithium zurzeit Millioneneinnahmen erzielen, ist dazu meines Wissens keine Stellungnahme überliefert. Auch in ihren »Umweltfolgeberichten« ist nichts davon erwähnt; gesetzliche Vorschriften zur Einbeziehung von Gemeinden, auf deren Land Projekte solcher Art durchgeführt werden, wurden konsequent ignoriert – mit Billigung von Ministern und hochrangigen Regionalpolitikern, für die der begehrte Rohstoff, wie gehabt, vor allem ein Machtmittel und eine Geldquelle darstellt. Da nimmt man es dann nicht mehr so genau, da drückt auch der Rechtsstaat schon mal ein Auge zu, da müssen die Interessen einer kleinen, unbedeutenden Gruppe natürlich hintanstehen.

Von einer »sauberen Energie« zu sprechen, halte ich vor diesem Hintergrund für verlogen. Politik und Wirtschaft belegen aufs Neue, dass sie nichts dazugelernt haben. Selbstbezüglichkeit und Eigeninteresse allerorten. Im Ergebnis wäre dann aber auch die schöne neue Elektrowelt nichts anderes als neuer Wein in alten Schläuchen, das Fortbestehen der organisierten Verantwortungslosigkeit. Und zu deren Rechtfertigung wird nach wie vor, ganz unverdrossen, das vom Alter her den Schläuchen in nichts nachstehende Motto bemüht: Wenn wir es nicht machen, macht es eben ein anderer, im Zweifel die Chinesen.

Das ist ja auch, wie leider so häufig, in der Sache nicht ganz falsch, denn die Chinesen machen es wirklich. Und zwar mit beeindruckender Konsequenz. China ist schon heute Weltmarktführer in der E-Mobilität, sowohl hinsichtlich der Zulassungszahlen von E-Autos als auch in der Batterieproduktion. Das ist einerseits überhaupt keine schlechte Nachricht, denn eine Automobilisierung des Riesenreichs mit herkömmlich motorisierten Fahrzeugen wäre ökologisch eine Katastrophe – was die chinesische Regierung im Unterschied zu den deutschen Herstellern längst erkannt hat. Das in der gerade angedeuteten Hinsicht besonders rücksichtslose, skrupellose Vorgehen der chinesischen Automobilindustrie sollte andererseits nicht dazu verführen, aus rein wirtschaftlichem Interesse genauso rabiat vorzugehen – auch wenn chinesische Firmen sich schon jetzt einen Vorsprung verschafft haben, der eine ernste Gefahr für den Bestand der deutschen Autobranche darstellt; sie droht, salopp gesagt, abgehängt zu werden.

Die Reaktion darauf wird entscheidend sein. Hinterherzuhecheln, um mit ähnlichen Mitteln die Lücke zu schließen, ist bei der immer noch vorhandenen Kapitalstärke und angesichts der anhaltenden politischen Unterstützung der deutschen Konzerne sicher eine Option. Und ich ahne, dass dieser Weg in den Chefetagen präferiert wird, weil er dem tradierten Muster, den eingeübten Reflexen folgt: Die eigene Position gehört verteidigt, komme, was wolle. Aber was da kommt, ist etwas völlig anderes als das, was die vergangenen hundert Jahre geprägt hat. Wenn die E-Mobilität, der Schutz der Umwelt und des Klimas ernste Anliegen sind, stehen die Unternehmen vor einer anderen, viel weitreichenderen Aufgabe, als die Erwartungen ihrer Anteilseigner zu erfüllen oder dem eigenen Ehrgeiz zu frönen. Sie müssen tatsächlich Verantwortung übernehmen und das, was sie als Bürger zweifellos wollen, mit dem, was sie als Manager vermeintlich sollen, in Einklang zu bringen versuchen.

Das ist kein leichtes Unterfangen und erfordert nicht weniger als einen Kulturwandel in den Unternehmen, in dessen Verlauf die alten, klassischen Kennzahlen – Absatz, Umsatz, Gewinn – sicher nicht komplett ersetzt, aber ergänzt werden müssen durch Zielwerte wie beispielsweise Nachhaltigkeit oder Kunden- und Mitarbeiter-Zufriedenheit. Ein derartiger Wandel ist überfällig und für die Zukunft zwingend notwendig. Wenn die Autobauer jetzt nicht die Kurve kriegen und in der Sackgasse wenden, fahren sie an die Wand. Und das wäre äußerst bedauerlich, da in ihnen ein technologisch und wirtschaftlich wertvolles Potenzial steckt, das sie aber nur dann, meinetwegen auch gewinnbringend, einsetzen und nutzen können, wenn sie zumindest überall dort, wo sie unternehmerisch tätig sind, auch ihrer Verantwortung gegenüber dem Gemeinwohl gerecht werden.

Dafür erkenne ich bis jetzt noch keine eindeutigen Anstrengungen, der Dieselskandal ließ ja gerade erst den gegenteiligen Geist erkennen. Und auch aktuell hat es eher den Anschein, als rüsteten sich die hiesigen Hersteller, um den alten Erfolgsweg mit neuer Antriebstechnik fortzusetzen und den Chinesen mit aller Macht Paroli zu bieten. Das ist in meinen Augen zum Scheitern verurteilt und wird ihr ohnehin angeschlagenes Renommee weiter schädigen, etwa wenn sie sich am rücksichtslosen Rohstoffrennen beteiligen. Viel klüger wäre es, sie würden ihre technologische Expertise auf verschiedene Antriebsarten erweitern, statt zu versuchen, ihre bisherige Vormachtstellung auch bei der Elektrifizierung des Verkehrs zu behalten beziehungsweise wiederzugewinnen.

Ich fürchte, dazu ist es ohnehin zu spät, selbst wenn man moralische Bedenken außer Acht ließe. Der Ehrgeiz, ein »Big Player« zu bleiben, am liebsten »Weltmarktführer« zu werden, würde zudem nur wieder in denselben Teufelskreis münden, der jahrzehntelang eine falsche Entwicklung befördert hat, vor deren Trümmern wir nun erschrocken stehen. Die Wachstums-, Größen- und Profitsucht, mit der auch der Neu-Konkurrent Tesla infiziert zu sein scheint, hat die lange erfolgreiche Automobilwirtschaft in eine Krise geführt, aus der sie sich mit herkömmlichen Mitteln, mit den alten Erfolgsrezepten, dem alten Denken nicht wird befreien können. Sie muss sich, ich sagte es schon, tatsächlich neu erfinden, wenn sie auch künftig, für die Mobilität der Zukunft, eine weiterhin wichtige Rolle spielen will.

Und dies gilt mitnichten nur für die bisherige Schlüsselindustrie. Die fatale Entwicklung des Immer-schneller und Immer-größer ist keineswegs eine Besonderheit der Automobilbranche, sondern eine gewissermaßen systemische Missbildung, die spätestens Anfang der 2000er-Jahre mit dem jähen Zerplatzen der »Dot-com-Blase«, einer aberwitzigen Spekulationsblase am sogenannten Neuen Markt, sowie in der Finanz- und in der Eurokrise offenkundig geworden ist. Auch andere

Branchen sind von ihr befallen, mit verheerenden Folgen, wie der jetzt folgende kurze Ausflug in die Landwirtschaft und die Ernährungsindustrie belegen kann.

Tödliche Hilfe: Die Zerstörung der bäuerlichen Landwirtschaft

»Der Weg zur Hölle ist mit guten
Vorsätzen gepflastert, nicht mit schlechten.«
George Bernard Shaw

»Jeden zweiten Tag nimmt sich ein französischer Landwirt das Leben.« Diese mich gehörig verstörende Schlagzeile las ich vor einigen Monaten in verschiedenen französischen Zeitungen. Da ich selbst in einer ländlichen Gegend wohne, fühlte ich mich sofort alarmiert. Die anschließende Lektüre der Artikel erregte dann vollends meine Empörung. Bis dahin hatte ich, wie wohl sehr viele von uns, ein eher idyllisches Bild vom Leben auf dem Lande, zweifellos verklärt durch gute Beziehungen zu unserer Nachbarschaft und nicht zuletzt durch die wunderschönen Natur-Szenarien, mit denen die Lebensmittelindustrie in den Medien und auf allen Verpackungen für ihre Produkte zu werben pflegt: saftige, grüne Wiesen, sprießende Felder, gesunde, glückliche Kühe und ebensolche Menschen, die zwar hart, aber gänzlich unentfremdet arbeiten und im harmonischen Einklang mit der Natur leben.

Das Bild bekam Risse. Jetzt erfuhr ich von einer Studie der französischen Gesundheitsbehörde, die gerade ermittelt hatte, dass die Selbstmordrate unter französischen Bauern um 20 Prozent höher liegt als in der Allgemeinbevölkerung, bei den Milcherzeugern sogar um 30 Prozent höher. Aus Deutschland und der Schweiz gebe es hierzu zwar keine vergleichbaren amtlichen Angaben, man gehe aber davon aus, dass die Datenlage ähnlich sei. Und tatsächlich gibt es in der Schweiz, wo ich lebe und wo die Landwirtschaft sogar unter dem ausdrücklichen Schutz der Bundesverfassung steht, mittlerweile eine Notrufnummer für Bauern, die weder ein noch aus wissen. Die in Frankreich ermittelte Quote jedenfalls, so die Gesundheitsbehörde, könne man nur »dramatisch« nennen, da die Zahl der gescheiterten Selbstmordversuche erfahrungsgemäß noch einmal deutlich höher ausfalle. Aber warum um alles in der Welt, so fragte ich mich, geht es den Menschen, die uns immerhin ernähren, so schlecht? Warum geraten so viele Bauern in Situationen, aus denen sie keinen anderen Ausweg mehr wissen als die Selbsttötung? Was ist da los?

Nun ist jeder einzelne Selbstmord der schreckliche Schlusspunkt einer individuellen, persönlichen Tragödie, über die zu spekulieren jeder Anstand verbietet. Die signifikant höhere Selbstmordneigung unter den Bauern lässt sich aber statistisch nur erklären, wenn sich Gründe dafür auch in ihrer Tätigkeit, oder genauer: ihrer beruflichen und sozialen Situation finden lassen. Und die finden sich leider tatsächlich zuhauf, wie ich bei meiner nachfolgenden Recherche lernen musste. Niedrige Einkommen, hohe Schuldenstände, permanente Preisschwankungen und extreme Wetterphänomene bringen viele kleine und mittlere Landwirte in scheinbar aussichtslose Situationen. Wenn die Preise, die ich für meine Erzeugnisse erzielen kann, geringer sind als die Kosten, die ich für ihre Erzeugung aufbringen muss – und diese Situation ist insbesondere für viele Milchbauern geradezu chronisch –, kann ich wirtschaftlich natürlich nicht überleben. Wer dann den etwa von »Experten« des Bauernverbandes oder von Bankberatern gern empfohlenen Ausweg wählt und in Größe (mehr Tiere) und Technik (bessere Melkanlagen) investiert, um Umsatz und Produktivität und damit beispielsweise den Ertrag pro Kuh zu erhöhen, begibt sich nicht selten in einen Schuldenkreislauf, aus dem es irgendwann tatsächlich kein Entrinnen mehr gibt. Die Kosten der Darlehen zehren den vielleicht etwas besseren Ertrag schnell wieder auf. Alljährlich geben deshalb europaweit Tausende Bauern ihren zumeist über Generationen familiär geführten Hof auf, allzu viele nehmen sich in ihrer Verzweiflung eben sogar das Leben.

Das ist skandalös. Denn verantwortlich für die schlechte Gesamtlage eines großen Teils der Bauernschaft ist eine seit Jahren verfehlte Politik, die im Verbund mit einflussreichen Lobby-Einflüsterern, wie wir es gerade schon in der Automobilwirtschaft gesehen haben, auch in der Agrarwirtschaft die völlig falschen Signale setzt. Alle womöglich einmal guten Absichten, an deren erster Stelle stets die Bekämpfung des Welthungers genannt wird, haben sich mittlerweile in ihr Gegenteil verkehrt und nicht nur soziale Verwerfungen verursacht, sondern zu einem folgenschweren Umgang mit den natürlichen Ressourcen Tier und Pflanze, Boden, Wasser und Luft geführt. Dadurch sieht sich die gesamte Branche inzwischen in eine Schmuddelecke gestellt, in die das Gros der Bauernschaft ganz gewiss nicht hineingehört, das aber den Imageschaden miterdulden muss. Durch Nitrate und Pestizide verseuchte Böden und Gewässer, Chemikalien im Essen, Giftstoffe in Futtermitteln, gefährliche Keime und Arznei-Wirkstoffe im Fleisch, Tierquälereien in den Mastbetrieben, Methan- und Lachgas-Emissionen, die das Klima schwerer schädigen als CO_2, monokulturelle Verwüstungen in klimawichtigen Naturgebieten wie etwa dem südamerikanischen Regenwald – das sind nur einige wenige der dramatischen Auswirkungen einer von zunehmender Industrialisierung geprägten Landwirtschaft. Die Branche hatte gewissermaßen schon etliche »Dieselskandale«, weil hier, wie in der Autoindustrie, Größe, Umsatz und Profit zu den maßgeblichen Taktgebern geworden sind, die aber, hier wie dort, blind machen für die eigene Existenzgrundlage.

Nun will ich mich hier keineswegs als Landwirtschafts- und Nahrungsmittelexperte gerieren, aber der skizzierte, »Strukturwandel« genannte Trend, der in diesem Bereich seit Jahrzehnten stattfindet, hat in vielerlei Hinsicht fatale Ähnlichkeiten mit der mir sehr viel vertrauteren Automobilindustrie. Hier wie dort hat das Streben nach Größe und Profit eine Entwicklung befördert, die für ökologische und soziale Belange nicht etwa nur blind gemacht hat, sondern deren Akteure Umweltstandards mit teils krimineller Energie bewusst unterlaufen und sowohl die Gesundheit von Menschen als auch die Existenz von kleinen und mittleren bäuerlichen Betrieben sehenden Auges und ohne erkennbare Skrupel aufs Spiel setzen. Und unter diesen Akteuren sind sowohl auf politischer wie auf Verbandsebene nicht selten solche, die vorgeben, die Interessen der Landwirtschaft und aller darin Aktiven zu vertreten. Das nenne ich schändlich.

Der Skandal, der sich hinter der miserablen Situation so vieler Bauern verbirgt, in Wahrheit aber uns alle betrifft, hat im Wesentlichen, wie die Krise der Autoindustrie, eine Hauptursache: eine durch politische Fehlsteuerung entfachte wirtschaftliche Dynamik, deren anfängliche Erfolge zur Hybris werden. Es ist wie ein Tumor, dessen Wachstum nicht mehr einzuhegen ist, der dadurch aber den Organismus, der ihn nährt, zerstören wird. Ja, die Produktivität in der Landwirtschaft hat sich während der letzten hundert Jahre exorbitant verbessert. Waren um 1900 im damaligen deutschen Reichsgebiet rund 38 Prozent der Bevölkerung in knapp sechs Millionen Betrieben mit gut 26 Millionen Hektar Nutzfläche in der Landwirtschaft beschäftigt und sorgten damals für einen Selbstversorgungsgrad an Nahrungsmitteln zu etwa 87 Prozent, sind es im heutigen Deutschland nur noch knapp zwei Prozent der Bevölkerung in weniger als 300 000 Betrieben mit etwa 17 Millionen Hektar Nutzfläche, auf der eine ähnlich hohe Selbstversorgungsquote erreicht wird.[8] Trotz dieser immensen Arbeits- und Anbauverringerung hat sich die landwirtschaftliche Gesamterzeugung gegenüber dem weitaus flächengrößeren Deutschland in den Grenzen von 1900 verdreifacht. Und wir ernähren längst nicht mehr nur uns. Nach Angaben des Bundesministeriums für Ernährung und Landwirtschaft ist Deutschland seit Jahren weltweit die Nummer drei im Agrarexport insgesamt, 2018 wurden landwirtschaftliche Erzeugnisse für gut 70 Milliarden Euro ins Ausland verkauft.[9] Bei den Ausfuhren von Süßwaren, Käse und Schweinefleisch ist Deutschland weltweit sogar führend.

Da kann man den Weltmeistern nur respektvoll gratulieren. Das sind allesamt beeindruckende Zahlen, die sich dem technischen Wandel sowie Fortschritten in der Agrochemie (Züchtung, Düngung, Pflanzenschutz) verdanken, die aber, wie die Erfolgsgeschichte des Automobils, ganz wesentliche Schattenseiten ausblenden. Denn der Erfolg hat, wie außer der Liebe so ziemlich alles im Leben, natürlich seinen Preis. Er war nur möglich durch Konzentrations- und Rationalisierungsprozesse, die sich unter tatkräftiger politischer, anfänglich zweifellos gut gemeinter Mithilfe gewissermaßen verselbstständigt und mittlerweile jedes gesunde Maß verloren haben.

Was weltweit angebaut und gehandelt wird, was in die Auslagen und auf unsere Teller kommt, bestimmen ganz wesentlich drei immer mächtiger werdende »Kartelle«, die unsere Ernährung über die Lebensmittelproduktion mit einem stetig wachsenden Anteil dominieren. Diese »Kartelle« führen selbstverständlich nicht automatisch Böses im Schilde. Sie haben aber ebenso selbstverständlich nicht in erster Linie unser Wohl im Auge, schon gar nicht den Schutz der Umwelt oder den »angeblichen« Klimawandel. Es geht ihnen, so viel Ehrlichkeit muss sein, um Profit, der zudem, das ist die Aufgabe des Managements, möglichst über Umsatz- und Ertragszuwächse permanent zu steigern ist. Das ist in Ordnung, solange hier politisch und gesellschaftlich klare Regeln gesetzt und eingehalten werden. Beides ist aber leider, wie in der Automobilwirtschaft, nicht wirklich der Fall.

Die vier mächtigsten Konzerne der Agrarchemiebranche, Bayer, Corteva Agriscience, Syngenta und BASF, nach dem Zukauf des US-Saatgutriesen Monsanto zum Preis von rund 54 Milliarden Euro nun mit dem Weltmarktführer Bayer an der Spitze, beherrschen das Geschäft mit Saatgut, Dünger- und Pflanzenschutzmitteln nahezu unangefochten. Sie haben damit massive Abhängigkeiten aufseiten der Bauern geschaffen und sind dadurch, nicht nur nebenbei, auch für einen verheerenden Rückgang der Artenvielfalt bei den Nutzpflanzen verantwortlich. Und sie haben darüber hinaus eine Macht über uns Verbraucher erlangt, die beispiellos ist. Letztlich entscheiden die Konzernführungen, was wir essen – so wie die Automobilindustrie über viele Jahre entschieden hat, welche Autos wir fahren sollen.

Ebenfalls vier Konzerne, die kaum jemand kennt, weil sie sozusagen hinter der Bühne agieren, sie heißen Archer Daniels Midland, Bunge, Cargill und Louis Dreyfus Company, kurz »ABCD« genannt, beherrschen mit einem Weltmarktanteil von 70 Prozent den Handel mit Agrarrohstoffen. Ihre präzisen Informationen über Ernten, Wetterdaten und politische Entwicklungen in allen Teilen der Welt nutzen sie selbstverständlich auch für Finanzgeschäfte an den Rohstoffbörsen und haben dadurch eine ungeheure Preismacht gegenüber den Erzeugern wie auch gegenüber den Konsumenten erlangt, von ihrem politischen Einfluss ganz zu schweigen. Ohne sie gäbe es buchstäblich nichts zu essen. Darüber hinaus sind sie über ihren Einfluss auf die Weltagrarmärkte aber auch direkt oder indirekt für die Abholzung des Regenwaldes verantwortlich.[10] Viele indigene Gemeinden in Brasilien und anderswo sind durch die permanente Vergrößerung der Anbaugebiete bereits vertrieben worden – eine Entwicklung, die sich bei der Lithium-Förderung für die E-Mobilität nun, wie gesehen, zu wiederholen droht. Und bleibt der Soja-, Zuckerrohr- oder Palmöl-Anbau lukrativ, muss eben immer mehr Fläche geschaffen werden. Für den derzeitigen brasilianischen Präsidenten ist das eine vollkommen plausible Schlussfolgerung.

Ein drittes »Kartell« schließlich, nicht minder einflussreich, bilden die europaweit agierenden Einzelhandels-Giganten Edeka, Rewe, Aldi, Lidl und Metro mit einem jährlichen Gesamtumsatz von rund 200 Milliarden Euro. Nun könnte man als Konsument ja der pragmatischen Ansicht sein, dass wir von den Preiskämpfen innerhalb dieses »Kartells« doch immerhin profitieren, weil wir unsere Milch- und Fleischprodukte, unser Brot und Gemüse bei den Discountern so sagenhaft günstig einkaufen können. Das ist aber leider ein Irrglaube, abgesehen davon, dass etwa einem Milchbauern wahlweise das Messer in der Tasche aufgeht oder die Tränen kommen, wenn er bei Aldi, Lidl & Co. ins Milchregal schaut. Außer vielleicht den industriellen Mastbetrieben oder einigen großen Obst- und Gemüse-Genossenschaften werden auch alle anderen Erzeuger, die schwächsten Glieder in der Verwertungskette, mit den hier aufgerufenen Endpreisen keinerlei Gewinn mehr erwirtschaften können. Für einen »normal« arbeitenden Bauern fällt damit praktisch der komplette europäische Einzelhandel als Verkaufsfläche aus. Eigentlich. Denn viele, vermutlich die meisten Landwirte sind natürlich auf Vertriebsorganisationen, zum Beispiel auf Molkereien oder den Getreidegroßhandel, aber auch auf Bio-Vertriebe wie Neuland, angewiesen, die ihrerseits nicht an den marktbeherrschenden Discountern vorbeikommen. So schließt sich der Kreis und für einige leider auch – Entschuldigung! – der Strick.

Dass wir Konsumenten vom Preiskampf der Discounter profitieren, wäre vor diesem Hintergrund eine zynische Feststellung. Es ist aber auch für sich genommen ein Irrglaube, weil beispielsweise ein Schnitzel aus dem Supermarktregal, bevor es im Einkaufswagen landet, vom Verbraucher in Wahrheit schon mehrfach bezahlt worden ist: über Steuergelder, mit denen die Schweinemast-Betriebe subventioniert werden, sowie auch über indirekte Subventionen für den Verkehr. Ein Lastwagen, mit dem das »Produkt« Schwein millionenfach transportiert werden muss, zum Mastbetrieb, zum Schlachthof, zum Großhandel, zum Einzelhandel, ins Ausland (Stichwort »Exportweltmeister«), verursacht auf den Straßen bekanntlich so viele Schäden wie einige Zehntausend Pkw zusammen. Und auch für diese Schäden kommen weitgehend die Steuerzahler auf, womit wir Konsumenten wiederum indirekt die Discounter subventionieren sowie, nebenbei bemerkt, das Klima schädigen.

Welche absurden Dimensionen die Lieferströme erreichen, wurde vor Jahren schon einmal im Auftrag des Wuppertal-Instituts am Beispiel eines schlichten Erdbeer-Joghurts nachgezeichnet.[11] Bis dieser Joghurt-Becher eines Stuttgarter Molkereikonzerns im Kühlregal des Supermarktes ankam, waren horrende Entfernungen zurückgelegt worden. Lediglich die Milch stammte von Höfen aus der näheren Umgebung. Die Rohbakterien lieferte ein Züchter aus Niebüll in Schleswig-Holstein (917 km), die Erdbeeren stammten von polnischen Plantagen, wurden aber zunächst zur Zubereitung nach Aachen geschickt (800 km) und gelangten von dort nach Stuttgart (446 km); die Komponenten der Pappkiste für die Becher wurden aus Köln, Aalen und Obergrünberg in Österreich herbeigeschafft (1024 km); den Leim für die Pappe lieferte eine Lüneburger Firma (659 km), das Granulat für die Kunststofffolie ein französisches Unternehmen. Insgesamt kamen so für die Verpackung 2884 Kilometer, für den Becher und seine Zutaten 806 Kilometer, für das Etikett einschließlich Papier und Leim 1587 Kilometer und für den Aluminiumdeckel mitsamt den Rohstoffen 864 Kilometer zusammen. Bevor der Joghurt also vom Verbraucher aus dem Regal genommen wird, hat er bereits, je nachdem, wo sich der Supermarkt befindet, mindestens rund 7000 Kilometer Lieferweg hinter sich. Ein Wahnsinn – und es ist nicht einmal ausgeschlossen, dass das gesunde Lebensmittel mit einem Biosiegel veredelt ist.

Noch wahnsinniger ist, dass dieses kartellartig verflochtene, dennoch hochsubventionierte System zu einer an Dekadenz grenzenden Verschwendung geführt hat. Die Mitglieder der drei »Kartelle«, die Agrarlieferanten, die Rohstoffhändler und der Lebensmittelhandel, wollen natürlich alle ihren Umsatz steigern, und sie halten die Stellschrauben hierfür weitgehend selbst in der Hand, während die Kosten und Kollateralschäden auf die Allgemeinheit umgewälzt werden. Der Joghurt beispielsweise, dessen Weg ich gerade nachgezeichnet habe, wird mit einer Wahrscheinlichkeit von nahezu 50 Prozent unangerührt im Müll verschwinden. Ja, es klingt unglaublich: In den Industrieländern wird nach Angaben der Ernährungs- und Landwirtschaftsorganisation der Vereinten Nationen (FAO) etwa die Hälfte der Nahrungsmittel weggeworfen, weltweit landet etwa ein Drittel der für Menschen produzierten Nahrungsmittel auf den Abfallbergen. Das sind Gebirge aus Fleisch, Fisch, Brot, Gemüse und Obst, mit denen die Hungernden der

Welt gleich mehrfach ernährt werden könnten – und deren Entsorgung mehr CO_2 verursacht als der gesamte Verkehr. Allein die Halbierung des Lebensmittel-Mülls in der EU, etwa 90 Millionen Tonnen jährlich, hätte auf die Verringerung des CO_2-Ausstoßes eine ähnliche Wirkung, als würde jedes zweite Auto stillgelegt.

Ich kann ein solches System nicht anders als »pervers« nennen. Eine Änderung ist jedoch nicht in Sicht, weil der Gesetzgeber bislang mit stupender Konsequenz eher auf »die Wirtschaft« als auf die Vernunft oder auch nur auf den »gesunden Menschenverstand« hört. So wenig, wie die Automobilindustrie an einem Absatzrückgang ihrer »Verbrenner« interessiert ist, so wenig möchten die ebenso einflussreichen Konzerne der Agrar- und Lebensmittelbranche die Überproduktion bremsen. Die Saatgut-, Pestizid-, Futtermittel- und Tierpharmaka-Anbieter, die Rohstoffhändler und die Großmäster verdienen prächtig daran, ebenso wie der Lebensmittelhandel, in dessen Kassen schließlich auch ein Großteil der Milliarden landet, die für die später unverbraucht entsorgten Produkte ausgegeben werden – allein in Deutschland schätzen Experten das Volumen auf mehr als 20 Milliarden Euro jährlich; denn die größten Essensvernichter sind nach Auskunft aller Experten – und wer wollte dieser Auskunft mit Blick auf den eigenen Biomüll ernsthaft widersprechen? – die privaten Haushalte.

Also könnte, nein müsste man nun, die eigenen Verfehlungen durchaus eingestehend, zum scharfen Kapitalismuskritiker werden und knallhart schlussfolgern: Die Landwirtschaft und die Ernährungsindustrie werden subventioniert, damit Konzerne sich die Taschen füllen können! Ja, da ist was dran, es kommt aber noch schlimmer. Denn auch die Subventionen selbst landen ganz überwiegend bei den Konzernen (und bei den Behörden) und nur zu einem geringen Teil in den Taschen der Bauern. Hier wird die Angelegenheit nun vollends verrückt, weil die Unterstützung der Landwirte ja zunächst einmal eine gute, einleuchtende Sache zu sein scheint. Die tun doch was für die Umwelt, sie gewährleisten unsere Ernährung, pflegen die Kulturlandschaften, betreiben immer mehr Ökolandbau. Wenn diese tapferen Bauern nun gegen die raffgierigen Konzerne in Schutz genommen werden, ist das doch zu begrüßen.

Radio Eriwan würde antworten: Im Prinzip ja. Und wir lassen uns diese Hilfe auch echt was kosten. Mit rund 60 Milliarden Euro wird die Landwirtschaft innerhalb der EU von den Mitgliedstaaten subventioniert, etwa ein Zehntel dieser Mittel fließt nach Deutschland. Damit sind die Agrarsubventionen der mit Abstand größte Einzelposten im EU-Haushalt. Und obwohl die Vergabepraxis wegen Intransparenz und offensichtlicher Ungerechtigkeiten seit Jahren in der Kritik steht, sperren sich insbesondere die nationalen Bauernverbände – sowie die ihnen nahestehenden nationalen Landwirtschaftsministerien – überall gegen eine Reform oder gar ein Absenken der Förderung. Aus gutem Grund? Um ihre Klientel zu schützen? Wer etwas genauer hinschaut, kommt bei der Suche nach Antworten auf diese Fragen ins Grübeln. Denn die größten Nutznießer der aus Brüssel sprudelnden Finanzquellen sind nicht etwa landwirtschaftliche Betriebe, wie man meinen sollte, sondern öffentliche Behörden wie etwa Landesämter, Ministerien, Landesbetriebe und Stadtverwaltungen oder große Molkereiunternehmen und gartenbauliche Erzeugerorganisationen. Diejenigen hingegen, für die der ganze Aufwand angeblich – hier kommt Bernays' Propaganda wieder ins Spiel – betrieben wird, landen bei der Geldvergabe unter »ferner liefen«.

Im Mai 2019 veröffentlichte die Bundesanstalt für Landwirtschaft und Ernährung (BLE), wozu sie seit einigen Jahren nach hartnäckigen Widerständen vonseiten der Subventionsbezieher und ihrer politischen Unterstützer durch EU-Recht gezwungen ist, eine Liste der deutschen Empfänger aller Agrarzahlungen im Haushaltsjahr 2018. Nach »Bauern« sucht man auf dieser Liste lange vergebens. Angeführt wird sie vom Ministerium für Landwirtschaft und Umwelt Mecklenburg-Vorpommern, das aus dem Agrartopf der EU mit stattlichen 10,4 Millionen Euro gefördert wurde, gefolgt vom Landesbetrieb für Küstenschutz, Husum, dessen Hochwasserschutz-Maßnahmen die EU mit 5,92 Millionen Euro unterstützt hat. Ich habe nicht den geringsten Zweifel, dass die Arbeit dieser Subventionsempfänger von eminenter Wichtigkeit ist; gerade in Erwartung eines ansteigenden Meeresspiegels und einer Zunahme von extremen Wetterlagen ist etwa ein verbesserter Küstenschutz an Nord- und Ostsee sicher dringend geboten, und die Deiche schützen selbstverständlich auch die Ackerflächen in Mecklenburg-Vorpommern, Niedersachsen und Schleswig-Holstein. Ich zweifle allerdings zunehmend an der Absichtserklärung der Agrarpolitik, den Bäuerinnen und Bauern »ein Sicherheitsnetz« knüpfen zu wollen, indem sie mit Direkthilfen gestützt werden.

Wie auch immer. Bis die ersten »größeren« landwirtschaftlichen Betriebe auf der Subventions-Liste auftauchen, sie werden also tatsächlich auch bedacht, dauert es eine Weile. Die Betonung liegt dabei, deshalb die Anführungszeichen, auf »groß«. Und hier beginne ich nun endgültig die Fassung zu verlieren. Worin, um Himmels willen, besteht der Sinn solcher Steuerung? Klar, wer mehr Fläche bewirtschaftet und mehr Tiere hält, der braucht wohl auch irgendwie mehr. Das leuchtet auf den ersten Blick ein, widerspricht aber auf den zweiten Blick der fundamentalen Skalenlogik der Industrialisierung. Danach gilt: Je größer die Fläche oder Stückzahl, desto besser, desto profitabler. Und genau das ist, wofür die Politik sowohl in der Automobilindustrie als auch in der Landwirtschaft klare Signale setzt: *Big is beautiful!*

Das spiegelt sich in der Förderpraxis wider. Der überwiegende Teil der Subventionssumme, die sogenannten Direktzahlungen aus dem EU-Agrarfonds »für die landwirtschaftlichen Betriebe« – und einen Landesbetrieb für Küstenschutz würde ich spontan nicht dazurechnen –, ist tatsächlich an die Größe gekoppelt. Je mehr Hektar jemand bewirtschaftet, je mehr Groß- oder Kleinvieh jemand mästet oder melkt, desto mehr Geld kann von der EU abgerufen werden. Mit anderen, womöglich nicht ganz angemessenen Worten: Der Teufel scheißt immer auf den größten Misthaufen.

Gefördert werden, kurz gesagt, insbesondere diejenigen Großbetriebe, die den fatalen Trend zur Industrialisierung der Landwirtschaft wesentlich vorantreiben. Laut *Agrar-Atlas 2019* kassieren 20 Prozent der Empfänger 80 Prozent der Fördersumme, während drei Viertel aller kleineren und mittleren Höfe weniger als 5000 Euro im Jahr erhalten.[12] Ob es für diesen seltsamen Verteilungsschlüssel, außer vielleicht einer seit Jahren zur Gewohnheit geronnenen Praxis, irgendeinen halbwegs vernünftigen Grund gibt, hat sich mir bis heute nicht erschlossen. Im Gegenteil, von kompetenter Seite stößt man allenthalben auf starke Einwände gegen die praktizierte Agrarsubventionspolitik, sowohl grundsätzlicher als auch gewissermaßen betriebswirtschaftlicher Art.

Beginnen wir mit dem letztgenannten Einwand. Bereits vor Jahren hat ein Forscherteam der Berliner Humboldt-Universität »die Verteilungseffekte der EU-Direktzahlungen in der deutschen Landwirtschaft« untersucht und hierfür die Geschäftsberichte und Bilanzen von mehr als 11 000 einzelnen Betrieben und knapp 500 größeren Agrarfirmen analysiert.[13]

Das Ergebnis war an Eindeutigkeit kaum zu überbieten. Während die EU-Subventionszahlungen bei Familienbetrieben durchschnittlich rund 30 Prozent des Jahresgewinns ausmachten, betrug der Anteil der Förderung am Jahresgewinn von Großbetrieben stattliche 70 Prozent. Mit anderen Worten: Die Familienbetriebe arbeiten wesentlich effektiver, wohingegen die Agrarfabriken ohne EU-Gelder kaum lebensfähig wären. Entsprechend fällt das Urteil der Wissenschaftler aus: Die Direktzahlungen seien ein Beitrag zur Ungleichheit und zur Fehlentwicklung in der Landwirtschaft. Die Großempfänger, im Verbund mit einflussreichen Lobbyisten, hätten mit ihrer Durchsetzungsmacht eine Agrarpolitik befördert, die zu den größten wirtschaftlichen Irrtümern zähle. Hier werden Großbetriebe gezüchtet und künstlich am Leben gehalten, etwa Mastställe mit Zigtausenden von Schweinen, die nur mithilfe der Steuerzahler zum Himmel stinken können; und der arme Steuerzahler wird darüber hinaus gleich mehrfach zur Kasse gebeten, weil er sein günstiges Schnitzel, wie bereits geschildert, ja schon im Voraus mit seinen Staatsabgaben bezahlt hat.

Sehr viel grundsätzlicher noch kritisiert der im Auftrag von Weltbank und Vereinten Nationen erstellte, im Jahr 2008 präsentierte *Weltagrarbericht* [14] den Zustand der Agrarwirtschaft und das Wirken der Agrarpolitik. Mehr als vierhundert Wissenschaftlerinnen und Wissenschaftler haben darin den Stand des Wissens über die globale Landwirtschaft, ihre Geschichte und ihre Zukunft zusammengefasst. Nach mehrjähriger internationaler Forschung fordern sie am Ende nichts anderes als eine radikale Abkehr von der industrialisierten Landwirtschaft, die mehr Energie verbrauche, als sie produziere, ökologisch buchstäblich verbrannte Erde hinterlasse, soziale Ungleichheit hervorbringe und den Welthunger nicht, wie stets versprochen, reduziere, sondern seine Zunahme in Kauf nehme sowie gleichzeitig mithilfe von Steuermilliarden satte Gewinne einfahre. Ein schlechteres Zeugnis ist schlicht nicht denkbar. Getan hat sich seither jedoch wenig.

Dabei beschränkten sich die Experten durchaus nicht auf ihr vernichtendes Urteil, sondern gaben konkrete Hinweise, welche Schritte nötig wären, um sowohl die Welternährungssituation zu stabilisieren als auch die Umwelt zu entlasten. So zeigen sie beispielsweise, dass überall dort, wo Tiere Gras und andere Pflanzen fressen, die nicht direkt zur menschlichen Nahrung taugen, das Lebensmittelangebot vergrößert wird. Als das dringlichste und sicherste Mittel, den Hunger zu bekämpfen, empfahlen die Autorinnen und Autoren des *Weltagrarberichts* deshalb Investitionen in die kleinbäuerliche Produktion. Bei entsprechender Verfügbarkeit von Land, Wasser und Geld erwirtschafte sie einen deutlich höheren Nährwert pro Hektar als die industrielle Landwirtschaft, und zwar mit einem niedrigeren externen Input und entsprechend geringeren Umweltschäden. Zwar könnten Produktionszuwächse in spezialisierten Großbetrieben mit hohem, zumeist eben subventioniertem Input schneller erreicht werden, den größeren Spielraum zur Verbesserung sowohl der Welternährung als auch der landwirtschaftlichen Existenzgrundlagen böten jedoch differenzierte, kleinbäuerliche Höfe, die zudem sehr viel anpassungsfähiger auf veränderte natürliche und sozioökonomische Rahmenbedingungen zu reagieren imstande seien.

Um das anschaulich zu machen: Anstatt großagrarische, industrialisierte, überwiegend mit Gensorten bebaute Monokulturen zu fördern, deren katastrophale Folgen sich etwa im sogenannten Maisgürtel (*corn belt*) im mittleren Westen der USA oder auf weiten Gen-Soja-Anbauflächen in Brasilien, Argentinien und Uruguay besichtigen lassen – eine abgetragene Erdkrume, vergiftete Äcker und Gewässer, eine dezimierte

Artenvielfalt und resistente Pflanzenschädlinge, was einen permanent zunehmenden Einsatz von Dünge- und Pflanzenschutzmitteln notwendig macht –, sollte sich die Agrarpolitik endlich den kleinen und mittleren bäuerlichen Betrieben zuwenden. Nicht in erster Linie, aber auch nicht zuletzt aus sozialen Gründen, um das wirtschaftliche, manchmal »nackte« Überleben der »wirklichen« Landwirte zu sichern. Dass sich so viele um ihren guten Ruf wie um ihre Existenz gebrachte Bauern in unseren reichen Ländern, in denen darüber hinaus jede Menge mühsam und energieaufwendig produzierte Lebensmittel weggeworfen werden, das Leben nehmen, ist skandalös. Es geht dabei aber um weit mehr als um individuelle Schicksale oder gar um betriebswirtschaftliche Belange.

Schon heute nehmen aufgrund des Klimawandels extreme Wetterlagen zu und sorgen zum Teil für erhebliche Ernteausfälle, insbesondere dort, wo große Flächen, entsprechend hoch subventioniert, mit einer Sorte bebaut sind; auf die verheerenden Folgen, die durch die sogenannte Gen-Revolution in diesem Zusammenhang verursacht wurden, werde ich gleich noch kurz eingehen. Und der Ernte- und Einkommensverlust solcher nur durch staatliche Zulagen einträglichen Großbetriebe wird dann zum Teil mit weiteren Steuermitteln wieder ausgeglichen, damit sie in der nächsten Saison wieder großflächig anbauen können – und das bizarre Spiel möglicherweise von Neuem beginnt. Das nenne ich aberwitzig. Hier ist ein so grundlegendes Umdenken erforderlich, dass man beinahe die Hoffnung verlieren möchte. Dabei wäre die Antwort so einfach und wurde schon vom *Weltagrarbericht* in aller Schlichtheit gegeben: Diversifizierung.

Durch den Anbau verschiedener Fruchtsorten beispielsweise können Landwirte ihr Risiko angesichts sich verändernder klimatischer Bedingungen – an deren Veränderung die Landwirtschaft alles andere als unschuldig ist – geringer halten. Extremwetter treffen nicht alle Arten in gleicher Weise. Außerdem halten Fruchtfolgen den Boden gesund. Auch Schädlinge werden zurückgedrängt, wenn über die Jahre verschiedene Kulturarten auf einem Feld wachsen. Es wären also auch weniger Pestizide nötig, wodurch die schon deutlich reduzierte Artenvielfalt mindestens auf jetzigem Niveau erhalten bliebe.

Die Vorteile einer »Agrarwende«, die genauso wichtig wäre wie die Verkehrswende, einer Abkehr von der politisch geförderten Gigantomanie, der skandalösen Ausbeutung von Tier und Umwelt, sowie einer Rückkehr zu einem schonenden Umgang mit den natürlichen Ressourcen könnte ich nun vermutlich seitenlang in den schönsten Farben ausmalen. Eine bessere Welt ist möglich. Sie ist aber leider, wenn ich in die Wirklichkeit schaue, noch nicht sehr wahrscheinlich. In der Realität, und das ist der Punkt, den die *Fridays-for-Future*-Bewegung zielgenau aufspießt, herrscht nach wie vor eine Casino-Mentalität vor, der wissenschaftliche Erkenntnisse jeder Art herzlich gleichgültig sind, oder salopp formuliert: am Arsch vorbeigehen. Was allein zählt, ist der möglicherweise winkende Gewinn. Dabei gewinnt am Ende, das sollte allgemein bekannt sein, vor allem das Casino. Und das betreiben in diesem Fall eindeutig die oben genannten Platzhirsche der Landwirtschafts- und Ernährungsindustrie. Die Verlierer können sehen, wo sie bleiben. Für manche heißt es gar: *Rien ne va plus*. Das Geschäft erlaubt keine Sentimentalitäten.

Profiteure und Hungerleider

»Der Hunger tötet weltweit ungefähr 100.000 Menschen täglich. Kaum jemand spricht über diesen Völkermord, von Abhilfe ganz zu schweigen. Vor diesem Hintergrund und angesichts des zügellosen Neoliberalismus der Finanzmärkte entlarvt sich das Reden der Mächtigen von christlichen Werten, von Solidarität und Gerechtigkeit als pure Heuchelei.«

Jean Ziegler

Dieses Casino-Spiel »spielen« Politik und Wirtschaft in trauter Gemeinsamkeit seit Jahren, Jahrzehnten, nicht nur in der EU, sondern weltweit. Die »Kleinen« verlieren, die »Großen« gewinnen, das Ergebnis ist überall das Gleiche und betrifft uns alle. Es gefährdet, wie es die *Fridays-for-Future*-Bewegung völlig zu Recht feststellt, zumindest die Zukunft aller heute jungen Leute – sogar unabhängig von den Umweltfolgen solchen Wirtschaftens. Die wild gewordene ökonomische »Nahrungskette« führt national wie international zu sozialen Verwerfungen, die sich, wie die Kraft erhitzten Wassers in einem Kessel ohne Überlaufventil, irgendwann entladen werden.

Wie krass ungleich und ungerecht die in der Landwirtschaft geschaffenen Werte zwischen Herstellern, Rohstoff-, Lebensmittel- und Einzelhandelskonzernen verteilt werden, hat erst kürzlich (2019) wieder eine Studie der Entwicklungshilfeorganisation Oxfam am Beispiel von Assam-Tee offengelegt.[15] Danach sieht die »Wertschöpfungskette« beispielsweise für ein Paket Markenschwarztee mit 50 Teebeuteln folgendermaßen aus: Von den drei Euro, die ein solches Päckchen in Deutschland kostet, gehen 2,60 Euro an die Lebensmittelkonzerne, wie etwa Teekanne oder Meßmer, und die Supermärkte, 20

Cent behalten die Zwischenhändler ein, 16 Cent bekommen die Plantagenbetreiber, und 4 Cent bleiben am Ende für die Arbeiterinnen und Arbeiter übrig. Am Verkaufspreis für den Tee sind diejenigen, die diesen »Schatz« heben, die ihn anbauen, pflegen und ernten, also gerade einmal mit 1,3 Prozent beteiligt – und verdienen damit übrigens pro Tag weniger als die Hälfte dessen, was in Assam als existenzsicherndes Einkommen gilt.

Unfassbar. Und dabei spreche ich hier noch nicht einmal von den Menschenrechtsverletzungen in den Herkunftsländern, auf denen solche Lieferketten beruhen – und die im Zentrum der Oxfam-Studie stehen. Mir geht es in unserem Zusammenhang lediglich um den ökonomischen Verteilungs-Irrsinn. Zwar ist die Situation beispielsweise der deutschen, französischen oder schweizerischen Milchbauern ganz sicher nicht mit dem Elend auf indischen Teeplantagen vergleichbar. Die Struktur der Umsatz- und Gewinnverteilung zwischen ihnen, die gewissermaßen den Rohstoff liefern, den Händlern (Molkereien), den Lebensmittelkonzernen und den Verkäufern (Einzelhandel, Discounter) ist jedoch ganz ähnlich. Den Gewinn ihrer Arbeit streichen andere ein.

Wenn die Politik ihre Aufgabe künftig weiterhin darin sieht, den Profit weniger zu mehren, weil diese wenigen aufgrund ihrer Finanzmacht mächtige Unterstützer mobilisieren können, die im Zweifelsfall sogar dafür sorgen, dass sich auch gesetzliche Auflagen weitgehend unbeschadet umgehen lassen, muss man schwarz sehen. Der öffentliche Druck steigt zwar, und das ist mehr als überfällig, aber all die hehren Ziele, die daraufhin »jetzt wirklich« mit Nachdruck verfolgt werden sollen – den Klimawandel aufhalten, den Hunger und die Armut bekämpfen, den Verkehr emissionsfrei machen, die bäuerliche Landwirtschaft unterstützen –, sind bislang nicht mehr als

Propaganda-Schlachten, die mit dem Ziel geführt werden, den Status quo so lange wie möglich aufrechtzuerhalten. Das ist für mich nichts anderes als eine »Nach mir die Sintflut«-Attitüde.

Einen solchen Vorwurf muss sich auch das kürzlich von der Bundesregierung beschlossene Klimapaket gefallen lassen. Es lässt sich zwar zumindest vom Finanzvolumen her – immerhin sollen mehr als 54 Milliarden Euro für das »breite Maßnahmenbündel« des »Klimaschutzprogramms 2030« zur Verfügung gestellt werden [16] – als klares Indiz für die Erkenntnis werten, dass wir unsere Lebens- und Wirtschaftsweise massiv ändern müssen. So deutlich habe ich das »regierungsamtlich« bislang noch nicht vernommen. Schaut man sich die Ziele jedoch genauer an, wird hier ausschließlich gebellt und nicht gebissen. Das Bemühen, niemandem, vor allem niemand »Wichtigem«, wehzutun, wird schon in vielen Formulierungen offensichtlich. Die CO_2-Bepreisung beispielsweise wird gewissermaßen homöopathisch dosiert, um »Bürgern und Wirtschaft zu ermöglichen, sich auf die Entwicklung einzustellen«. Von einer CO_2-Steuer ist keine Rede mehr, man müsse schließlich auch an die »Sicherung von Arbeitsplätzen« denken; die Automobilbranche wird's, wie oben beschrieben, freuen. Darüber hinaus zergliedert sich der »große Wurf« in viele kleine Einzelschritte, die zumeist auf bereits vorhandene Maßnahmen aufsatteln, Maßnahmen allerdings, die ihre Ziele bislang auch schon nicht erreicht haben.

Die größte Enttäuschung für mich persönlich sind aber die weiterhin so unsäglich unverbindliche Ankündigungs-Prosa und der weite Zeithorizont. »Die Bundesregierung hat das Ziel, dass die öffentlich zugängliche Ladeinfrastruktur weiter ausgebaut wird und in Deutschland bis 2030 insgesamt 1 Million Ladepunkte zur Verfügung stehen.« Wie das geschehen soll, wird ein »Masterplan« skizzieren, der zwar noch nicht vorliegt, aber »schleunigst« erarbeitet werde. Immerhin sind hier zwei konkrete Zahlen genannt, die zwar, wie die meisten bisherigen Zielvorgaben auch, verfehlt werden können, an denen man sich später jedoch messen lassen muss. Warum auch immer. Denn wie diese Zahlen zustande gekommen sind, ist mir, gelinde gesagt, ein Rätsel. Sie erscheinen mir kurios. In ganz Deutschland gibt es zurzeit rund 14500 Tankstellen, mit seit Jahren abnehmender Tendenz; selbst wenn ich jede Zapfsäule an diesen Stationen einzeln zähle, komme ich nicht annähernd auf die vom Maßnahmenplan geforderte Anzahl der »Ladepunkte«. Klar, das Laden eines Akkus dauert länger als das Füllen eines Benzintanks, weshalb es sicher angebracht ist, hier eine deutlich dichtere Infrastruktur zu schaffen. Ergo: eine Million! Ist klar, oder?

Aber noch mal: Immerhin wird hier ein »Eckpunkt« zwar nicht nachvollziehbar, aber konkret definiert, seine Einhaltung wäre also irgendwann überprüfbar. Diese Gefahr wird bei den meisten anderen Maßnahmen des Pakets vorsichtshalber blumig umschifft. Dort heißt es dann beispielsweise: »Die Bundesregierung wird gute Rahmenbedingungen schaffen«, »Rechtsvorschriften« und »Bundesprogramme« sollen »weiterentwickelt«, »finanzielle Förderung optimiert« und »regulatorische Maßnahmen« vorbereitet werden, die dann ab 2030 greifen – wieder dieselbe konkrete Zahl, die mich bei der zweiten Nennung nun allerdings endgültig erbost.

Wollte man das Klimapaket der Bundesregierung launig zusammenfassen, könnte man sagen: In zehn Jahren wird es ernst, 2030 ist wirklich Schluss mit lustig, dann müssen und werden wir auch regulatorisch eingreifen. So ist jedenfalls der Plan – den man ja bekanntlich bis dahin auch noch einige Male ändern kann. Mit anderen Worten: Die Wälder mögen brennen und die Polkappen schmelzen, die Emissionen weiter zunehmen und die Temperaturen steigen, das Artensterben mag sich ungebremst fortsetzen und die Zahl der Hungernden auf konstant hohem Niveau verbleiben, aber für die nächsten zehn Jahre lassen wir da noch Milde walten. Aber dann! Ja, dann müssen wir eben erneut reden.

Die Agrarchemie-, die Rohstoff- und Einzelhandels- wie auch die Automobilkonzerne werden die Botschaft gern vernommen haben. Die Bauern weniger. Zehn Jahre – der Zeitraum ragt für ein heutiges Unternehmensmanagement weit über jeden Planungshorizont hinaus. Solange die nächsten Quartale kontrollierbar bleiben, ist alles bestens. Und die kleinen Nadelstiche, die das Klimapaket kurzfristig setzt – Emissionshandel light oder eine leicht verschärfte Düngegesetzgebung –, sind locker zu verkraften. Hauptsache, die dicksten Kühe, etwa die CO_2-Steuer, sind erst mal wieder vom Eis.

Kurz, was die Bundesregierung hier in zweifellos bester Absicht und mit einem Entschlossenheit signalisierenden Volumen auf den Weg gebracht hat, kostet nicht nur viel Geld, sondern abermals wertvolle Zeit. Ein Durchbruch sähe anders aus, mutiger. Aber Mut ist bei Politikern, die gewählt werden wollen, eine leider völlig unterentwickelte und zugleich zu Unrecht unterschätzte Tugend. Denn wer es allen oder möglichst vielen stets recht machen möchte, bekommt vielleicht kurzfristig durchaus Zustimmung, erreicht am Ende jedoch gar nichts – und steht dann ein ums andere Mal mit leeren Händen da. Das werden auch die Wähler irgendwann zur Kenntnis nehmen – es dauert nur manchmal quälend lange – und sich dann flugs in großer Zahl, sofern es an politischen Konkurrenten mit erkennbar anderen inhaltlichen Perspektiven mangelt, möglicherweise jenen Vereinfachern zuwenden, die den eigenen Überdruss zu teilen scheinen und vorgeben, den

Stillstand nun endlich zu beenden. Das Ergebnis solcher »Wählerwanderschaften« sehen wir inzwischen leider weltweit.

Ich kann ja verstehen, dass bei Verhandlungen zwischen unterschiedlichen Partnern in einer Koalitionsregierung Kompromisse gefunden werden müssen, die dann manchmal in schnörkeligen Formulierungen münden und lediglich etwas »vorzubereiten« oder »weiterzuentwickeln« versprechen. Aber man ist diesen Ton angesichts der nicht mehr zu leugnenden Probleme inzwischen so was von leid. Was, bitte schön, ist denn jetzt genau der Plan, der mit den »Eckpunkten für das Klimaschutzprogramm 2030« auf den Weg gebracht wurde – beispielsweise für die Landwirtschaft? Weniger Düngung, weniger tierische Emission, mehr Ökolandbau, mehr Humusaufbau wird von der und für die Landwirtschaft schon seit geraumer Zeit gefordert. Da stimmt nun auch »irgendwie« die Bundesregierung mit ein, bleibt aber wirklich konkrete Schritte schuldig, weil sie sich offenbar nicht traut, an den die Misere der Landwirtschaft maßgeblich verursachenden Faktoren zu rütteln.

Von einer Agrarwende, wie sie etwa schon im *Weltagrarbericht* gefordert wurde, hört man aus dem deutschen Landwirtschaftsministerium wenig. Ja, es soll selbstredend sauberer und gerechter zugehen. Was denn sonst? Aber die EU-Agrarsubventionspolitik sei doch nicht das Problem, die habe sich doch alles in allem sehr gut bewährt. Über Verbesserungen könne man immer reden, die Grundausrichtung jedoch müssten wir beibehalten, um unsere und die Ernährung der Welt zu sichern. Und die Garanten solcher Sicherung scheinen für nahezu alle Regierungen dieser Welt eben jene Großen zu sein, an denen die Kleinen verzweifeln und die Umwelt zugrunde geht. Und also werden die Großen weiterhin mehr gefördert als die Kleinen, mit den oben beschriebenen Konsequenzen, die von ihren Kritikern – so hört man dann aus den Presseabteilungen der Ministerien und Verbände – überbewertet und kausal falsch eingeordnet würden.

So kommt es, dass selbst Tochterfirmen milliardenschwerer Konzerne, wie etwa der oben genannten Agrarchemie-Riesen Bayer und BASF, weiterhin Jahr für Jahr Subventionen aus dem Brüsseler Agrarhaushalt erhalten.[17] Das geht, obwohl von außen betrachtet schwer nachzuvollziehen, vermutlich alles ganz legal zu – und ist doch durch und durch illegitim. Man fragt sich, was den Gesetzgeber bloß dazu veranlasst hat, eine solche aus Steuermitteln finanzierte Förderung Unternehmen zu gewähren, die, gemessen an ihrem Börsenwert, zu den wertvollsten, sprich: reichsten, der Welt gehören. Irgendeine Deckelung wäre hier sicher möglich gewesen und ist weiterhin möglich, ohne gegen den Gleichheitsgrundsatz zu verstoßen. Sinnvoll wäre sie in jedem Fall. Denn gerade die »Kartelle« sind es, die maßgeblich dazu beitragen, dass die meisten, vor allem die kleineren und mittleren Landwirte betriebswirtschaftlich kaum über die Runden kommen und überhaupt einer Förderung bedürfen. Und die Agrarsubventionspraxis zementiert diese Ungleichheit, da von der großzügig gewährten Hilfe bei den Kleinen kaum etwas ankommt.

Die Großen hingegen halten sich schadlos und werden nach wie vor schadlos gehalten. Natürlich kann und will ich hier nicht von »Korruption« sprechen. Das wäre viel zu einfach und, wenn es zuträfe, auch leicht zu bekämpfen. Wenn Politiker – und Politikerinnen selbstverständlich auch – sich von Firmen, deren Wirken sie »von Amts wegen« eigentlich zu kontrollieren haben, für eine Teilnahme an Veranstaltungen, für Gastvorträge oder gar Beratertätigkeit honorieren lassen oder wenn sie ihr Politiker-Dasein gleich ganz gegen einen gut dotierten Vertrag mit ebensolchen Firmen eintauschen, mag man das anrüchig finden. Justiziabel ist es bis zum Beweis des Gegenteils nicht. Jede und jeder hat das Recht, ihre/seine finanzielle oder berufliche Situation zum Besseren zu verändern, was immer sie oder er für das Bessere hält. Das muss erlaubt sein.

Ein »Geschmäckle« bleibt oftmals trotzdem, und es verfestigt ein leider zunehmend vorherrschendes Bild: Auch die Politiker, die vorgeben, sich für unsere Belange, für das Wohl aller einzusetzen, denken scheinbar in erster Linie an sich selbst. Aber kann so ein vermeintlicher Egoismus wirklich überraschen, gar enttäuschen? Ist das ein menschlicher Makel? Gilt das Gleiche nicht auch für die Mehrzahl derer, die sich darüber echauffieren? Wir alle sind in unserem Alltag immer auch auf unseren Vorteil bedacht. Nicht nur. Nicht permanent. Nicht ohne Rücksicht auf andere. Aber immer auch! Diese Eigenschaft, ja Lebensnotwendigkeit nun generell an den Pranger zu stellen, wäre, nein ist verlogen. Aber es ist offenbar entlastend, einen Verdacht auszusprechen, Schuld zuzuweisen, Hass zu schüren. Und es ist in unserem multimedialen Zeitalter überall und jederzeit möglich. Facebook, Twitter & Co. haben die Hemmschwellen gesenkt und die Reichweiten erhöht. Heute kann buchstäblich jeder nahezu alles »posten« und wird damit irgendeine Resonanz erzeugen. Das hat einen so ressentimentgeladenen Zeitgeist geprägt, dass einem, mir jedenfalls, angst und bange wird.

Noch einmal: Natürlich bleibt bei alldem, was ich beschrieben habe, ein »Geschmäckle«. Es handelt sich aber meiner Überzeugung nach im Großen und Ganzen nicht um ein System der Vorteilsnahme und Vorteilsgewährung, das sich da beispielsweise im Landwirtschaftsbereich über die Jahre etabliert hat. Ich fürchte, es ist schlimmer. Die benannten Fehlentwicklungen, das gilt auch für die Automobilwirtschaft, sind das Resultat von Unfähigkeit, von falschen Entscheidungen sowohl aufseiten des jeweils verantwortlichen Managements als auch aufseiten der Agrar- und Verkehrspolitik.

Zu meiner Zeit als Manager hätte man zur Erklärung dieses Defizits vermutlich das damals in Führungskreisen berüchtigte »Peter-Prinzip« herangezogen. Der kanadisch-amerikanische Pädagoge Laurence J. Peter hatte in einem in den 1970-er-Jahren berühmt gewordenen Buch aufgezeigt, dass in jeder Hierarchie die Tendenz vorherrscht, Menschen bis zu einer Stufe aufsteigen zu lassen, der sie nicht mehr gewachsen sind. Seine daraufhin ausgesprochene Empfehlung, man solle deshalb eine Beförderung auf die eigene Endstufe tunlichst verhindern, um den Schaden für sich selbst und andere zu begrenzen, blieb aber offenbar ungehört.

Eine mindestens ebenso passende Erklärung, insbesondere im Zusammenhang mit den Klimafolgen des Verkehrs, bietet der sehr viel später, um die Jahrtausendwende, beschriebene »Dunning-Kruger-Effekt«. David Dunning und Justin Kruger hatten in mehreren Studien herausgefunden, dass Selbstvertrauen und Selbstüberschätzung mit sinkender Kompetenz tendenziell zunehmen. Dieser fatale Zusammenhang sorgt unter anderem dafür, dass inkompetente Menschen nicht nur die eigenen Fähigkeiten falsch einschätzen und das Ausmaß ihrer Inkompetenz nicht zu erkennen vermögen, sondern dass sie ebenso dazu neigen, die Fähigkeiten anderer, etwa die Kompetenz von Kollegen oder Wissenschaftlern, deutlich zu unterschätzen, nicht selten zu ignorieren.

Der zuletzt beschriebene Effekt bietet einen interessanten Erklärungsansatz für viele Fehler, die sowohl in der Agrarwirtschaft und der Autoindustrie als auch in der Agrar- und Verkehrspolitik während der letzten Jahrzehnte begangen wurden. Die Vertreter »der Wirtschaft« müssen sich vorhalten lassen, ihr Eigeninteresse und ihre ganz partikularen Vorteile – etwa Bonuszahlungen – der ökonomischen Vernunft wie auch jeglicher sozialer und ökologischer Verantwortung übergeordnet zu haben. Mit ihrem – Dunning und Kruger würden sagen: »inkompetenten« – Festhalten am »Bewährten«, ihrer Veränderungsunwilligkeit und mangelnden Voraussicht, ihrer Ignoranz der Bedarfsentwicklung und sich verändernder Kundenwünsche und der zum Teil gezielten Missachtung von Umweltstandards haben sie sich selbst in eine Situation manövriert, die den Fortbestand ihres Geschäfts bedroht. Die Vertreter »der Politik« wiederum haben ihre Aufgaben unzureichend wahrgenommen. Sie sind allzu oft mit der Materie nicht hinreichend vertraut, also nicht kompetent genug, lassen sich durch haltlose Versprechungen, große Zahlen und plumpe Drohungen beeindrucken und sind mit Blick auf die eigene Wählerschaft – und den eigenen Vorteil – tendenziell opportunistisch. Bloß nichts riskieren, immer schön das Fähnchen in den Wind hängen!

Diese Melange aus sich wechselseitig verstärkenden Unzulänglichkeiten hat Entwicklungen befördert, die von ihren Betreibern, als ihren Hauptprofiteuren, anfangs als soziale, ökologische oder ökonomische Segnungen besungen wurden, sich in der Praxis jedoch als verheerend erwiesen: die Gentechnik und der Warenterminhandel mit Agrarrohstoffen. Nicht alle Irrwege, die diese »Monster« in der Folge einschlugen, waren von Beginn an absehbar. Mahnungen, Warnungen und Hinweise gab es hingegen früh genug, sie wurden jedoch, wie so oft, in den Wind geschlagen oder von denen, die gerade auch aus den Irrwegen ihren Gewinn ziehen, propagandistisch zugedeckt.

Landwirtschaft, seit sie systematisch betrieben wird, also seit der sogenannten neolithischen Revolution etwa 10 000 Jahre vor unserer Zeitrechnung, beruht eigentlich immer auf

»Kulturpflanzen«, das heißt auf genetisch »manipulierten«, durch Züchtung und Kreuzung mit bestimmten Eigenschaften versehenen Sorten. Solche Verbesserungen zogen sich zumeist über viele Jahre, manchmal über Generationen hin und brachten eine Vielfalt regional ganz unterschiedlicher Sorten hervor, die den Bedingungen ihrer jeweiligen Umwelt – dem Klima, dem Nährstoffgehalt der Böden, dem Wasserhaushalt – zunehmend besser angepasst waren. Das alles war über Jahrtausende Sache der »Landwirte«, die ihre Felder mit den Pflanzen bebauten, die dort am besten gedeihen konnten. Und es war eine durch und durch gute Sache.

Die Geburtsstunde der Gentechnik in ihrer heutigen Bedeutung mit ihren sehr fragwürdigen Folgen war deshalb im Grunde eher die als »Grüne Revolution« bezeichnete, in den 1960er-Jahren einsetzende Entwicklung moderner landwirtschaftlicher Hochertrags- und Hochleistungssorten. Diese nicht mehr von Bauern, sondern von der Wissenschaft und von Chemiefirmen betriebene Entwicklung gab zu größten Hoffnungen Anlass, die vor allem in Asien und Afrika immer wieder auftretenden Nahrungsmittelknappheiten und Hungerkrisen zu überwinden. Tatsächlich konnten in den folgenden Jahrzehnten die Erträge weltweit deutlich erhöht und die Zahl der Hungernden und Mangelernährten signifikant gesenkt werden. Allerdings war auch früh erkennbar, dass der solcherart intensivierte Anbau nicht unerhebliche ökologische und soziale Folgeschäden verursachte. Der vermehrte Einsatz von Düngern und Pestiziden setzte den Böden zu, Industrie-Saatgut verdrängte eine Vielzahl von bis dahin genutzten Sorten, Monokulturen ersetzten Fruchtfolgen, und viele Kleinbauern gerieten in existenzgefährdende Abhängigkeiten von internationalen Konzernen, deren Einfluss mit den anfänglichen Erfolgsmeldungen stetig zunahm.

Aber der Erfolg war nicht zu leugnen und diente den aufstrebenden Agrarchemiefirmen gewissermaßen als Narrativ, um die Entwicklung – und ihr eigenes Wachstum – immer stärker zu pushen. Um den »Welthunger zu bekämpfen« und den »Pestizid-Einsatz zu reduzieren«, wurden die Techniken immer rasanter verfeinert. Die langwierige Züchtung von ertragreicheren und möglicherweise schädlingsresistenteren Pflanzen wird heute durch tatsächlich »gentechnische« Verfahren abgekürzt, indem einzelne Gene, die beispielsweise für bestimmte Resistenzen sorgen, gezielt transferiert werden, wobei sich mittlerweile auch Artgrenzen überschreiten lassen. Auf die verschiedenen Methoden und Anwendungstechniken kann ich hier nicht näher eingehen. Der Fantasie sind im Grunde kaum noch Grenzen gesetzt. Übrigens auch nicht der Vermarktungsfantasie, denn die auf diese Weise entstandenen »Neupflanzen« werden sofort patentiert und gehören selbstverständlich ihren Erschaffern. Wohin das führen kann, lässt sich durch ein bizarres Beispiel belegen.

Lange vor der Übernahme durch Bayer reichte der Saatgutmulti Monsanto etwa ein Patent auf Schinken und Schnitzel ein.[18] Das war keineswegs scherzhaft gemeint. Die Firma wollte nicht etwa selbst zum Fleischproduzenten werden. Aber da das Fleisch von Schweinen, die mit dem Gen-Soja des Konzerns gefüttert würden, so die Argumentation der Patent-Anmelder, eine höhere Konzentration von ungesättigten Fettsäuren aufweise, die Produkte dieser Schweine, also Würste, Schinken und Schnitzel, mithin auf einer Erfindung von Monsanto basierten, sollten sowohl Landwirte als auch Verbraucher künftig eine Extragebühr an den Konzern abführen. Eine solche Mehrfachverwertung käme einer Lizenz zum Gelddrucken gleich und wäre ungefähr so, als würden die Mineralölkonzerne Besitzansprüche auf die mit ihrem Sprit betriebenen Autos anmelden. Der Antrag ist meines Wissens gescheitert, er hätte wohl Dutzende andere Anträge solcher Art heraufbeschworen, zeigt aber auf aberwitzige Weise, dass der Gentechnik-Branche im Grunde jedes Mittel recht ist, um Profit zu machen.

Der Beweis dafür ist in Wahrheit längst erbracht. Die Macht der Agrarchemie-Riesen beruht auf Versprechungen, die nie eingelöst wurden. Ihr Aufstieg begann, als sich die Staatschefs der Erde im Jahre 1996 auf dem Welternährungsgipfel im Rom feierlich verpflichteten, die Zahl der Hungernden bis 2015 auf 425 Millionen zu halbieren. Das eröffnete den Lobbyisten der Agrarindustrie ein weites, ethisch einwandfreies Betätigungsfeld. Sie versprachen steigende Erträge, widerstandsfähigere Sorten, weniger Pestizideinsatz. Die letzten beiden Ziele sind nie erreicht worden, im Gegenteil. Die landwirtschaftliche Gesamtproduktion konnte indessen tatsächlich durch intensivere Anbaumethoden und Vergrößerung der Anbaufläche permanent gesteigert werden. Den Welthunger bekämpfen zu wollen, war hierfür jedoch allenfalls ein willkommenes Feigenblatt. Die Zahl der Hungernden liegt nach Angaben der Welternährungsorganisation seit Jahren konstant bei knapp 900 Millionen.

Die Ertragssteigerungen sorgten jedoch für erhebliche Umsatz- und Gewinnzuwächse bei allen den Agrar- und Ernährungsmarkt beherrschenden Unternehmen. Das war und ist der eigentliche Antrieb. Um alle Menschen der Welt zu ernähren, würde die landwirtschaftliche Produktion schon längst ausreichen. Das ist nur leider nicht so gewinnträchtig wie andere Geschäftsfelder. Die Weltgetreideproduktion beispielsweise stellt Jahr für Jahr Rekorde auf. Allerdings wird weit weniger als die Hälfte davon – 2017 waren es nach FAO-Angaben 43 Prozent – direkt als Lebensmittel genutzt. Der überwiegende Teil des geernteten Getreides wird als Tierfutter verwendet oder zu Bio-Treibstoffen und anderen Industrieprodukten verarbeitet. Dort ist im Zweifel die Profitspanne größer.

Noch unverhüllter offenbart sich die Profitsucht in dem seit dreißig Jahren praktizierten Börsenhandel mit Nahrungsmittelrohstoffen. Das ist für mich nichts anderes als eine systematische, geschäftsmäßig betriebene Verantwortungslosigkeit. Installiert wurde das Getreide-Monopoly von der US-Investmentbank Goldman Sachs, die 1991 ihren *Goldman Sachs Commodity Index* erfand, worin die Preisentwicklung von 24 verschiedenen Agrarrohstoffen, darunter die wichtigsten: Weizen, Soja, Mais und Zucker, abgebildet wird. Auf der Grundlage dieses Überblicks lassen sich nun Rohstoffzertifikate vermarkten, indem man, wie beim Roulette, auf Rot oder Schwarz wettet. Am sogenannten Future-Markt verkaufen die Produzenten ihre Ernten vorab zu einem festen Preis. Liegt am Fälligkeitstag der Marktpreis unter den Future-Konditionen, profitiert der Anbieter, liegt der Preis darüber, macht der Käufer einen Gewinn.

Mit ihren über die Weltwirtschaft glänzend informierten Analysten strich Goldman Sachs mit solchen Deals schnell Milliardengewinne ein und rief damit andere Großbanken wie Morgan Stanley, die Schweizer UBS oder die Deutsche Bank auf den Plan, die sich fortan an den Getreidespekulationen ebenso beteiligten wie die mächtigen Akteure im Agrarhandel mit ihrem buchstäblich kostbaren Spezialwissen. Aber was hier betrieben wird, hat mit einem »Marktgeschehen« nicht mehr viel gemein, sondern ist ein Beispiel dafür – so habe ich es schon in meinem letzten Buch genannt –, wie die »Gier der Satten hungrig macht«.

Dass etwa die Nachfrage den Preis bestimmt, ist ja zunächst einmal nichts weiter als eine Binsenweisheit, die mehr verschleiert als erklärt. Denn die Nachfrage steigt zum Beispiel auch, weil die westlichen Regierungen den Anbau von »Energiepflanzen« mit Milliardensummen fördern, um ihre Abhängigkeit vom sich stetig verteuernden Öl zu verringern. Auf immer größeren Anbauflächen wachsen daher Raps, Mais oder Zuckerrohr als Treibstoffbasis für die Biosprit-Produktion. Landet das Getreide aber im Tank statt auf dem Teller oder im Trog, verteuern sich eben die Nahrungs- und Futtermittel – was sich dann unmittelbar auch auf die Fleischpreise niederschlägt.

Und auch die gerade erwähnten Spekulanten und Großanleger, wie Altersvorsorgefonds und Pensionskassen, treiben die »Nachfrage« künstlich hoch, indem sie, sobald sie einen Preisanstieg erwarten, große Mengen Getreide an den Terminbörsen ankaufen. Sie erwerben natürlich nicht wirklich Sojabohnen, Weizen oder Mais – was sollten sie damit anfangen? –, sondern »Terminkontrakte«, in denen Menge, Preis und Liefertermin genau festgelegt sind. Wenn das Getreide dann tatsächlich teurer wird, lässt sich, bei überschaubarem Risiko, weil die Nachfrage nach Agrarrohstoffen in absehbarer Zeit ganz gewiss nicht zurückgehen wird, eine ansehnliche Rendite erzielen.

Steigende Preise nützen so den Kapitaleignern, setzen aber natürlich, indem die Grundnahrungsmittel teurer werden, den Armen zu. Und dass höhere Preise dazu führen würden, dass sich der Nahrungsmittelanbau dadurch ja auch für die kleinen Bauern wieder lohnen könnte, ist zynische Proseminar-Ökonomie. Zum einen haben billige, subventionierte Lebensmittelimporte viele Landwirte in den ärmeren Ländern schon in die städtischen Slums gezwungen, wo sie sich und ihre Familien nun als Tagelöhner durchzubringen hoffen. Zum anderen lässt sich eine lahmgelegte landwirtschaftliche Produktion nicht von heute auf morgen wieder in Gang setzen. Die Pflanzen müssen wachsen, und das Saatgut muss vorab bezahlt werden.

Nein, die »Geschäfte« an den Rohstoffbörsen »bereinigen« den Markt höchstens insofern, als sie in vielen Regionen der Welt akute Hunger-Katastrophen verursachen. Das ist eine moralische, ökonomische und politische Herausforderung, der wir uns endlich stellen müssen, nicht nur weil »wir«, also die reichen Länder, diese Situation maßgeblich mit herbeigeführt haben, sondern weil massenhaftes Elend auch die Stabilität »unserer« Gesellschaften bedroht, wie die besorgniserregenden Reaktionen auf die sogenannte Flüchtlingskrise weltweit beweisen. Unserer Gier, unserer zerstörerischen Steigerungs- und Wachstumslogik, die zuerst andere ruiniert, werden wir am Ende selbst zum Opfer fallen. Ein System, bei dem sich alles immer schneller um immer größere Summen dreht, von dessen Raserei aber nur die ohnehin schon Reichen profitieren, und zwar umso mehr, je reicher sie sind, fliegt uns irgendwann um die Ohren. Und zwar zu Recht.

Und mit dem »System« meine ich hier keineswegs nur die windigen und mörderischen Wetten auf Nahrungsmittelpreise. Das ist lediglich die Spitze des Eisbergs. Nein, die Industrialisierung der Landwirtschaft insgesamt, die zunehmende Entkoppelung und Entfremdung von Produktion und Konsum, die durch aberwitzig billige, weil hochsubventionierte Transportkosten weiter befördert wird, ist eine Gefahr für uns alle. Einem stetig wachsenden Teil der Agrarproduzenten geht es längst nicht mehr um Ernährung im weitesten Sinne – so wenig, wie es der Automobilindustrie um Mobilität geht –, es geht auch nicht um Ernte-, sondern einzig und allein um Kapitalerträge. So ist es kein Wunder, dass das Anlagekapital insgesamt, Fonds, Versicherungen, Investoren, die Landwirtschaft als »Spielwiese« mit Rendite-Potenzial für sich entdeckt hat, nicht nur an der Börse, sondern auch auf dem Feld. Die größten »Bauern« heute, die auch das Gros der Agrarsubventionen abschöpfen, sind landwirtschaftsferne Anleger-Gemeinschaften, die auf subventionsgeförderte Größe setzen und deshalb auch gern zugreifen, wenn sie den einen oder anderen Hektar günstig dazukaufen können, weil sich kleine und mittlere Betriebe zur Aufgabe gezwungen sehen. Auch Ackerland selbst ist zu einer Art Spekulationsobjekt geworden.

Diejenigen hingegen, die Bäuerinnen und Bauern, die über alles Wissen und alle Fähigkeiten verfügen, unsere Ernährung auf nachhaltige, die natürlichen Grundlagen bewahrende Weise sicherzustellen, geraten dadurch zunehmend unter Druck, dem manche von ihnen am Ende nicht gewachsen sind. Die industriell bearbeiteten großen Anbauflächen und Mastbetriebe werden heute hauptsächlich von außerlandwirtschaftlichen »Bauern« dominiert, die an nichts anderem interessiert sind als an der Vermehrung ihres eingesetzten, vagabundierenden Kapitals. Solches Investment im Agrarbereich ist auch deshalb reizvoll, ich erwähnte es bereits, weil es durch staatliche Subventionen, also durch das Geld der Steuerzahler, besonders gut abgesichert ist; ein Verlust ist kaum zu befürchten. Im Gegenteil, mit zunehmender Größe winken, wie gesehen, auch größere Gewinne.

Was angebaut wird, hängt dabei längst nicht mehr vom Bedarf ab, schon gar nicht von den Bedürfnissen der weltweit Hungernden. Viel wesentlicher ist die Preisentwicklung des wachsenden Rohstoffs, der zu erwartende Kapitalertrag. Unter welchen Bedingungen Tiere gehalten werden und wie viel Natur den Palmöl- oder Soja-Plantagen weichen muss, spielt für Investoren keine Rolle, solange die Rechnung am Ende aufgeht. Und die geht, dank politischer Mithilfe, umso besser auf, je mehr Anbaufläche bewirtschaftet wird, je mehr Schweine, Hühner oder Enten gemästet und je mehr Kühe gemolken werden.

Aber gerade dieses Wachstum, das hier weiterhin angestrebt und von Politikern und Volkswirten wie ein Mantra gepredigt wird, war zwar lange der Motor unseres Wohlstands, kann mittlerweile jedoch als die Ursache all unserer Probleme gelten. Der anhaltende, vor allem die »neoliberale« Spätphase der (finanz-)industriellen Epoche prägende Hang zur Gigantomanie läuft deshalb erkennbar auf ein Finale zu, dessen noch offener Ausgang darüber entscheiden wird, ob die Schülerinnen und Schüler, die freitags auf die Straße statt in die Schule gehen, um uns »Erwachsene« zum Handeln aufzurufen, eine Zukunft haben werden oder nicht.

TEIL 2

Vom Unbehagen an der Gegenwart

»Eigentlich bin ich ganz anders,
nur komm' ich so selten dazu.«
Ödön von Horváth

Wäre ich ein Arzt, müsste ich einräumen, dass ich mit der bisherigen Bestandsaufnahme lediglich die Symptome beschrieben und eine Anamnese erstellt habe. Wenn ich mich nun an eine Diagnose wage, bitte ich um Nachsicht, dass ich in vielen (Fach-)Bereichen kein Experte und in der einen oder anderen Sachfrage sicher nicht auf dem letzten Stand der Dinge bin. Im Grunde aber, und hier teile ich die Auffassung der *Fridays-for-Future*-Bewegung, ist gar kein Expertenwissen nötig, um die offenkundigen Probleme zu erkennen und über deren Ursachen nachzudenken. Warum sollte, wie es der deutsche FDP-Chef, Christian Lindner, jüngst den jugendlichen Klimaaktivisten entgegenhielt, das den »Experten« vorbehalten bleiben, jenen vermeintlichen Kennern der Materie also, deren Expertise, bislang jedenfalls, noch keinen nennenswerten Beitrag zur Lösung der Probleme geleistet hat? Jede und jeder ist zum Nachdenken aufgefordert. Wir müssten dabei »nur«, jede und jeder für sich, bereit sein, persönliche Interessen und Neigungen einmal hintanzustellen, das Ganze in den Blick zu nehmen und die gegenwärtige Entwicklung zu Ende zu denken.

Es ist aber gar nicht leicht, in gewissem Sinne vielleicht sogar unmöglich, von den eigenen Wünschen und Vorlieben, Vorstellungen und Gewohnheiten abzusehen. Von unseren »echten« Bedürfnissen will ich in diesem Zusammenhang lieber gar nicht erst sprechen, da wir, wie schon Erich Fromm pointiert gezeigt hat, angesichts der uns umgebenden Fülle und Verlockungen zwischen »Haben und Sein«, zwischen Konsumwünschen und Bedürfnisbefriedigung kaum noch zu unterscheiden wissen. Wir haben die Fortschritts- und Wachstumsdynamik, die wir selbst entfacht haben, sowie die damit einhergehende Konsummentalität so sehr verinnerlicht, dass wir gewissermaßen zum Teil der Maschinerie geworden sind. Was immer uns tatsächlich oder vermeintlich guttut, was uns schmeckt oder schmückt, was uns ehrt oder Anerkennung verschafft, davon wollen wir mehr, jedenfalls die meisten von uns, und zwar möglichst sofort, ohne Aufschub. Dabei bringt uns dieses Mehr ab einem bestimmten Punkt in Wahrheit gar keinen zusätzlichen Nutzen mehr ein, verursacht aber natürlich externe Kosten – seien es Rohstoff- oder Energiekosten beispielsweise –, die wir ausblenden oder geringschätzen. Weiter! Immer weiter! Schneller! Immer schneller!

Ein solches Fortschreiten, das kein Ziel kennt oder, wie es der deutsche Philosoph Martin Heidegger einmal am Beispiel der Technik zugespitzt formulierte, dem »nur noch die eigene Ziellosigkeit als Ziel« gilt, wird zum rasenden Stillstand. Nutzung wird zur »Vernutzung«. Effizienz- wie Renditejäger, die uns ewiges Wachstum predigen und am Ende nur mehr verwüstetes Gelände hinterlassen – ökologisch, sozial, psychologisch und auch wirtschaftlich –, haben jedes Maß verloren. Und wir in mancher Hinsicht mit ihnen.

»Protect me from what I want«, möchte man da ausrufen. Denn dieses Hilfsbegehren, wie es schon Mitte der 1980er-Jahre von der Konzeptkünstlerin Jenny Holzer formuliert und um die Jahrtausendwende von der Gruppe Placebo zu einem Song verarbeitet wurde, bringt es ganz wunderbar auf den Punkt: Die verheerende Steigerungslogik unseres Lebens und Wirtschaftens verdankt sich nicht in erster Linie sinistren Geschäf-

temachern, die uns jeden Dreck für Gold verkaufen, um uns unser sauer verdientes Geld aus der Tasche zu ziehen. Sie ist auch nicht notwendige Folge eines irgendwie zentral, von Konzernen und Kartellen gelenkten kapitalistischen Räderwerks, das die Arbeiter, Angestellten und Konsumenten – und damit letztlich Gesellschaften und Staaten – zu beherrschen, gar zu unterwerfen trachtet. Nein, der Treibstoff all dessen, das hat spätestens das Internet bis zur Kenntlichkeit deutlich werden lassen, sind wir, unsere Wünsche und Fantasien. Und es wäre in vielerlei Hinsicht tatsächlich besser, wenn uns jemand oder etwas vor den eigenen Begehrlichkeiten schützen könnte.

Keine Sorge, das ist natürlich keine ernst gemeinte Forderung, aber als Gedankenspiel durchaus erkenntnisfördernd. Die Automobilkonzerne verkaufen Stadtgeländewagen, die zwar niemand braucht, die aber offenbar bei Käuferinnen und Käufern einen Mangel kurieren, den sie vielleicht spüren, aber nicht benennen können; das Internet ist in seinen Anfängen ganz maßgeblich durch Sex-Angebote groß geworden; Dating-Dienste gehören zu den am meisten besuchten Online-Plattformen; Google, Facebook, Twitter & Co. sind soziale Wunschmaschinen, die von Freundschaft, Gemeinschaft, Einfluss und Teilhabe träumen lassen, von ihren Nutzern nicht einmal Geld verlangen, sondern sie nichts weiter als Zeit »kosten«, darüber aber als »Kapital« eine Werbe- und besorgniserregende Datenmacht entfalten, die ihresgleichen sucht; etliche »Vergleichsportale« und Tausende Onlineshops, mit Amazon an der unangefochtenen Spitze, bieten mir heute nahezu täglich Dienste und Produkte an, von deren Existenz ich bis dato nicht die geringste Ahnung hatte und die in Anspruch zu nehmen mir von allein nie in den Sinn gekommen wäre.

Das Irre ist: Es funktioniert. Wir machen in großer Zahl mit. Wir kaufen und klicken und posten milliardenfach. Ich kann mich da nicht einmal ausnehmen, obwohl ich sicher alles andere als ein *digital native* bin und nicht einmal über ein Facebook-Profil verfüge. Aber auch ich frage mich manchmal – nachträglich –, warum ich das Buch jetzt bei Amazon und nicht beim mir vertrauten Buchhändler im Ort bestellt habe. Weil es einfacher ist, bequemer ist, weil es schneller geht? Schöner ist es in keinem Fall, weil der Besuch der Buchhandlung nicht nur »sinnlicher«, sondern auch sozial »wertvoller« gewesen wäre; zumindest ein kurzes Gespräch ist dort obligatorisch.

Aber ein solcher »Wert« scheint im Rasen der Gegenwart zunehmend zu verblassen. Ich empfange einen Reiz (Buchempfehlung), der Reiz erzeugt einen Wunsch (Buchkauf), und dieser Wunsch löst eine sofortige Reaktion aus. »Eins, zwei, meins.« Ganz einfach, ganz schnell. Weil es geht. Ohne Bedenken. Ich will es, ich kann es. Also mache ich es. Ja, auch ich muss mich in dieser Hinsicht schuldig bekennen. Aber so etwas, wie gedankenverloren auch immer, zu tun und mit dem nächsten Atemzug auf die Internet-Riesen, die Discounter, die Pauschalreisen-Anbieter, die Agrar- und Automobilkonzerne zu schimpfen, weil sie die Welt zu einem unwirtlichen Ort machen, ist nicht wirklich schlüssig. Solange das eigene Handeln dem eigenen Denken zuwiderläuft, bleibt es wahnsinnig schwer, vielleicht aussichtslos, die Dinge zum Besseren zu wenden.

Immerhin scheint sich diese Erkenntnis langsam zu verbreiten. Interessanter- und auch überraschenderweise beginnen vor allem junge Leute, die ja, zumindest in den reichen Industrieländern, ohne nennenswerte Mangelerfahrungen aufgewachsen sind, zu begreifen, dass die schnelle Befriedigung spontan aufkommender und zumeist von außen provozierter Wünsche mit Bedürfniserfüllung erst einmal rein gar nichts zu tun hat. Denn obwohl so viele ihrer Wünsche stets erfüllt wurden, bleiben sie irgendwie stets bedürftig, empfinden eine Unzufriedenheit, die sie sich schwer erklären können, manchmal sogar einen Zorn, der sie ohne erkennbaren Anlass aggressiv werden lässt. Etwas stimmt nicht, sowohl mit ihnen als auch mit der sogenannten Realität, in der als »normal« gilt, was ein zumeist begriffsloses Leiden verursacht.

So sind die heute Jugendlichen und jungen Erwachsenen zwar mit den elektronischen Medien wie selbstverständlich aufgewachsen und wissen mit ihnen entsprechend umzugehen, stehen den »Segnungen« der Technik wie der Wirtschaft aber zunehmend skeptisch gegenüber. Viele nehmen, völlig zu Recht, nun auch die von Technik und Wirtschaft verursachten Kosten in den Blick und hinterfragen deren Dominanz, verordnen sich eine Online-Diät, blockieren den Verkehr, ernähren sich vegan. Sie erkennen intuitiv, dass sie weder als Konsument noch als User geboren wurden, sondern Bedürfnisse haben, die mit Produkten, Diensten oder Apps nicht zu befriedigen sind. Sie wollen nicht länger Mittel, sondern Zweck sein. Und immer mehr Erwachsene nehmen diesen Impuls auf und schließen sich an. Das ist einerseits ganz wunderbar und lässt hoffen. Es setzt andererseits Suchbewegungen in Gang, die auch in die Irre gehen können – und leider oftmals gehen.

Mir ist bewusst, dass ich mich mit der letzten, durchaus kryptischen Bemerkung – einerseits, andererseits – auf dünnes Eis begebe, und ich kann nur geloben, die (Teil-)Diagnose, die ich mir für diesen Abschnitt vorgenommen habe, so nachvollziehbar wie möglich zu formulieren. Ob mir das gelingt, werden Sie, verehrte Leserin, lieber Leser, am Ende zu entscheiden haben. Ich bitte dabei lediglich zu bedenken, dass ich mich hier nicht als klassischer Kapitalismus-Kritiker betätige.

Dafür bin ich denkbar ungeeignet, auch weil ich, sagen wir, die Marktwirtschaft für das nach wie vor beste Organisationsmodell halte, um das, was die Menschen überall auf der Welt brauchen, auf faire, gleichberechtigte und möglichst nachhaltige Weise zur Verfügung zu stellen. Dass dies bislang nur unzureichend funktioniert, hat Ursachen, die auch im Kapitalismus selbst liegen, denen aber mit Systemkritik allein gar nicht beizukommen ist. Noch einmal: Wir sind das System.

Individuum und Gesellschaft beeinflussen die Ökonomie. Die Ökonomie wiederum hat erheblichen Einfluss auf Individuum und Gesellschaft. Hier über Kausalitäten und Ursache-Wirkungs-Folgen zu spekulieren, halte ich für müßig. Dass die Menschen anfingen, Zäune zu bauen, hat – wie dies mein Landsmann Jean-Jacques Rousseau in seiner Schrift *Diskurs über die Ungleichheit* schon im 18. Jahrhundert formulierte – die bürgerliche Gesellschaft und unsere Eigentums-Ökonomie, den Kapitalismus, begründet. Warum die Menschen anfingen, Zäune zu bauen, lässt sich also schwerlich aus der darauf beruhenden Wirtschaftsweise herleiten. Der Kapitalismus jedenfalls hat sie dazu nicht veranlasst, der entstand ja erst durch ihren Eigensinn.

Gleichwohl hat die Wirtschaft und haben einzelne Wirtschaftsakteure spätestens seit den extremen Beschleunigungs- und Wachstumsschüben durch die Industrialisierung eine Dominanz erlangt, deren Folgen ökologisch und sozial desaströs sind. Das ist aber alles andere als ein unabänderliches »Naturgeschehen«, sondern findet mit unserer tätigen Mithilfe statt – und ließe sich durch unser Zutun gezielt beeinflussen. Auf bessere Zeiten und ein besseres Klima bloß zu hoffen, ohne selbst einen Beitrag zu leisten, wird da nicht weiterhelfen.

In Frankreich gingen die sogenannten Gelbwesten auf die Straße, weil die Regierung zur Finanzierung und Durchsetzung der Energiewende fossile Kraftstoffe höher besteuern wollte; im Verlauf der Proteste sind weitere, sehr berechtigte Forderungen, etwa hinsichtlich der Altersvorsorge, dazugekommen. Umweltschützer klagen gegen Windkraftbetreiber, weil die Rotoren eine Gefahr für Schwarzstörche oder Fledermäuse darstellen. Buchliebhaber und Leser kaufen ihre Bücher inzwischen mehrheitlich bei den großen Buch-Ketten oder gleich im Internet und beklagen den Niedergang des kleinen Sortimentsbuchhandels. Ich könnte die Aufzählung noch eine ganze Weile fortsetzen.

Darum, um solche internen und externen Widersprüche geht es mir hier, um den Zusammenhang von individuellen Wünschen, sozialen Erfordernissen, wirtschaftlichen Interessen und ökonomischer Dynamik. Damit wir uns nicht immer nur auf die »Mächtigen« kaprizieren. Denn die Mächtigen sind durch uns, als Einzelne wie als Gemeinschaft, ermächtigt. Sie haben nur immer besser gelernt, unsere »Schwächen« für ihre Stärkung zu nutzen. Und es sieht momentan leider nicht danach aus, als würden wir ihnen dabei nun endlich in den Arm fallen und die Verhältnisse gewissermaßen geraderücken. Was ich bis hierher beschrieben habe, deutet jedenfalls nicht darauf hin. Beinahe im Gegenteil: Gerade das Unbehagen an der Gegenwart setzt Tendenzen frei, durch die sich die Lage weiter zu verschärfen droht.

Das Problem, das auch die angerissenen Beispiele kenntlich machen, besteht darin, dass jeder, der verändernd wirksam werden will, hierbei immer auch die eigenen Belange im Auge behalten, also bei sich selbst ansetzen muss. Die meisten verbleiben dann allerdings genau dort, bei sich selbst – und machen sich oftmals zum Mittelpunkt ihres eigenen Universums, dem die anderen nur noch als Mittel dienen. Auf eine saubere Umwelt als anzustrebenden Wert können sich viele heute vermutlich leicht einigen, wenngleich die Zielerreichung im Detail, siehe das Windkraft-Beispiel, umstritten sein mag.

Andere Werte, wie etwa Gerechtigkeit, ein solidarisches Miteinander, Respekt oder Selbstbestimmung, sind vielleicht abstrakt einigungsfähig, konkret aber schwer zu fassen, weil sie sich in der Realität auf vielfache Weise und zum Teil widersprüchlich überlagern und weil sie beispielsweise im »Marktgeschehen« praktisch nicht vorkommen. In Produktion und Konsumtion herrscht Wettbewerb, jeder ist des anderen Konkurrent, von solidarischem Miteinander keine Spur. Dabei sind die genannten Werte natürlich nicht buchstäblich abwesend; sie sind noch da, sie sind immer da, zeitlos. Sie sind dadurch, dass sie ignoriert, nicht mehr erkannt, an die Seite gestellt werden, lediglich kraftlos geworden. Immerhin erzeugt ihre Nichtbeachtung aber noch Phantomschmerzen, zu deren Linderung nun jedoch allzu oft die falschen Therapien angeboten und leider auch angenommen werden.

Ein solcher Phantomschmerz äußert sich als diffuses Unbehagen an dem, was ist und wie es ist. Auch daran, wer und wie wir sind. Das Horváth'sche Gefühl, irgendwie nicht »echt«, nicht wir selbst zu sein, aber auch nicht zu wissen, wer wir sind und was wir wollen, kennen wohl die meisten von uns, zumindest phasenweise. Es ist ein Mangelgefühl, das psychische und psychosomatische Leiden – Erschöpfung, Stress, Depressionen, Burn-out, Allergien – zu einem Massenphänomen gemacht hat. Was im vorvergangenen und zu Beginn des letzten Jahrhunderts, in den autoritären Zeiten strenger Ge- und Verbote, die Neurosen waren, das sind in unserer Gegenwart des *anything goes* die mehr oder minder schweren Depressionen, das »erschöpfte Selbst«, das von keiner übergeordneten Autorität mehr seinen Platz zugewiesen bekommt und dem die einst engen Konventionen keine strikten Handlungsanweisungen mehr geben. Wir sind heute stattdessen gezwungen, uns permanent selbst zu finden, zu definieren und zu gestalten. Für Menschen, die Orientierung und Halt, zumindest Leitplanken suchen, die an Sicherheit gewinnen, wenn sie Anweisungen erhalten, die sich nach einem festen Platz sehnen, ist die liberale Gesellschaft schlicht eine Zumutung. Ein bisschen Unfreiheit könnte da schon für Entlastung sorgen – und in diesem zumeist uneingestandenen Wunsch liegt vermutlich eines der Erfolgsgeheimnisse der überall aufstrebenden und an Zustimmung gewinnenden »starken« Staatsmänner.

Das heißt, offene Gesellschaften schüren immer auch autoritäre Sehnsüchte und Verhaltensweisen, die Eindeutigkeit suggerieren. Auch wenn es vielleicht etwas manieriert klingt, könnte man sagen: Die relativ neue, anstrengende Freiheit »gebiert Ungeheuer«, wie der »Schlaf der Vernunft« in dem berühmten Bild Francisco de Goyas. Und eines dieser Ungeheuer, das ganz wunderbar etwa mit den geschilderten wirtschaftlichen und politischen Fehlentwicklungen harmoniert, sie geradezu weiter anheizt, ist ein allerorten ausgebrochener Authentizitätswahn, der das angesprochene Unbehagen zu lindern verspricht, in Wahrheit jedoch die viel gefährlichere Krankheit ist als diejenige, die zu heilen er vorgaukelt. Wir müssten nur endlich dieses einengende zivilisatorische Korsett abstreifen, uns von lähmenden gesellschaftlichen Übereinkünften verabschieden, unseren Bedürfnissen (siehe oben) folgen und unsere eigenen Vorstellungen konsequent durchsetzen, dann würde alles besser werden, weil »echter«, eben authentischer. Jedenfalls würden wir uns deutlich besser fühlen, heißt es, und für einen kurzen Moment mag das sogar zutreffen.

Ich, ich, ich: Die Authentizitätsfalle

»Den Wahn erkennt natürlich
niemals, wer ihn selbst noch teilt.«
Sigmund Freud

»Unterm Strich zähl ich!« – diese Werbebotschaft, wie sie vor gar nicht langer Zeit von einem großen Versicherungskonzern über alle Medien verbreitet wurde, bringt auf verräterische Weise zum Ausdruck, dass die Erderwärmung bei Weitem nicht unser einziges Klima-Problem ist. Dass jeder vor allem an sich selbst denkt, propagiert und ins Extreme gewendet durch den sogenannten Neoliberalismus, ist seit Jahren, was man den »Geist der Zeiten« nennen könnte. Und dieser Geist hat das gesellschaftliche Klima ebenso geschädigt wie die CO_2-Emissionen das meteorologische. Extreme Wetterlagen hier wie dort.

Die Busfahrerin schließt vor den heranhastenden, ganz knapp zu spät gekommenen, aber jetzt nur noch potenziellen Fahrgästen die Tür und fährt davon; der Kassierer rügt die Kundin lauthals, im Beisein und zum Verdruss der hinter ihr Wartenden, dass sie vergessen habe, ihr Gemüse abzuwiegen; der Taxifahrer stellt auch auf mehrfache Bitte hin das Radio kein bisschen leiser; Nachbarn ziehen gegeneinander vor Gericht, weil der Apfelbaum des einen zu viel Schatten auf das Grundstück des anderen wirft. Das sei unzumutbar und gehöre deshalb behördlich untersagt – als hätten Gerichte, Staatsanwälte und Richter nicht wahrlich Wichtigeres zu tun. Aber nein, jeder der Nachbarn sieht sich im Recht, den anderen im Unrecht. Überhaupt: Unterm Strich zählen die anderen nicht.

Jede und jeder, da bin ich sicher, könnte die Aufzählung durch etliche andere Beispiele erweitern. Man gibt und zeigt sich heute, wie man sich gerade so fühlt, man will aus seinem Herzen, wie es so schön heißt, keine Mördergrube mehr machen. Also ist man, je nach Tagesstimmung, laut oder leise, missmutig oder gut gelaunt, sauer oder freundlich, immer unverstellt eben, und merkt gar nicht, dass man damit unversehens die Gruppe jener – pardon – »Arschlöcher« vergrößert, die einem selbst im Alltag gehörig auf die Nerven gehen. Man zeigt eben, wer und wie man »ist«, und kehrt sein »Inneres«, sein vermeintlich unverfälschtes Sosein nach außen. Seht her, das bin ich! Und ich bin es leid, mich um euretwillen zu verbiegen.

Ein verdrießlicherer und gefährlicherer Unsinn ist kaum denkbar. Dem ganzen Gerede von »authentischen Kunstwerken« oder »authentischen, mit sich selbst identischen Personen« – diesen weißen Schimmeln – liegt nichts als eine wirre Idee zugrunde. Authentizität wäre solchem Verständnis nach das Gegenteil von Kultur, also davon, was den Menschen, der von Geburt an auf ein soziales Miteinander, auf Übereinkünfte, Rücksichtnahme und Empathie angewiesen ist, vom Naturwesen unterscheidet. Das Sozialwesen Mensch könnte ohne ein halbwegs friedliches Miteinander, ergo ohne *cultura*, die auf Veredelung, Pflege und »Verstellung« beruht, nicht bestehen. Wir leben von Beginn an bis an unser Ende in Beziehungen. Und dieses Zusammenleben wäre ohne Regeln und Konventionen, ohne Rücksichtnahme und Höflichkeit wohl nur schwer erträglich, wenn nicht gar unmöglich. Und dass es rauer wird da draußen, ruppiger, rücksichtsloser und manchmal tatsächlich schon schwer zu ertragen, ist wohl kaum zu bestreiten.

Ein bedauerliches, frühes Opfer dieser Entwicklung ist übrigens die Höflichkeit, die zwar in manchen Kreisen von Angesicht zu Angesicht noch durchaus gepflegt wird, deren Regeln jedoch im Berufsalltag und erst recht im Internet, in sozialen Medien, in Blogs oder via E-Mail, zunehmend außer Kraft gesetzt werden. Ich bin zwar selbst auch gern mal direkt, aber immer bestrebt, gewissermaßen die Form zu wahren. Entsprechend empfinde ich das »Außer-Form-Geraten« unserer dialogischen Praxis, dessen unfreiwilliger Zeuge man immer öfter im Alltag wird, weil etwa Telefongespräche heute öffentlich und lauthals geführt werden, oder dem man – ich denke an das Taxifahrer-Beispiel – selbst zum Opfer fällt, als schwere Beeinträchtigung. Man möchte sich ständig »fremdschämen«.

Es geht mir dabei um weit mehr als um Fragen des guten Geschmacks. Und es geht mir schon gleich gar nicht um so etwas wie Sitte und Anstand, deren Verlust wir gern, sei es bedauernd oder beglückt, umstandslos den neuen Medien zuschreiben. Das ist jedoch eigentümlich kurz gesprungen. Denn dass da auf allen Kanälen geschimpft, geflucht und beleidigt wird, je nachdem, was der jeweilige Wortschatz so hergibt, ist nicht etwa dem technischen Fortschritt anzulasten. Technik mag ja die Hemmschwelle senken und also unterstützend beteiligt sein, die egoistisch-aggressiven Impulse gehen aber eindeutig von den »Usern« aus: nicht vom Handy, sondern vom Handy-Nutzer, nicht vom Provider, sondern vom E-Mail-Absender, nicht von Twitter oder Instagram, sondern vom Twitterer oder Instagramer.

Oder eben, wie die obigen Alltagsbeispiele veranschaulichen, von ganz gewöhnlichen Zeitgenossen, deren, ja, asoziale Verhaltensweisen dafür sorgen, dass sich die Realität den medialen Umgangsformen immer weiter annähert. Das vermeintlich Echte, Unverfälschte steht hoch im Kurs, hat aber mitnichten nur lästige Auswirkungen auf unseren gesellschaftlichen Nahverkehr. Es prägt vielmehr auf besorgniserregende Weise inzwischen das gesamte Weltgeschehen. Und hier wird der individuelle Gewinn, den einige »Ichler« aus ihrem monströsen Gehabe ziehen mögen, tatsächlich zu einem ernsten kollektiven und einem akuten politischen Problem – das dann natürlich auch wirtschaftliche Konsequenzen hat.

Als Donald Trump im November 2016 von den US-Bürgern zum 45. Präsidenten der Vereinigten Staaten gewählt wurde, nannten seine Wählerinnen und Wähler als wichtigsten Grund dafür, ihm ihre Stimme gegeben zu haben, seine »Authentizität«. Endlich mal einer, der sagt, was er denkt, so grob wie möglich, und der so anders ist (zu sein scheint) als die stromlinienförmigen Berufspolitiker, das geschmähte »Establishment«, das seit ewigen Zeiten nur um sich selbst kreist und sich um die Belange der »kleinen Leute« einen Dreck schert. Aus derselben Grundstimmung ziehen »Politiker« auch anderswo ihre Zustimmung, in Großbritannien und Brasilien, in Polen und Ungarn, in Italien und ... – die Aufzählung fortzusetzen, würde mich in Depressionen stürzen.

Dabei muss man ernsthaft fragen, ob Authentizität und Demokratie überhaupt kompatibel sind oder sich nicht vielmehr ausschließen. Politikerinnen und Politiker müssen Kompromisse eingehen können, sie müssen im Sinne des Gemeinwesens oder auch ihrer Partei in der Lage sein, Positionen zu vertreten, die vielleicht nicht ihrer Privathaltung entsprechen, kurz, Dinge sagen und tun, die sie als Nicht-Politiker weder sagen noch tun würden; das gilt übrigens ebenso für Führungskräfte in der Wirtschaft (ich habe das oben am eigenen Beispiel beschrieben, als es um die Einführung des Katalysators ging). Anders wären die vielfältigen und teils widersprüchlichen Forderungen und Ansprüche einer sich immer weiter ausdifferenzierenden Gesellschaft gar nicht handhabbar. Jedenfalls solange sie weiterhin demokratisch verfasst sein soll.

Wer einen Anspruch auf die eine, ewige Wahrheit erhebt und sein Inneres unkultiviert, also möglichst »echt« ins Außen überführen möchte, wie so viele um »Reinheit« bemühte Zeitgenossen, sollte von der Politik und von Führungsaufgaben möglichst ferngehalten werden. Ich lege gern noch etwas an Schärfe zu und behaupte: Jemand, der kontextunabhängig nur seinem imaginären »Inneren«, seinen Überzeugungen folgt, auf wechselnde Anforderungen entsprechend gleichförmig reagiert und in unterschiedlichen Situationen nur entlang der »eigenen Wahrheit« zu handeln in der Lage ist, galt in modernen Gesellschaften bis vor Kurzem noch als pathologischer Fall und landete für gewöhnlich in der Psychiatrie.

Natürlich wollen wir hier nicht so weit gehen, solche radikalen Forderungen zu erheben, zumal wir »Irrenanstalten« selbstverständlich für völlig antiquiert halten. So viel aber sei gesagt: Wer primär nach innen schaut statt nach außen, tendenziell nach hinten statt nach vorn, ist für Führungsaufgaben in Politik und Wirtschaft schlicht ungeeignet, ohne dass er oder sie – siehe den Dunning-Kruger-Effekt – das selbst zu erkennen in der Lage wäre. Wir, zumindest viele von uns, sollten das hingegen erkennen. Wer auch nur einen flüchtigen Blick in die Vergangenheit und auf die gegenwärtige Situation in manchen Ländern dieser Welt wirft, muss sehen, worauf das hinausläuft. Der eine, wahre, einzige Weg, wie er heute wieder vielerorts propagiert wird, hat noch nie ein gutes Ende genommen. Im Gegenteil.

So etwas Ähnliches hat die Welt schon mehrfach in die Katastrophe geführt. Denn die kollektive Entsprechung der individuellen Authentizität ist die nationale oder gar völkische Identität. Das wahre Ich geht dabei, so die hoffende Überzeugung, in einer quasi-natürlichen, von außen stets bedrohten Gemeinschaft von Gleichen auf, die in ihrer Lebensart und

Gesinnung ebenfalls nicht von äußeren Einflüssen »verunreinigt« werden darf. Solche Identitätspolitik, wie sie inzwischen überall an Bedeutung gewinnt, ist nichts anderes als Tribalismus und kehrt den Zivilisationsprozess radikal um. Der läuft ganz wesentlich eben nicht auf Gleichförmigkeit hinaus, sondern bezieht seine Kraft aus sozialer Reibung, besteht also darin, die Verschiedenheit produktiv zu machen. Alle Widersprüche in dem einen, einzigen »Volkskörper« zum Verschwinden zu bringen, hätte den kulturellen Kältetod zur Folge. Und doch scheint das »Ungeheuer« solcher Identität eine Wiedergeburt zu erleben. Und an dieser Wiederbelebung sind Politik und Wirtschaft, indem sie den notwendigen Wandel verschlafen und verschleppen, nicht eben unschuldig. Das bereitet mir viel größeres Unbehagen, als es die Zumutungen der Freiheit je könnten.

Noch mögen die Symptome harmlos erscheinen, manchmal sogar amüsant sein – etwa wenn sich Donald Trump vor laufenden Kameras wie ein trotziges Kind darüber beschwert, dass er in den Medien kritisiert wird, obwohl er doch – nachweislich! – der beste Präsident sei, der die Vereinigten Staaten jemals angeführt habe. Wenn er allerdings mit dem nächsten Atemzug dieselben Medien zu »Staatsfeinden« erklärt und alle seine Kritiker als »Volksverräter« brandmarkt, kann ich das beim besten Willen nicht mehr lustig finden. Das ist nicht einfach nur infantil, es ist auch nicht bloß »durchgeknallt«, sondern erscheint mir kalt kalkuliert. Er kann dabei, und das weiß er, auf eine allgemeine Stimmungslage bauen, die mehr als bedrohlich ist. Schon der Sozialphilosoph Helmuth Plessner hat einmal eindrücklich beschrieben, dass ein Volk – er hatte dabei die Deutschen in der ersten Hälfte des 20. Jahrhunderts im Blick – nie so außer sich gerät, wie wenn es glaubt, zu sich zu finden. Ein Spiel mit dem Feuer, das beileibe nicht nur in den USA, sondern auch an vielen anderen Orten der Welt mittlerweile entflammt ist – und das aus dem aus vielerlei Quellen gespeisten Unbehagen an der Gegenwart seinen Brennstoff bezieht.

Es kommt mir manchmal, in milden Momenten, so vor, als hätten wir als Gesellschaft kollektiv die ersten Psychotherapie-Sitzungen hinter uns, die uns animiert haben, um der eigenen psychischen Gesundheit willen unsere Gefühle künftig angstfrei zu äußern und entschiedener durchzusetzen beziehungsweise »auszuleben« – wie ehedem in der Kindheit. Doch was für den Einzelnen durchaus hilfreich sein kann – und als ein »Aus-der-Form-Geraten« etwa im erotischen Rausch sogar wünschenswert –, ist für ein Kollektiv am Ende nichts anderes als der Weg in Anomie, Anarchie, Verbrechen, Terrorismus, ein Abschied aus der Zivilisation. So weit sind wir noch nicht. Aber viele Ereignisse der jüngeren Vergangenheit lassen fürchten – und während ich diese Zeilen schreibe, hat ein junger Mann in Halle gerade versucht, seine »Wahrheit« auszuleben und den »erlogenen« Holocaust endlich in die Tat umzusetzen, indem er in eine Synagoge einzudringen und möglichst viele Juden zu töten versuchte –, dass die Gewalt, national wie international, weiter zunehmen wird.

Was wir »Zivilisation« nennen und wovon wir die vergangenen mehr als siebzig Jahre, zumindest in der westlichen Hemisphäre, in unvorstellbarem Ausmaß profitiert haben, ist keine Selbstverständlichkeit. Sie bedarf unseres aktiven Schutzes. Und der bestünde unter anderem darin, nicht nur die Politiker und Konzernführungen aufzuwecken und sie aus der Sackgasse, in die sie sich begeben haben, herauszuführen, sondern auch darin, diesem seltsamen Authentizitäts-Schwachsinn entgegenzutreten, der unsere Zukunft ebenso bedroht wie das eigennützige und kurzsichtige Vorteilsdenken von Wirtschaft und Politik, das diesen Schwachsinn maßgeblich mit angestachelt hat.

Jeder ist seines Glückes Schmied, und jeder mehrt, wie dies Adam Smith gelehrt hat, den Nutzen aller, indem er seinen ganz eigenen Nutzen verfolgt. Aber diese immer noch gültige ökonomische Lehrmeinung hat mit der Wirklichkeit rein gar nichts mehr zu tun. Egoismus und Eigensinn sind vielmehr die Hauptursachen all unserer Probleme. Das gilt für Firmen ebenso wie für politische Parteien oder Individuen. Für wen die anderen »unterm Strich nichts zählen«, ist ein Totengräber all dessen, was zu bewahren jede Anstrengung wert sein sollte.

Ohne Miteinander, ohne Ausgleich verschiedenster Interessen, ohne Bedürfnisaufschub und die Zurückstellung eigener Wünsche und Vorstellungen, ohne Vorausschau und gemeinsam gefundene und verabredete Zielkorridore, ohne Solidarität und Empathie ist keine Zukunft zu gewinnen. Das klingt bieder, vielleicht sogar konservativ, ist aber nach meiner Überzeugung der einzige Ausweg aus der sozusagen »selbstverschuldeten« Misere, in die uns der Wachstumswahn wie auch die Echtheitssucht unweigerlich führen.

Ja, der Hooligan, der auf gegnerische Fans einprügelt, ist zweifellos authentisch, ebenso wie derjenige, der dem Drang nachgibt, einer fremden Frau an die Brust zu fassen oder sie gleich zu vergewaltigen, wenn ihm danach ist. Und der junge Ali K. aus Bielefeld schließt sich dem IS in Syrien an, weil er endlich mal »was Großes«, »was Bedeutendes« tun will und sein »Bedürfnis« entdeckt, den Ungläubigen die Köpfe abzuschneiden. Aber im Ernst: Können wir solches Verhalten billigen, tolerieren, vielleicht sogar befürworten, weil hier Einzelne ihrem »Inneren« folgen?

Natürlich nicht! Und doch sind wir Teil dessen, was solche

monströsen Erscheinungen aus sich hervortreibt. Die Gesellschaft sieht sich Phänomenen gegenüber, die den Markt schon länger »im Griff« haben. Mit dem, was man gemeinhin »Neoliberalismus« nennt, hat auch die Wirtschaft, in Anlehnung an den gerade zitierten Helmuth Plessner, gewissermaßen zu sich selbst gefunden, um anschließend außer sich zu geraten. Indem es ihr, mithilfe politischer Unterstützung – man denke an Margaret Thatcher, Tony Blair oder Gerhard Schröder –, gelungen ist, sich von allerlei staatlichen »Fesseln« zu befreien und ihr Betätigungsfeld durch wirksame Privatisierungs-Rhetorik beständig zu erweitern, hat sie eine überbordende Bedeutung erlangt, die ihr nicht zusteht, sondern ihrem Ursprungssinn zuwiderläuft. »Ökonomie« heißt wörtlich übertragen »Haushaltung« – von griechisch *oikos* = »Haus« – und meint die verantwortliche Verwaltung der »Hausgemeinschaft« beziehungsweise des gesellschaftlichen Zusammenschlusses. Ein Ökonom oder ein ökonomisch verantwortlich handelnder Mensch wäre demnach jemand, der gern auch nach Profit streben darf, der aber in erster Linie das »ganze Haus« im Blick hat, sowohl das Gebäude selbst als auch alle seine Bewohner.

Selbstverständlich finden sich solche »Ökonomen« im Mittelstand und bei Familienbetrieben zuhauf. Bei den großen, international agierenden, politisch einflussreichen Konzernen, wie sie beispielsweise die Automobil-, Landwirtschafts- und Lebensmittelbranche dominieren, sucht man sie vergebens. Weder das eigene »Haus« noch dessen Bewohner – Mitarbeiter wie Kunden – stehen im Zentrum der Unternehmenspolitik, sondern der Kapitalertrag, der natürlich stetig zu wachsen hat. Möglicherweise tut das Wachstum dem Unternehmen langfristig gar nicht gut – einmal abgesehen davon, dass es zwangsläufig den Umweltverbrauch und den Energiebedarf erhöht –, kurzfristig aber wachsen dadurch in der Regel auch die Rendite der Anleger und die Einkommen der Führungspersonen. Darum geht es. Unterm Strich zähl ich.

Solchen Größenwahn zuzulassen und durch unseren Hyperkonsum zumindest indirekt zu unterstützen, war ein Fehler. Damit meine ich nicht, dass wir als Einzelne etwas falsch gemacht hätten oder in der Lage (gewesen) wären, dem machtvollen Treiben entgegenzutreten. Aufs Ganze betrachtet haben wir jedoch als Kollektiv, trotz aller immer wieder aufflammenden Kritik, zu wenig Sand ins Getriebe gestreut. Dadurch wurden Konzentrationsprozesse von Macht und Kapital ermöglicht, die inzwischen so weit fortgeschritten sind, dass eine politische und gesellschaftliche Einflussnahme auf die multinational agierenden Konzerne und Kapitalfonds immer schwieriger wird. Auch das bedroht den Fortbestand der Demokratie. Deren Repräsentanten haben, wie wir, den Wachstumswahn von Unternehmensführungen zu einer Art Zivilreligion werden lassen. Die von Politikern bis heute monoton ausgerufenen Wachstumsziele, die übrigens allen Klimazielen, man möchte sagen: »schon nach Adam Riese«, beständig entgegenlaufen, sind geradezu zu einer Art Staatsräson geworden. Das Streben hält bis heute an. Im Wachstum liegt jedoch mitnichten die Lösung unserer Probleme, weder der ökologischen noch der gesellschaftlichen. Im Gegenteil, der Drang zu Wachstum und Beschleunigung ist deren Hauptursache.

Das Beschleunigungs- und Wachstumssyndrom

»Erst formen wir unsere Werkzeuge,
dann formen die Werkzeuge uns.«
Marshall McLuhan

Unsere Hybris, alles kontrollieren und beherrschen zu wollen, sowie unser Hang zur Vereinheitlichung, zur »Vereindeutigung«[19] und zur Monokultur haben viel mit unserem Verhältnis zu Raum und Zeit zu tun. Und dieses Verhältnis ist einem permanenten Wandel unterworfen, den wir selbst, nicht zuletzt eben durch die von uns »geformten Werkzeuge«, stets aufs Neue antreiben. Denn der Fortschritt, den wir anstreben – und dann nicht selten beklagen –, ist nie nur ingeniöser, technischer Natur. Er macht etwas mit uns, er prägt Gesellschaft, Politik und Kultur. Erst wenn wir uns dieser Prägungen bewusst werden, können wir auch die eigenen Verantwortlichkeiten und die eigene Gestaltungsmacht besser erkennen, anstatt stets nur mit dem Finger auf andere zu zeigen: »die« Wirtschaft, »die« Politik, die EU.

Über Jahrmillionen kam der Mensch nur so weit, wie ihn seine Füße trugen. Raum und Zeit begründeten eine übersichtliche Ordnung und setzten dem menschlichen Streben, seinem Expansions- und Tatendrang natürliche Grenzen. Das war selbstverständlich nicht bloß idyllisch und ganz sicher nur selten vergnüglich. Kälte und Hitze, Hunger und Durst, Feuchtigkeit und Trockenheit, Dreck und mangelnde Hygiene waren Bedrohungen, die dem Leben schnell ein Ende machen konnten. Aber sozusagen mental war das Setting klar: Raum und Zeit hatten im Vergleich zu heute ein denkbar einfaches, quasi-natürliches Gepräge. Der zeitliche Rhythmus menschlichen Daseins wurde während der längsten Phase der Menschheitsgeschichte im Wesentlichen von der Sonne diktiert: Auf- und Untergang, Helligkeit und Dunkelheit, Jahreszeiten, Wärme und Kälte; der räumliche Wirkungskreis des Menschen wie auch seine Produktivität beruhten ausschließlich auf seiner Muskelkraft. Man lebte im Hier und Jetzt, ganz überwiegend von der Hand in den Mund, sorgte allenfalls für den nächsten Winter vor, kümmerte sich um die eigenen Angelegenheiten und trotzte seiner Umwelt nur das ab, was zum unmittelbaren Überleben notwendig war. Von »Wachstum« in unserem Sinne keine Spur. Auch »Fortschritt« oder »Beschleunigung« waren gar nicht denkbar, es fehlte jedes zeitliche Maß dafür.

Dann, plötzlich, passierte etwas, das alle Koordinaten verrückte und das Leben buchstäblich umkrempelte. Die Menschheit gewann durch ein neues, revolutionäres Werkzeug einen unerhörten Macht- und Gestaltungszuwachs, den sie dann tatsächlich nutzte, um unwahrscheinlich schöne Visionen zu verwirklichen, der ihr aber auch gewissermaßen die Sinne vernebelte und viele bis dahin »gute Geister« vom Acker trieb.

In seinem Buch *Wer regiert die Welt? Warum Zivilisationen herrschen oder beherrscht werden* [20] unternimmt der britische Historiker Ian Morris den ehrgeizigen Versuch, mehr als 10 000 Jahre menschlicher Entwicklungsgeschichte mithilfe quantifizierbarer Merkmale zu beschreiben. Er misst »die Fähigkeit einer Gemeinschaft, mit sich und der Welt zurechtzukommen« anhand ihres Pro-Kopf-Energieverbrauchs (Kalorienverbrauch für Nahrung, Obdach, Handel, Landwirtschaft, Handwerk und Transport), ihres Organisationsgrades (Grad der Verstädterung), ihrer Kriegsführungskapazitäten sowie ihrer Informationstechniken und kommt zu dem Ergebnis, dass die Kurve der menschlichen Entwicklung über viele Tausend Jahre nur unmerklich anstieg. Weder die Erfindung des Rads oder der Uhr noch der Einsatz von Nutztieren und das Aufkommen der Landwirtschaft, weder der Aufstieg von Imperien noch die Ausbreitung von Religionen oder Philosophien führten demnach zu deutlich messbaren Entwicklungssprüngen. Alles in allem ging das Leben trotz aller Entdeckungen und Erfindungen über viele Generationen seinen gewohnten Gang. Erst vor gut zweihundert Jahren knickte die Kurve sowohl der Bevölkerungszahl als auch der sozialen Entwicklung plötzlich um fast 90 Grad nach oben.

Es war die in der zweiten Hälfte des 18. Jahrhunderts von James Watt entscheidend verbesserte Dampfmaschine, die eine einschneidende Transformation unserer gesamten Lebensart zur Folge hatte – mit, wie wir heute wissen, sehr vielen positiven, aber auch überaus negativen Auswirkungen. Nun ist die industrielle Revolution, die damals einsetzte, sicher nicht auf Dampf zu reduzieren – es gab zeitgleich wichtige Entwicklungen in der Chemie und anderen Disziplinen –, aber die nun maschinell enorm gesteigerte Fähigkeit zur Erzeugung vielfach nutzbarer Energie konnte die Grenzen tierischer und menschlicher Muskelkraft in unvorstellbarem Ausmaß erweitern und machte Massenproduktion wie Massentransport erst möglich.

Dies ereignete sich zwar nicht alles von heute auf morgen, sondern brauchte einige Jahrzehnte, um sich zu entfalten; es war aber, in Morris' Worten, »die größte und schnellste Transformation der gesamten Weltgeschichte«. Und daraus entstanden, wie wir wissen, nicht nur enorme Effektivitäts- und Produktivitäts-, Mobilitäts- und Geschwindigkeitsgewinne, nein, es hatte Einfluss auf die gesamte Lebensart der Menschen, auf ihr Selbstverständnis, auf Freizeit und Konsum, auf Kultur und Politik. Und auch auf unser Zeitempfinden. Denn die schon viel früher mit der Erfindung der Uhr eingeführte Taktung der Zeit in 24 Stunden à 60 Minuten entfaltete erst jetzt ihre volle Wirkmacht, weil sie für die industrielle Arbeit – im Vergleich zur Landwirtschaft – einen perfekten Ordnungsrahmen bot, um alle erforderlichen, arbeitsteilig organisierten Abläufe in einem strengen »Zeitregime« aufeinander abzustimmen. Arbeitsbeginn, Pausen, Schichtwechsel, Arbeitsende, Planerfüllung wurden nun einem präzise getakteten Schema unterworfen und kontrollierbar. Aus der natürlichen Zeit wurde endgültig eine soziale Zeit.

Die parallel einsetzende rasante Entwicklung des Transport- und Verkehrswesens machte darüber hinaus weitere Anpassungen erforderlich. Da der Stand der Sonne, Sonnenauf- und -untergangszeiten je nach Längengrad differieren, hatte jede Region bis weit ins 19. Jahrhundert hinein ihre eigene Ortszeit. Während ein Hamburger Kirchturm 16 Uhr schlug, war es in Hannover bereits 16:10 Uhr. Solche Differenzen verursachten ganz praktische Probleme. Tatsächlich kam es beispielsweise im Eisenbahnverkehr immer wieder zu gefährlichen Komplikationen, weil die Uhren der Lokführer anders tickten als die Uhren an weiter entfernten Zielbahnhöfen. Das machte die Einführung einer gemeinsamen »Standardzeit«, einer »gesetzlichen Zeit« erforderlich, die seitdem in 24 verschiedenen, geografisch definierten Zeitzonen überregionale Gültigkeit hat.

Diesem Regime haben wir uns mittlerweile voll und ganz unterworfen und organisieren unseren Alltag im Minutentakt. Die industrielle Revolution hat dadurch auch das gesellschaftliche Leben und die Lebensgestaltung der Individuen revolutioniert. Und in einer durchaus vergleichbaren Transformationsphase befinden wir uns heute wieder. Die Digitalisierung hat auf unsere geistigen Fähigkeiten eine ähnliche Wirkung wie die Dampfmaschine und ihre fossilen Brennstoff-Nachfolger auf die Muskelkraft. Sie wird unser Leben diesmal nur erheblich schneller umkrempeln – mit noch längst nicht absehbaren Folgewirkungen. Wie unsere Vorfahren mit der Dampfmaschine betreten wir mit unseren digitalen Maschinen gewissermaßen einen neuen Kontinent. Wir können einiges, längst nicht alles dorthin mitnehmen, und der Rückweg ist abgeschnitten.

Übrigens ist dieser Übergang wiederum mit einer neuen Zeitrechnung verbunden. Unsere gegenwärtige Epoche begann tatsächlich am 1. Januar 1970 um 00:00 Uhr. Zu diesem Zeitpunkt startete die sogenannte Unix-Zeit, passend *The Epoch* genannt, die seitdem für alle Rechner auf der Welt gilt. Die Notwendigkeit einer solchen gemeinsamen »Internetzeit« ergab sich schon aus dem ARPANET, also dem Vorläufer unseres heutigen Internets. Sie diente und dient bis heute dazu, die an verschiedenen Standorten arbeitenden Rechner unabhängig von Zeitzonen, unabhängig vom Stand der Sonne oder der Erdrotation zu synchronisieren. Erst eine solche reine Systemzeit erlaubt ein punktgenaues Festhalten jeder ausgeführten Aktion – jedes Tastendrucks, jedes Mausklicks – und gewährleistet dadurch sowohl einen kontrollierten und kontrollierbaren Programmablauf als auch den protokollierten Nachvollzug jeder gesendeten oder empfangenen Information.

Seit 1970 ticken die Uhren also anders – und noch einmal schneller, nunmehr im Nanosekunden-Bereich, einer Zeitspanne, die für den Menschen gar nicht mehr wahrnehmbar ist. Aber auf diesen ebenso wirkmächtigen Epochen-Bruch möchte ich erst etwas später weiter eingehen und hier zunächst einmal noch kurz beim ersten Maschinenzeitalter verweilen. Diese Ära stand ganz im Zeichen der Industrie und hat das Leben zumindest in den sogenannten Industrieländern, aber nicht nur dort, in einem Ausmaß und mit einer Geschwindigkeit bereichert, und zwar im wörtlichen Sinne, wie es in der gesamten Geschichte der Menschheit beispiellos ist. Wie sicher, komfortabel und gut versorgt wir aktuell leben, ist noch vor 150 Jahren unvorstellbar gewesen – und ist es für Milliarden Menschen auf der Welt, denen davon im Informationszeitalter nichts mehr verborgen bleibt, bis heute, weshalb beispielsweise Europa selbstverständlich ein Sehnsuchtsort geworden ist. Damit müssen, damit können wir leben, ohne uns gewaltsam abzuschotten. Nur so viel dazu.

Dass ein solcher Fortschritt so endlich ist wie die Ressourcen, die er verbraucht, dass er nicht seine eigenen Grundlagen »konsumieren« darf, hätte man bedenken müssen. Dafür war und ist aber in der Begeisterung über das Erreichte offenbar wenig Raum. Warum einen Erfolgsweg verlassen? Wachstum und Beschleunigung waren die alles bestimmenden Größen des Industriezeitalters – und von so durchschlagender Wirkung, dass sie bis heute die Funktionslogik des Kapitalismus dominieren und das Denken und Handeln maßgeblicher Verantwortungsträger in Politik und Wirtschaft prägen, obwohl wir wissen, wissen könnten, dass die weiter zunehmende Geschwindigkeit des gesellschaftlichen und wirtschaftlichen Lebens immer mehr Menschen aus der Bahn wirft und die Grenzen des Wachstums längst erreicht sind.

Grenzen des Wachstums war schon der Titel des legendären Club-of-Rome-Berichts über die Zukunft der Weltwirtschaft, dessen Autoren bereits 1972, also vor knapp 50 Jahren, all die Probleme benannt haben, in die unsere Wirtschaftsweise notwendig mündet.[21] Die Maxime des »Immer mehr, immer schneller, immer weiter, immer höher«, das machte der Bericht unmissverständlich deutlich, führt nirgendwohin, außer in eine Katastrophe, höchstwahrscheinlich in den Tod.

Das Buch ist in seinen Kernaussagen so aktuell wie damals, die Lage hat sich seitdem allerdings noch dramatisch verschärft. Denn Wachstum und Leistungssteigerung sind, wie im Sport so auch in der Wirtschaft, schon seit langer Zeit gewissermaßen nur noch durch Doping zu erreichen – durch Manipulation und Spekulation, durch Betrug und Korruption, durch Lohn- und Steuerdumping, selbstverständlich stets zum Vorteil einiger weniger und zum Schaden vieler. Diesen Weg zu Ende zu denken, bedarf es keiner großen Fantasie. *Dead end!*

Warum, frage ich mich oft fassungslos, fällt es so schwer, das ganz und gar Evidente, zum Beispiel die Natur, zur Kenntnis zu nehmen? Alle Lebewesen sind irgendwann ausgewachsen. Größer geht nicht. Anschließend kann das Ziel nur darin bestehen, den Organismus so lange wie möglich gesund zu erhalten. Nur das ist die Gewähr dafür, dass das Gewachsene lebendig bleibt. Zellen können sich erneuern, Wunden schließen sich, Blätter sterben ab und wachsen nach, Blumen verblühen, können aber über ihre Sporen und Samen für neues Wachstum sorgen, auch wenn die Pflanze selbst, die solche Keimlinge produziert, längst ausgewachsen ist. Tod und Geburt, Anfang und Ende bestimmen den Lauf alles Lebendigen, ein unendliches Wachstum ist, in der Natur jedenfalls, nicht vorgesehen.

Und dennoch ist beständiges wirtschaftliches Wachstum für Politik und Unternehmen nach wie vor wie eine Art Hostie, der wunderkräftige Heilige Gral einer Zivilreligion, die ewiges Leben, Glückseligkeit, Reichtum und anhaltenden Erfolg verspricht. Du lieber Himmel! Wir befinden uns hier im Reich der Legenden, die in diesem Fall jedoch keineswegs im Rahmen einer Märchensammlung – *1001 Nacht* – überliefert ist, sondern das Herzstück der sich als Wissenschaft gerierenden Volkswirtschaftslehre darstellt. Ohne Wachstum, sagt diese sogenannte Wissenschaft, geht alles den Bach runter. Immer mehr, immer größer, immer schneller, alles andere ist Stillstand, Niedergang, Rezession – eine Schlussfolgerung bar jeder Logik und wider die Naturgesetze.

Und unnötig obendrein. Ja, als Vorstand wurden mir Wachstumsziele gesetzt, und beim Erreichen dieser Ziele winkten mir »Boni«. Aber auch als Vorstand, nein, gerade als gut verdienender Manager konnte mir der Sinn solcher Setzung nie recht einleuchten. Solange ich die Gehälter und alle anderen Kosten durch die Einnahmen decke und vielleicht sogar noch einen Gewinn erwirtschafte, solange die Kunden wie auch die Mitarbeiter zufrieden und die Umsätze halbwegs stabil sind, bin ich in unternehmerischer Hinsicht doch erfolgreich. Das darüber hinaus angestrebte Wachstum bedient einzig und allein die Profitgier von Aktionären, Investoren und Managern. Das Geld wurde zum Treibstoff einer »Geschäftigkeit«, die das Wirtschaften in Wahrheit diskreditiert und delegitimiert, wie all die Skandale und Krisen der jüngeren Zeit auf deprimierende Weise belegen.

Der Fluch des Geldes

»Das Geld gleicht dem Seewasser:
je mehr davon getrunken wird,
desto durstiger wird man.«
Arthur Schopenhauer

Als Richard Nixon 1971 das Ende des Bretton-Woods-Abkommens verkündete, das den Wert der verschiedenen Währungen an den Goldstandard gebunden und damit auch ihre Wechselkurse untereinander fest fixiert hatte, wurde das Geld nicht nur »entnationalisiert« – wie der Ökonom Friedrich August von Hayek, einer der Säulenheiligen des Neoliberalismus, freudig zur Kenntnis nahm –, sondern auch dematerialisiert. Geld wurde zu einer Art frei flottierendem elektronischen Zeichen, über dessen Menge und Wert nun nicht mehr wie bisher ein Souverän, etwa in Gestalt staatlicher Zentralbanken, bestimmte. Zur entscheidenden Regulierungsinstanz wurden stattdessen ominöse internationale Finanzplätze, die keiner nationalen Kontrolle mehr unterlagen – sehr zur Freude des gerade erwähnten Friedrich von Hayek. Das war die Geburtsstunde der sogenannten Finanzmärkte, einer Finanzialisierung des gesamten Wirtschaftsgeschehens mit damals vielleicht unabsehbaren Folgen.

Bereits Ende der 1980er-Jahre hatte der Devisenhandel eines einzigen Tages die Höhe des gesamten Weltgeldbestandes erreicht. Die seitdem immer weiter getriebene, ungeheure Geldvermehrung, der keinerlei »reales Wachstum« mehr entspricht, hat Fantasiewerte – und einige wenige aberwitzige Vermögen – entstehen lassen, die allein aus den Wetteinlagen von Anlegern und Investoren »geschöpft« werden. Ökonomie wird hierbei streng genommen nur mehr simuliert. Weder wird etwas hergestellt noch etwas geleistet. Meldungen, Gerüchte, Stimmungen entscheiden über das Wohl und Wehe von Firmen und Volkswirtschaften – und verursachen nicht selten Hungerkrisen, Elend, gar Krieg.

Die geheimnisumwitterten, weil schwer durchschaubaren Finanzmärkte, ein von Algorithmen gesteuertes Netzwerk- oder Skalierungs-Phänomen, das weithin unverstanden ist, obwohl es längst alle Lebensbereiche zu durchdringen und nachhaltig zu verändern begonnen hat, haben bekanntlich nicht das Wohl möglichst vieler im Blick, sondern den konkreten Nutzen für Investoren und Anleger – also für die wenigen, die bereits mehr haben, als sie brauchen, und die ihr »Kapital« nun für sich »arbeiten« lassen. So ist ein System entstanden, das auch die seitdem sogenannte Realwirtschaft, wie sich am Beispiel der Landwirtschaft sehen ließ, zunehmend für sich vereinnahmt und die Ökonomie damit in weiten Teilen zu einer Art Rendite-Poker pervertiert hat, für dessen wenige solvente Mitspieler die Welt in erster Linie ein Casino ist. Die vielen anderen können sehen, wo sie bleiben.

In einer beeindruckenden Filmdokumentation über die Finanzkrise – *Der Banker – Master of the Universe* von Marc Bauder[22] – berichtet der Investmentbanker Rainer Voss ebenso nüchtern wie plastisch, wie die »Geldwirtschaft« funktioniert und warum die Finanzkrise von 2008 erst eine Art Vorspiel war. Dabei zeigen sich erstaunliche Parallelen zur Autobranche und zur Landwirtschaft. Hier wie dort heißt das alles überragende Ziel »Wachstum«, und das meint zunächst ausschließlich: Umsatzwachstum. Für solches Wachstum sind Nachhaltigkeit und erst recht die Kundenbelange höchstens sekundär. Das Ganze ähnelt mehr einem virtuellen Spiel, dessen oberste Regel denkbar simpel ist. Der Insider im Film: »Jedes Jahr zehn Prozent mehr, ganz egal, wie du das machst.« In diesem »egal, wie du das machst« zeigt sich die herrschende Geschäftsmentalität. Erlaubt ist, was funktioniert, der Erfolg rechtfertigt im Grunde jedes Mittel. Also wird gepusht und getrickst und die solcherart organisierte Skrupellosigkeit anschließend mit schöner Verantwortlichkeitsrhetorik übertüncht. »Je größer die Scheiße ist«, sagt der Banker im Film, »desto dicker sind die Corporate-Social-Responsibility-Broschüren.« Und er weiß auch, woran das System krankt: »Wenn von oben die Anweisung käme: Ab morgen wird beispielsweise nicht mehr gegen Währungen spekuliert – oder: Ab morgen werden keine faulen Kredite mehr gehandelt, dann wäre der ganze Spuk von einem auf den anderen Tag zu Ende.« Eine solche Anweisung erfolgt aber nicht, nicht einmal nach dem Crash, im Gegenteil. Nachdem sich etliche Banken buchstäblich »verzockt« hatten und mit Milliarden an Steuergeldern gerettet werden mussten, geht das Rennen mittlerweile munter weiter. Nach der Krise ist vor der Krise.

Und was sich hier im Finanzbereich austobt, findet, wie gesehen, ebenso in anderen Wirtschaftsbranchen statt und hat dadurch zunehmend auch unseren Alltag infiziert, in dem die Ego-Scharmützel der oben geschilderten Art zunehmen und fast schon zur Normalität geworden sind. Lauter kleine Ich-AGs, die miteinander konkurrieren und allesamt auf Wachstum aus sind, auf Selbstoptimierung und gern auch auf ganz schnöden Profit, der das eigene Ich ja irgendwie auch vergrößert – und sei es, weil man seinen »Erfolg« anschließend in bunten Selfie-Serien öffentlich, wenn auch unaufgefordert zur Schau stellen kann. Schaut her! Das bin ich, dort bin ich, das habe ich, das esse ich. Allein der Glaube, dass dies, außer vielleicht für den engsten Kreis »realer« Freunde, sofern noch vorhanden, für irgendjemanden von Belang sein könnte, spricht für einen besorgniserregenden Mangel an Empathie, die man, zusammen mit der Höflichkeit, auf eine dringend erforderliche Liste der akut bedrohten Tugenden setzen müsste.

Gleichzeitig entsteht hier, in dem neuen, in seinen Ausmaßen noch längst nicht absehbaren Möglichkeitsraum, den die Digitalisierung eröffnet, ein Widerstandspotenzial, das dem »Hyper-Kapitalismus« – so hat der Politikprofessor und ehemalige US-Arbeitsminister Robert B. Reich den Finanzkapitalismus einmal genannt – ein unverhofftes Ende bereiten könnte. Das sieht zurzeit zwar noch ganz und gar nicht danach aus. Aber gewissermaßen subkutan beginnen sich Kräfte zu entfalten, die der vorherrschenden linearen Steigerungslogik wie auch der Konzentration von Macht und Kapital entgegenwirken. Das mag angesichts von Google, Microsoft, Apple, Tesla, Bayer und all der anderen weiter wachsenden Konzerne abwegig klingen. Das ist es aber nicht.

Ich werde im weiteren Verlauf auf einige solcher Kräfte näher eingehen und zu zeigen versuchen, dass die digitale Welt, die im Entstehen ist, nicht nur allerlei Unsinn produziert und etliche Gefahren mit sich bringt, sondern dass ihre Funktionsweise die »Gesetze« des Kapitalismus praktisch aushebelt. Was immer sich digitalisieren lässt, ist im Überfluss vorhanden. Eigentum, Arbeit, Knappheit, Preise, all das, was unser heutiges »reales« Wirtschaften prägt, wird einen grundlegenden Bedeutungswandel erfahren.

Vorerst sieht das, wie erwähnt, noch ganz anders aus. Der »Geist des Kapitalismus«, so könnte man etwas blumig sagen, scheint sich auch die Fortschritte der Digitalisierung zunutze zu machen. Denn was lässt sich durch die schöne neue Technik nicht alles einsparen? In der Logik des Industriezeitalters sind etwa Maschinen, Schreibtische, Stühle und anderes Inventar im buchhalterischen Sinne »aktives Kapital«, während die Menschen, die Beschäftigten, nur auf der Kostenseite auftauchen. Und Kosten, das lehrt die Wissenschaft der Betriebswirtschaft, sollen möglichst gering gehalten werden. Nichts leichter als das! Im Zuge der Digitalisierung eröffnen sich hierfür ungeahnte Möglichkeiten. Algorithmen, Apps und lernende Maschinen bitten gewissermaßen zum sozialen Limbo-Tanz. Und es sind längst nicht mehr nur die Geringqualifizierten, die um ihr Einkommen fürchten müssen. Millionen Sachbearbeiterinnen und Sachbearbeiter, Zigtausende Bank- und Versicherungskaufleute, Tausende Steuer- und Finanzberater – und diese Berufe seien hier nur beispielhaft genannt, sie sind erst der Anfang – wären schon heute durch intelligente Assistenzsysteme ersetzbar. Arbeits- und Sozialgesetzgebung verhindern noch den ganz großen Kahlschlag. Nein – sagen wir: Sie verzögern ihn, denn dass er kommen wird, steht für mich außer Frage.

Als Bedrohungsszenario steht diese Sorge zwar immer mal wieder im Raum, scheint sich aber gar nicht zu bewahrheiten. Das ist jedoch kein Grund, sich irgendwie in Sicherheit zu wiegen. Solange die Umsätze steigen, und das sollen sie ja, gleichzeitig aber die Kosten gedrückt werden können – in der Produktion, bei den Angestellten, bei den Zulieferbetrieben, bei den Bauern –, steigen natürlich auch die Erträge. Das ist die ganz und gar schlichte Logik des neoliberalen Wirtschaftens. Und die funktioniert umso besser, je mehr Geld im Umlauf ist, das im Grunde keiner wirtschaftlichen Aktivität mehr dient, sondern auf seine bloße Vermehrung aus ist. Und so springt das vagabundierende Kapital von Anlage zu Anlage, lässt dabei beispielsweise in der Landwirtschaft zerstörte Existenzen und buchstäblich verbrannte Erde zurück, befördert dadurch jedoch, weil der »Gewinn« ja wieder woanders »investiert« wird, zugleich ein weiteres Wachstum, das auch den akuten Arbeits-

und Arbeitskräftebedarf kurzfristig mit sich nach oben zieht. Die Arbeitsmarktzahlen sind ganz wunderbar, auch die Steuereinnahmen sprudeln, und allenthalben wird über den Fachkräftemangel geklagt oder darüber, dass so viele Ausbildungsplätze unbesetzt bleiben.

Ich fürchte allerdings, es handelt sich hierbei um so etwas wie eine Scheinblüte. In der Botanik spricht man von einer »Notblüte«, wenn eine Pflanze kurz vor dem etwa durch Wasser- oder Nährstoffmangel drohenden Absterben noch einmal alle Kraft in die Blütenbildung leitet, um Samen zu hinterlassen, die dann vielleicht nach Beendigung des Mangels wieder keimen können. In der Natur funktioniert das, allerdings unter der Voraussetzung, dass der Mangel tatsächlich ein zeitlich begrenzter ist. Das aber vermag ich mit Blick auf die Wirtschaft nicht zu erkennen. Mit anderen Worten: Was für den Moment wie eine Erfolgsgeschichte aussehen mag und als solche ja auch propagandistisch genutzt wird, dürfte sich meines Erachtens schon in Kürze als problemverschärfend erweisen.

Es wäre daher deutlich gesünder, die durch die Digitalisierung ermöglichten Produktivitätssteigerungen – meinetwegen bei zunächst gleichbleibendem Output – für eine Verminderung des Arbeitsaufwandes zu nutzen, statt weiterhin der industriellen Wachstumsideologie zu huldigen. Denn was da jetzt noch wächst, ist in meinen Augen eine Art fehlgeleiteter »Notblüte«, die nach allen Regeln ökonomischer wie ökologischer Vernunft in einem Kollaps enden wird – schon allein aufgrund des selbstzerstörerischen Umweltverbrauchs. Drastisch formuliert: Während die Industriegesellschaft auf eine klar erkennbare Wand zufährt wie die *Titanic* auf den Eisberg, erhöht sie auch noch ihr Tempo.

Um den Teufelskreis aufzuzeigen, muss ich wiederum kein schweres Geschütz auffahren und etwa Klimawandel, Ressourcenknappheit, Schadstoffemissionen oder wachsende Ungleichheit thematisieren, obwohl jeder dieser Aspekte für sich einen zwingenden Anlass zur Neuausrichtung darstellt. Es genügt, sich im Alltag umzuschauen und die Dinge, die wir dort sehen und erleben, ein kleines Stück weiter zu denken, bloß von A nach B. Bäcker, Buchhändler, Berufe jeglicher Art können sich gegen die standardisierte Billig-Konkurrenz nicht länger behaupten, Bankfilialen werden geschlossen, Buslinien eingestellt, Bahnhöfe stillgelegt. Es kann deshalb »eigentlich« kaum ein Zweifel daran aufkommen, dass diese Tendenz des Schwindens – bezahlter – Arbeit und Dienstleistungen schon ausreicht, um das bestehende wirtschaftliche und gesellschaftliche System in seinen Grundfesten zu erschüttern.

Stück für Stück wird uns die Arbeit ausgehen, zuerst langsam, kaum spürbar, auch weil wir ja weiterhin, zunehmend unentgeltlich, permanent tätig sind, dann immer schneller. Nach Angaben des Arbeitgeberverbandes der privaten Bankwirtschaft[23] sind beispielsweise im deutschen Bankensektor seit dem Jahr 2000 schon rund 200 000 Stellen weggefallen, während in der Versicherungswirtschaft – ohne Vermittlungs- und Vertriebsunternehmen – im selben Zeitraum knapp 50 000 Arbeitsplätze abgebaut wurden. Die Banken haben damit bereits etwa 30 Prozent ihrer Belegschaften abgewickelt, die Versicherungen um die 20 Prozent, und weitergehende Reduktionen sind absehbar und zum Teil auch schon angekündigt. Schreibt man diese Entwicklung in die Zukunft fort und bezieht andere Branchen, etwa die Automobil- oder Energiewirtschaft, mit ein, ist die Arbeitsgesellschaft, wie wir sie kennen, perdu. Da helfen auch keine avancierten Umschulungs- und Fortbildungsmaßnahmen mehr.

Die Ursachen für den gerade erwähnten Stellenabbau bei Banken und Versicherungen sind sicherlich vielfältig und von

Fall zu Fall, von Branche zu Branche durchaus unterschiedlich. Es kann aber kein Zweifel daran bestehen, dass Automatisierung und Digitalisierung hierbei zu den treibenden Kräften gehören. Und deren Entwicklung schreitet voran. Dass Stellenabbau-Zahlen wie die oben genannten bislang – noch – kein großes Aufsehen erregen, dürfte vor allem damit zusammenhängen, dass die Altersstruktur der Belegschaften in vielen Fällen eine gewissermaßen sozialverträgliche Ruhestandslösung ermöglichte. Das wird aber nicht so bleiben, und es ändert nichts daran, dass sich hier ein Wandel vollzieht, dessen Konsequenzen nach politischen und gesellschaftlichen Antworten verlangen, die bisher noch ausstehen – oder erst in tastenden Suchbewegungen diskutiert werden.

Wir müssten uns zuallererst über die Verteilung von Geld beziehungsweise Einkommen und über die Verteilung von mit und ohne Arbeit zu verbringender Zeit verständigen. Auf Ersteres möchte ich nur ganz kursorisch eingehen. Es handelt sich hierbei im Wesentlichen um ein organisatorisches Problem, das qua gesellschaftlicher Übereinkunft gelöst werden könnte. Dazu gibt es mittlerweile auch diskutable Vorschläge, die ich kurz skizzieren werde. Das Thema »Zeit« hingegen treibt mich schon länger um. Es ist weit weniger fassbar als das Thema »Geld«, aber, wie ich glaube, von sehr viel größerer Bedeutung für unser Selbst- und Weltverständnis, für unsere Zukunftsvorstellungen, für unsere Beziehungen zu anderen Menschen und zur Umwelt, auch für unser Wirtschaften, leider in zumeist fehlgeleiteter Weise. Dies etwas anschaulicher zu machen, will ich mich in den nächsten Abschnitten bemühen.

Zunächst aber noch einmal und abschließend zum »verfluchten« Geld: Antworten auf die Frage, wie wir mit dem Wandel der Arbeitsgesellschaft, wie wir mit dem Schwinden von bezahlter Tätigkeit umgehen wollen, werden ganz sicher nicht gefunden, wenn wir den Werkzeugkoffer des vergangenen Jahrhunderts öffnen. Weiterbildungs- und Qualifizierungs-Initiativen sowie Sozialhilfe-Programme, so sinnvoll und hilfreich sie im Einzelfall gewesen sein mögen und noch immer sind, haben in der Summe schon im ausgehenden Industriezeitalter nicht wirklich gegriffen. Für die bevorstehende Entwicklung sind sie völlig ungeeignet. Die Menschen auf niedrigem Niveau zu alimentieren und ihnen, unter Androhung des teilweisen Entzugs der Unterstützung, Aktivitäten und »Fortbildungsmaßnahmen« abzuverlangen, die ihnen nicht angemessen sind oder die für eine Arbeitswelt »fit« machen, die dem Untergang geweiht ist, wäre verantwortungslos und unwürdig. Und dass sich beispielsweise die in Finanzbehörden und Buchhaltungen freigesetzten Fachkräfte anschließend alle in Programmierer oder Webdesigner wandeln, ist wohl schwerlich anzunehmen.

Die alten arbeitsmarkt- und sozialpolitischen Reflexe müssen unter den veränderten Bedingungen wirkungslos bleiben und verschwenden damit individuelle, finanzielle und gesellschaftliche Potenziale, die wir dringend brauchen – und die wir einsetzen könnten, indem wir die Menschen in die Lage versetzen, ihren eigenen Interessen zu folgen und ihre eigenen Stärken zu entfalten. Natürlich wird nicht jede und jeder eine solche Chance nutzen. Aber ich bin absolut sicher, dass die Menschen das in sie gesetzte Vertrauen insgesamt mit sozusagen großer Münze zurückzahlen würden. Und diese Zuversicht ist weit mehr als eine bloße Hoffnung. Wer schon einmal erlebt hat, wie sich Mitarbeiter motivieren lassen, wenn man ihnen Wertschätzung entgegenbringt und ihnen Verantwortung überträgt, weiß, wovon ich rede.

Im Wesentlichen werden zurzeit drei Modelle diskutiert, wie eine Gesellschaft den abnehmenden Bedarf an menschlicher Arbeit sozial bewältigen könnte. Alle diese Modelle sind vor dem Hintergrund des über Jahrhunderte eingeübten Leistungsprinzips aktuell sicher noch nicht durchsetzungsfähig, wie zum Beispiel eine Volksbefragung zum Grundeinkommen in der Schweiz im Jahr 2018 gezeigt hat. An deren Grundlogik führt aber meines Erachtens mittelfristig kein Weg vorbei, wenn wir als Gesellschaft, die von geteilten Werten getragen und vom Gemeinwohl zusammengehalten wird, weiter existieren wollen.

Das erste dieser Konzepte ist denkbar einfach: Jeder Bürger erhält ohne Prüfung der Bedürftigkeit wie auch ohne anderweitige Auflagen den gleichen monatlichen Geldbetrag, der einen Mindestlebensstandard für alle gewährleistet. Wer gern mehr Geld zur Verfügung hätte, kann sein Budget durch bezahlte Tätigkeiten jederzeit aufstocken. Ein solches »bedingungsloses Grundeinkommen« würde das Sozialsystem in seiner heutigen Form weitgehend überflüssig machen und wäre damit zu einem nicht unerheblichen Teil – die Sozialausgaben in Deutschland beliefen sich im Jahr 2017 auf knapp 1000 Milliarden Euro – bereits vorfinanziert.

Die Forderung nach einem solchen Garantieeinkommen ist übrigens überraschend alt und wurde schon im 19. Jahrhundert etwa von Charles Fourier in Frankreich oder von Thomas Paine in Amerika erhoben, der damit den ungerechten Umstand ausgleichen wollte, dass die einen in eine reiche Familie hineingeboren werden und die anderen nicht. Die Idee fand in der Folge immer wieder prominente Unterstützer, etwa Bertrand Russell oder Martin Luther King. Auch Ökonomen aus dem linken wie dem rechten Lager, etwa James Tobin, John Kenneth Galbraith oder Milton Friedman und selbst Friedrich Hayek, standen dem Vorschlag aufgeschlossen gegenüber.

Der konservative Ökonom und Nobelpreisträger Milton Friedman war es auch, der dem bedingungslosen Grundeinkommen ein zweites Modell an die Seite stellte: die negative Einkommensteuer. Das klingt kompliziert, ist aber im Grunde ebenfalls ganz einfach. Oberhalb eines zu definierenden Grenzeinkommens – das könnte etwa der sogenannte Median, also das mittlere Einkommen sein, das in Deutschland für einen Einpersonenhaushalt 2018 bei knapp 1400 Euro lag – ist jeder zusätzliche Euro regulär zu versteuern, unterhalb dieses Grenzeinkommens würde ein negativer Steuersatz von 50 Prozent greifen. Das heißt, wenn ich nur 1000 Euro verdiene, würde ich 200 Euro vom Staat dazuerhalten, wer gar nichts verdient, bekäme 700 Euro vom Finanzamt. Und da der positive Steuersatz insbesondere zu Beginn deutlich niedriger ausfiele als der negative und auch der Spitzensatz noch unterhalb der 50 Prozent bliebe, verbindet dieser Ansatz gewissermaßen ein garantiertes Mindesteinkommen – in unserem Beispiel 700 Euro – mit dem Anreiz, zu arbeiten, selbst wenn der Lohn für eine Tätigkeit niedrig ist.

Ein dritter, vergleichsweise komplizierter Ansatz nimmt den Grundgedanken der negativen Einkommensteuer auf und plädiert dafür, menschliche Arbeit zu subventionieren. Da Lohn- und Einkommensteuer, Gesundheits- und Altersvorsorge die menschliche Arbeitskraft auch für die Arbeitgeber verteuern, wird es durch die zunehmenden Kompetenzen wie durch die abnehmenden Preise der digitalen Technologien für Unternehmen immer attraktiver, menschliche Arbeit durch Maschinen zu ersetzen. Diesem Trend kann, zumindest theoretisch, entgegengewirkt werden, wenn der Staat Abgaben auf digitale Arbeit einführt, sie also verteuert, und die Abgaben auf menschliche Arbeit im Gleichschritt reduziert, menschliche Arbeitskraft also indirekt subventioniert. Wenn sich die Entwicklung der vergangenen Jahre fortsetzt – und das wird sie –, wäre die Einführung einer wie immer gearteten Maschinen-Steuer ohnehin erforderlich, um die unabdingbaren staatlichen Leistungen auch künftig finanzieren zu können. Das ist allerdings nicht trivial, es erforderte einen komplexen Umbau des Steuersystems, und es ist durchaus riskant, weil es sich als Innovationsbremse erweisen könnte. Allein der Verdacht solcher »Technikfeindlichkeit« wird erhebliche Vorbehalte provozieren.

Auch wenn ich mich hier auf keines der skizzierten Modelle festlegen mag, halte ich eine Diskussion darüber für zwingend. Dass ich keine eindeutige Präferenz habe, liegt vor allem daran, dass jedem dieser Ansätze möglicherweise noch »zu viel« Gegenwart anhaftet, die linear fortgeschrieben wird. Das ist zwar allen Zukunftsentwürfen eigen. Es ist aber durchaus nicht ausgeschlossen, dass sich andere Koordinaten ebenfalls verändern. Ja, zurzeit ist es so: Wir alle brauchen Geld für unseren Lebensunterhalt. Der Staat braucht Geld, um seine Aufgaben zu erfüllen. Und die Unternehmer wollen möglichst viel Geld verdienen – und das sollen sie auch, wobei hier über Begrenzungen durchaus zu sprechen sein wird. Aber wie sieht das in zwanzig Jahren aus? Irgendein Austausch- und Bewertungsmedium wird es zweifellos geben. Aber Geld? Als Gradmesser wofür? Für Arbeit? Für Leistung? Für Eigentum? In einer durch Überfluss gekennzeichneten digitalen Welt? Ich kenne viele Leute, die ihr Portemonnaie schon heute nur noch für Notfälle dabeihaben und selbst ihre Brötchen mit Karte bezahlen. Und auch die »Karte« ist doch bereits auf Abschiedstour; künftig werden vielleicht irgendwelche körperlichen Merkmale von uns oder ein Chip-Implantat an der Kasse genauso gescannt wie die im Einkaufswagen durchgeschobenen Waren. Wenn es dann überhaupt noch Kassen und Einkaufswagen gibt.

Insofern kann es sein, dass auch die drei angeführten Modelle lediglich Übergangsszenarien darstellen, über die wir uns gleichwohl verständigen müssen, weil wir die Zukunft nur aus der Gegenwart heraus sowohl bedenken als auch erreichen können. Denn auch wenn uns nichts weniger als eine Sozialrevolution bevorsteht, sind wir gezwungen, uns immer auch mit dem unmittelbaren Jetzt zu beschäftigen. Und dieses »Jetzt« ist durchaus widersprüchlich, insbesondere was unseren Umgang mit dem vielleicht Kostbarsten angeht, über das jeder Einzelne von uns verfügt: unsere Lebenszeit.

Nach heutigem Stand gehen die meisten von uns mit ihrer Zeit fahrlässig um. »Zeit ist Geld« lassen wir uns von den Apologeten des Wachstums und der Effizienz einreden, die damit natürlich *ihr* Geld und *unsere* Zeit meinen. Also hetzen wir durch den Alltag, ohne wirklich zu wissen, warum und wohin, und wundern uns nicht selten, wieso uns das Gefühl quält, immer weniger Zeit zu haben, obwohl doch all die schöne neue Technik beständig mit dem Versprechen daherkommt, uns immer mehr Aufgaben abzunehmen, damit wir mehr Zeit für uns haben. Erstens scheint das ganz überwiegend nicht zu stimmen. Zweitens stellen wir fest, dass wir, wenn wir die wenige »gewonnene« Zeit tatsächlich einmal »für uns« nutzen wollen, gar nicht mehr wissen, wozu.

Also hetzen wir auch in der vermeintlich »freien« Zeit immer weiter. Es gibt schließlich immer irgendetwas zu erledigen, wie sinnvoll oder sinnlos es auch sein mag. Einfach mal gar nichts zu tun, ist für viele unvorstellbar und unerträglich. Dabei gäbe es gar nichts Besseres, als seine Zeit vor all den »Zeitdieben« zu schützen und sie stattdessen einmal genüsslich zu »verschwenden«.

Das Effizienz-Paradox

»Die Leute, die niemals Zeit haben,
tun am wenigsten.«
Georg Christoph Lichtenberg

In seinem Märchen-Roman *Momo* lässt Michael Ende ein kleines, zartes Mädchen namens Momo gegen eine Übermacht ominöser grauer Herren antreten. Von diesen Männern, die unentwegt kleine graue Zigarren rauchen, geht eine eisige Kälte aus. Sie treten als Agenten einer »Zeitsparkasse« auf und rechnen den Menschen vor, wie viel Zeit sie sparen und wie viel mehr sie schaffen könnten, wenn sie auf angeblich nutzlose Tätigkeiten verzichteten. Und die Leute finden das plausibel. Also beginnen sie, Zeit zu »sparen«, sie arbeiten schneller, machen kaum noch Pausen und gönnen sich keine Vergnügungen mehr. Doch obwohl bald alle mehr Geld verdienen und viele es zu einigem Wohlstand bringen, wird das Leben immer ärmer. Niemand hat mehr Zeit füreinander, alle hetzen durch den Tag und leiden unter einem immer stärker werdenden Grundgefühl: Man ist effizient, man spart permanent Zeit und hat doch immer weniger davon.

Tatsächlich wird ihnen die Zeit von den grauen Herren gestohlen, es sind »Zeitdiebe«, die nicht das Wohl der Menschen im Sinn haben, sondern auf wertvolle Beute aus sind, die wertvollste überhaupt: Zeit. Momo durchschaut das üble Spiel, und am Ende gelingt es ihr in einem hin und her wogenden Kampf und mit der Hilfe guter Mächte, die Menschen aus der Beschleunigungsfalle zu befreien und ihnen die Freude am Leben und am zweckfreien Miteinander wiederzugeben.

So weit das zeitlos schöne Märchen, das natürlich einen märchenhaft guten Ausgang nehmen muss. In unserer Wirklichkeit ist die Macht der »grauen Herren« indes ungebrochen, ja, sie nimmt stetig weiter zu, während uns die Zeit davonzurinnen scheint. Immer mehr Menschen entwickeln das – häufig krank machende – Gefühl, dem Veränderungstempo nicht länger gewachsen zu sein und »aus der Kurve getragen« oder »abgehängt« zu werden. Es ergeht uns wie den Protagonisten in Michael Endes bereits 1973 veröffentlichtem Roman: Immer ausgefeiltere Techniken helfen uns, immer mehr Zeit zu »sparen«, und doch haben wir immer weniger davon.

Dieses seltsame Paradox scheint mir geradezu eine Grunderfahrung der Gegenwart zu sein, deren prägendstes Merkmal ja tatsächlich die Beschleunigung ist. Immer mehr in immer kürzerer Zeit zu schaffen, ist das mantramäßig gepredigte Ideal des Industriezeitalters, das uns in Fleisch und Blut übergegangen zu sein scheint. Denn die permanente Temposteigerung prägt ja längst nicht mehr »nur« Wirtschaft und Arbeitswelt, sie hat ebenso das soziale wie das ganz private Leben erfasst. Auch die »freie« Zeit ist zum Teil auf das Engste durchgetaktet, der Tag ist nicht selten zu kurz, um zu erledigen, was man sich vorgenommen hat. Erwerbstätige wie nichterwerbstätige Menschen klagen daher zunehmend über Stresssymptome. Aber was (oder wer) treibt die sich steigernde Dynamik an? Woraus speist sie sich? Und wohin wird sie uns führen?

Eine Antwort auf diese Fragen ist dringender denn je. Denn wir haben ja tatsächlich auch in anderer Hinsicht keine Zeit mehr: Wenn die sich mittlerweile selbst beschleunigenden Prozesse ungehemmt weiterlaufen, werden wir schon sehr bald völlig unvorbereitet vor Verwerfungen stehen, die wir gar nicht mehr durchschauen und also auch nicht beherrschen können. Aber wie sollen wir an morgen denken, wenn uns das Heute schon überfordert? Diese Frage berührt ein Grundproblem unseres Lebens und Wirtschaftens: Denn wenn wir der Zukunft kein Ziel geben, an dem wir unser Handeln gestaltend ausrichten – das ist ja, wie wir gesehen haben, das Versäumnis etwa der Automobilindustrie, deren einziges Streben offenbar darin besteht, gestrige Erfolge im Jetzt zu konservieren –, werden wir im Geschwindigkeitsrausch umkommen.

Angesichts der grundstürzenden ökonomischen, technologischen, sozialen und demografischen Entwicklungen, die derzeit über uns hereinbrechen, entwickeln immer mehr Menschen schon gegenwärtig eine Art Tsunami-Gefühl. Der »Fortschritt« schwemmt ihre, unsere Zukunft weg. Das erzeugt Angst. Und wer Angst hat, findet nichts Eigenes mehr, woran er sich ausrichten könnte. Wir haben das Maß verloren. Wenn wir es nicht bald wiederfinden, um damit dem gesellschaftlichen und wirtschaftlichen Geschehen wieder unsere eigenen Werte zugrunde zu legen, werden, so fürchte ich, Verunsicherung, Unmut und Unzufriedenheit entweder in abgrundtiefe Verzweiflung münden oder sich in handfesten sozialen Konflikten entladen, wie sie sich überall in Europa bereits mehr als nur andeuten.

Dabei ist es auch in diesem Fall gar nicht nötig, solche extremen Konsequenzen – wie Pegida oder die Gelbwesten-Proteste, Rechts- und Linksextremismus, Fremdenfeindlichkeit und Antisemitismus – mahnend zu beschwören. Um die Effizienzfalle zu erkennen, in die uns die »Zeitdiebe« locken, genügt es durchaus, des eigenen Erlebens gewahr zu werden. Dann würde uns schnell bewusst werden, dass die Beschleunigung, der wir uns ausgesetzt sehen und der wir uns durch die »grauen Herren« aussetzen lassen, sozusagen immer »widersprüchlicher« wird. (Die Anführungszeichen habe ich in diesem Fall bewusst gesetzt, weil ich mir, als gelernter Germanist, natürlich darüber im Klaren bin, dass ein Widerspruch sprachlich schwerlich steigerungsfähig ist, psychologisch aber durchaus.) So erleben wir es jedenfalls: Unser Alltag ist durch viele sich verschärfende Paradoxien geprägt, an deren Zustandekommen wir sicher ungewollt, aber tatkräftig mitwirken. Solche »Doublebinds« stiften notwendig Verwirrung, die dann in ein wachsendes Unbehagen an der Gegenwart mündet, in der wir uns nicht mehr recht zu orientieren wissen.

Ein erstes Paradoxon, das Ihnen, liebe Leserin, verehrter Leser, vermutlich sofort vertraut vorkommen wird, ist schnell benannt. Es ist eben das schon skizzierte Gefühl, dass die Uhr scheinbar immer schneller tickt, dass wir trotz aller neuen technischen Hilfsmittel, die uns alle möglichen Vorgänge und Tätigkeiten abnehmen, trotz aller Automatisierung und algorithmengesteuerter Assistenzsysteme immer weniger Zeit haben und irgendwie auch immer mehr arbeiten. Von Entlastung ist jedenfalls im Alltag nichts zu spüren! Das ist seltsam und doch leicht zu erklären.

Zum einen sind wir aufgrund vieler lässlicher Unvernünftigkeiten selbst schuld daran. Natürlich dauert es länger, mit einem Dutzend Textnachrichten per Mail, SMS oder WhatsApp einen Telefontermin zu vereinbaren, anstatt einfach anzurufen; ebenso sind die Vervielfachung der überwiegend sinnfreien Kommunikationsschleifen auf den verschiedenen sozialen Plattformen oder das Auffinden und unaufgeforderte Versenden lustiger Katzenvideos, um nur einige harmlose Beispiele zu nennen, zeitökonomisch ganz sicher kein Gewinn; auch das alltägliche Löschen der vielen gewerblichen Mails, die automatisch generiert und von Bots an alle Adressen verschickt werden, derer man habhaft werden konnte, ist ein leidiger Zeitfresser. Zum anderen ermöglicht die sich stetig ausweitende Internetökonomie den Anbietern von Gütern und

Dienstleistungen, immer mehr Tätigkeiten, die sie früher selbst erbracht haben, technisch elegant an die Kunden zu delegieren – und ihnen diese Lastenübergabe dann auch noch als Autonomiegewinn schmackhaft zu machen.

Was tun wir heute nicht alles quasi freiwillig und ohne jede Vergütung, was einst bezahlte Arbeit gewesen ist, von der Fotobearbeitung bis zur Konfiguration des neuen Autos, von der Hotelreservierung bis zur Flugbuchung, inklusive Check-in, vom Ausfüllen behördlicher Online-Formulare über das Onlinebanking bis zum Einscannen der Waren an der Supermarktkasse. Und die Arbeit, die wir da leisten, sowie die Zeit, die wir dafür aufbringen, fallen eben auf der Anbieterseite nicht mehr an, wodurch deren Produktivität enorm gesteigert wird, bei sinkender Kostenquote.

Und natürlich geht durch unsere unbezahlte Arbeit klassische Erwerbsarbeit verloren, die nun eben nicht mehr erbracht werden muss, wie ein massiver Stellenabbau etwa bei den Finanzinstituten schon hinlänglich belegt. Ich selbst könnte gar nicht mehr genau angeben, wann ich das letzte Mal eine Bankfiliale betreten habe. Diese Entwicklung, die immer stärkere Annäherung von Arbeit und Freizeit, Produktion und Konsum wird sich noch massiv ausweiten und das Spektrum bezahlter Dienstleistungen in allen Bereichen des privaten und öffentlichen Lebens enorm verkleinern, beispielsweise im Gesundheitswesen, wo die Patienten einen immer größeren Teil der Anamnese und Diagnose mithilfe entsprechender Apps in Zukunft selbst erledigen werden; im Gegenzug wird dann allerdings der Kühlschrank im künftigen »Smart Home« angeblich meinen Bedarf kennen und das zur Neige Gehende automatisch nachbestellen. Gute Güte, was das für Zeit sparen wird.

Vieles davon passiert schon jetzt ganz konkret, bleibt aber in seinen gesellschaftlichen Konsequenzen weithin unbeachtet, weil wir den persönlichen Mehraufwand zwar spüren, den damit verbundenen Wegfall von Arbeitsplätzen aber bislang kaum zur Kenntnis nehmen. Doch woran liegt das? Mit dieser Frage berühren wir ein zweites Paradoxon unserer gegenwärtig etwas unübersichtlichen Lage, das schon weit weniger leicht zu erklären ist. Da gibt es immer mehr Experten aus renommierten Instituten und Beratungsfirmen, die einen massiven Arbeitsplatzverlust in den nächsten Jahren in nahezu allen Branchen vorhersagen. Demnach würden bis zu 50 Prozent der uns heute bekannten Berufe durch Automatisierung, Roboterisierung und Algorithmisierung schon bald nicht mehr gebraucht werden. Und nach allem, was ich bis hierher beschrieben habe, sprechen die Indizien eindeutig dafür, dass diese Experten in der Tendenz – auf Zahlen und Zeitabläufe kann und will ich mich nicht festlegen – richtig liegen. Der sogenannte Arbeitsmarkt verändert sich rasant und wird sich drastisch verkleinern, so viel ist sicher.

Auf der anderen Seite lesen und hören wir allenthalben, ich habe das oben bereits angedeutet, dass die wirtschaftliche Situation halbwegs stabil ist. Ach, weit mehr als das: Die Steuereinnahmen sprudelten in den letzten Jahren wie nie zuvor, die Arbeitslosenquote ist so niedrig wie seit dreißig Jahren nicht, der Mittelstand, das vielbeschworene Rückgrat unserer Wirtschaft, sei gut aufgestellt, heißt es, und Deutschland ist trotz aller weltweiten Turbulenzen weiterhin Exportweltmeister. Vom Ende der Arbeit keine Spur, im Gegenteil. Denn das Einzige, was die guten Nachrichten bisweilen trübt und Unternehmer wie Politiker dennoch sorgenvoll in die Zukunft blicken lässt, ist nicht etwa ein Schwinden, sondern ein Zuviel an Arbeit. Überall fehlt es an Manpower. Es mangelt an Fachkräften, an Auszubildenden und an Handwerkern, an Pflegepersonal und Lehrern sowieso. Viele Firmen, Handwerksbetriebe und Klinikbetreiber schlagen Alarm, weil sie schon seit geraumer Zeit nicht mehr genügend qualifizierte Bewerberinnen und Bewerber finden und häufig schon dazu übergehen, ihre Mitarbeiter mit allerlei Lockangeboten – bezahlter Sprachkurs, Wohnungsbeschaffung, Prämien – im nahen und fernen Ausland zu rekrutieren.

Wie das? Und was denn nun? Beide sich widersprechenden Tendenzen können ja unschwer zutreffen. Verschwinden nun die Arbeitsplätze oder erleiden wir einen Arbeitskräftemangel? Tatsächlich, und das sorgt für entsprechende Verwirrung, findet beides statt, gleichzeitig, Doublebind, wobei die zuerst genannte Entwicklung gewissermaßen »nachhaltiger« ist. Um die zweite unstrittig evidente Tendenz, den boomenden Arbeitsmarkt, zu erklären, habe ich oben auf die Botanik verwiesen, auf das Phänomen der sogenannten Angst- oder Notblüte: Kurz vor dem dohenden Absterben zeigen Pflanzen noch einmal ihre ganze Pracht, und das durchaus nicht ohne Grund. Das vegetative Wachstum wird eingestellt und die verbleibende Energie in generatives Wachstum, also etwa in Blütenbildung, umgelenkt, um Samen zu erzeugen, die dann hoffentlich die schlechten Zeiten überdauern. Auch von sterbenden Menschen wird oftmals berichtet, dass sie kurz vor ihrem Tod noch einmal eine Hochphase erleben können.

Ohne die Analogie hier überstrapazieren zu wollen, lässt sich das Geschehen in der Dekade nach der Finanzkrise, in der sich gewissermaßen das Ende des Finanz- und Industriekapitalismus ankündigte, ganz ähnlich deuten. Deren wesentliche Ursache war eine künstlich aufgeblähte Geldmenge, also viel zu viel billiges Geld, das dann in alle möglichen windigen Kredite floss und die Schulden weltweit auf 100 Billionen US-Dollar anschwellen ließ. Und wie wurde die Krise bekämpft? Mit noch mehr billigem Geld und historisch niedrigen Zinsen, sodass sich der Schuldenstand seit 2008 noch einmal mehr als verdoppelt hat. Damit sind aber letztlich die Probleme im Finanzsystem nicht gelöst worden. Im Gegenteil, durch die Rettungspakete der Notenbanken wurde das System erneut gigantisch aufgebläht. Begrenzung durch Entgrenzung? Noch nie gab es mehr Schulden, noch nie war mehr Geld unreguliert im System als heute, sodass ein neuerlicher Crash nur eine Frage der Zeit ist. Notblüte. Aufleben vor dem Ableben.

In einem offenen »Brief an junge Ökonomen«, der von *Spiegel Online* veröffentlicht wurde[24], hat der renommierte Management-Lehrer Fredmund Malik schon 2011 gewarnt, dass die gerade erlebte Finanzkrise nicht etwa überwunden, sondern nur ein Vorspiel gewesen sei: »Was an der Oberfläche für viele wie eine Wirtschaftskrise aussieht, sind in Wahrheit die Geburtswehen der neuen Welt, in der fast alles anders sein wird als bisher.« Dieser Übergang zu einer »neuen Gesellschaftsordnung« würde Wirtschaft und Politik vor »komplexeste Herausforderungen« stellen, die mit herkömmlichen Denkweisen und Methoden nicht zu meistern seien. »Schon in wenigen Jahren«, so Malik weiter, werde es deshalb »wahrscheinlich die Hälfte und mehr der heutigen Global-Fortune-500-Unternehmen« – also der umsatzstärksten Firmen weltweit – »nicht mehr geben«.

Nun gut, die Festlegung auf »wenige Jahre« klingt recht unbestimmt, und es ging dann ja stattdessen, wie beschrieben, erst einmal wieder steil aufwärts. Und dennoch fürchte ich, Fredmund Malik wird recht behalten. Denn nach wie vor dominieren die »herkömmlichen Denkweisen und Methoden«. Aber ein solches Denken und Handeln ist schlicht nicht mehr zeitgemäß, sowohl aus vielen der bis hierhin schon genannten Gründe im Besonderen als auch vor dem Hintergrund einer sozusagen geistigen Entwicklung im Allgemeinen – es ist einem Zeitbewusstsein verhaftet, dessen Untergang wir gerade beiwohnen. Und »Untergang« ist das richtige Wort, denn es wird kein abruptes Ende sein, sondern ein langer, langsamer Abschied.

Ich will mich bemühen, diese kryptische Bemerkung auf den kommenden Seiten ein wenig zu erhellen, wenngleich ich einräumen muss, dass ich mich damit auf ein Terrain begebe, für das ich vermutlich nicht wirklich geländetauglich bin und das sich darüber hinaus auch nicht nebenbei erschließen lässt, sondern eines eigenen Buches bedürfte. Ich werde deshalb lediglich eine kurze Exkursion – ohne SUV – unternehmen, um in ganz groben Strichen die in unserem Kontext aus meiner Sicht wichtigen Zusammenhänge nachzuzeichnen.

Wir werden Stück für Stück aus der uns vertrauten Zeit fallen, deren Verteilungsmechanismen, wie beispielsweise Kalender oder Arbeitszeitpläne, das Gesellschaftsleben seit einigen Hundert Jahren buchstäblich beherrschen, so wie unsere Vorfahren mit der Einführung und Durchsetzung der Uhr aus ihrer, der »natürlichen« Zeit gefallen sind. Von da an gab es Fortschritt, möge jede und jeder selbst entscheiden, wie dieses Fortschreiten von heute aus zu beurteilen ist.

Was uns die »neue Zeit« bringt, vermag ich nicht auch nur halbwegs präzise vorherzusagen, es ist aber in Ansätzen durchaus absehbar. Und diese Ansätze haben, wie schon die Veränderungen von der »natürlichen« zur »sozialen« Zeit, das Potenzial zum Guten wie zum Schlechten. Es liegt an uns.

Aus der Zeit gefallen

»Das Leben ist kurz, nicht so sehr wegen
der kurzen Zeit, die es dauert, sondern wegen
der Kürze der Zeit, die wir haben, es zu genießen.«
Jean-Jacques Rousseau

Zeit kann man weder sehen noch hören, weder schmecken, riechen noch fühlen. Sie ist immer da, mit uns, ohne uns, und ist in das Leben der Menschen und in die Natur eingebunden: als Wechsel, Rhythmus, Zyklus. Tag und Nacht, Aussaat und Ernte, Ebbe und Flut, Frühling, Sommer, Herbst und Winter bestimmten das Leben der Menschen über viele Jahrtausende. Zeit, das war für eine lange Phase der Menschheitsgeschichte vor allem das Wetter, was sich in den romanischen Sprachen, in denen »Zeit« und »Wetter« ein und derselbe Begriff sind, bis heute widerspiegelt. Dass sich die Zeit einmal aus allen Lebenswirklichkeiten herauslösen und unabhängig von aller Natur zu ticken beginnen würde, wäre der Welt vor der Uhr so unwahrscheinlich vorgekommen wie einem Charles Darwin die Vorstellung von der unbefleckten Empfängnis.

Und doch hat es sich genau so ereignet, mit der Zeit jedenfalls, über die Empfängnis will ich lieber schweigen. Irgendwann im Verlaufe des 12. Jahrhunderts entstieg die Uhr aus dem Dunkel des Mittelalters. Diese etwas wolkige Formulierung ist hier durchaus angebracht, denn die Geschichte der Uhr ist von eher märchenhaftem Gepräge, ihre Herkunft und Urheberschaft sind legendenumrankt, aber letztlich ungewiss. Die »Uhrzeit« ist eine Erfindung, deren Zustandekommen nie ganz aufgeklärt werden konnte. Und das ist schon erstaunlich, denn die Auswirkungen dieses neuartigen Räderwerkautomaten sind grundstürzend. Das Aufkommen der mechanischen Uhr markiert in einem überaus präzisen, greifbaren Sinn den Beginn einer neuen Zeit, der Neuzeit. Das Zerlegen der Zeit in messbare Einheiten sowie die Vorstellung eines zeitlichen Fortschreitens, das ein Vorher von einem Nachher zu unterscheiden erlaubt, sind gedankliche Operationen, die tatsächlich einen Zeitriss darstellen, der das Denken aus den Bahnen der Antike und letztlich auch des Christentums herauskatapultierte. Erst mit der Uhr kommen sowohl die Idee eines souveränen Subjekts als auch die Idee des Fortschritts in die Welt.

Eine »Revolution der Zeit« überführte das zuvor eher ungenaue, flüssige Zeitmaß ins Innere eines Räderwerks und entledigte sich damit jeglichen Angewiesenseins auf die natürlichen Elemente, auf Sonne, Wasser und Sand, ja selbst auf den Sternenhimmel. Was mit einer Kultur und Gesellschaft und was im Denken der Menschen passiert, wenn ihnen die Uhr zu Kopf steigt, kann ich hier unmöglich im Detail nachzeichnen, sondern nur beispielhaft veranschaulichen. Dass es einen Unterschied macht, ob mich morgens die Kirchturmuhr beziehungsweise der Wecker oder die aufgehende Sonne aus dem Schlaf ruft, dürfte einleuchten. Der Tagesrhythmus löst sich von den Jahreszeiten ab, wenn der Wecker stets zur gleichen Uhrzeit schrillt. Das mag harmlos klingen, hatte aber tatsächlich massive gesellschaftliche Veränderungen und Machtverschiebungen zur Folge, die über einige Hundert Jahre heftig umkämpft waren.

Insbesondere der im Mittelalter nahezu allmächtige Klerus sperrte sich lange und vehement gegen das neue mechanistisch-materialistische Denken. Das religiöse Zeitbewusstsein entsprach, vereinfacht gesagt, im Wesentlichen der natürlichen Zeit. Die Ordnung aller menschlichen und natürlichen Dinge war göttlichen Ursprungs und also perfekt, ohne jeden Makel. Ein Fortschritt, wie wir ihn kennen – inklusive Wachstum und Beschleunigung –, war darin nicht vorgesehen. Das irdische Leben dürfte für die meisten Menschen des Mittelalters zwar ein Jammertal gewesen sein, es war aber vom Schöpfer so vorherbestimmt: als Durchgangsstadium zur glückseligen Ewigkeit für die Gottesfürchtigen oder als Weg in die Verdammnis für alle gegen Gott Aufbegehrenden. Die Welt, wie ihr Schöpfer sie uns übergeben hatte, verändern oder verbessern zu wollen, war ein solches Aufbegehren und galt über Jahrhunderte als Blasphemie, die mit den strengsten Strafen geahndet wurde.

Dann kam die Uhr in die Welt und »verwirrte« das Denken mit einer Wucht, der sogar die unfassbar mächtige Kirche, trotz lang anhaltenden Widerstands, am Ende nicht gewachsen war. Ein von Menschen »geformtes« Werkzeug wurde zum göttlichen Prinzip erklärt und Gott zu einem Uhrmacher degradiert. Das ganze Universum samt der lebendigen Natur erfuhr eine mechanistische, rationalistische Umdeutung. Dadurch geriet eine Zukunft in den Blick, die nicht im Jenseits lag, sondern schon im Diesseits, auf Erden erreicht werden konnte. Und diejenigen, die darüber »aufklärten«, waren fast alle von dem meisterhaften Räderwerk der Uhr inspiriert.

Den Anfang machte Francis Bacon in der ersten Hälfte des 17. Jahrhunderts mit seiner Schrift *Novum Organum*. Darin propagierte er eine »wissenschaftliche Methode«, die es erlauben würde, »über alle natürlichen Dinge zu herrschen« und damit die Kontrolle über die Zukunft zu gewinnen. Und das sei möglich, weil das Universum eine geordnete, uhrenähnliche Anlage sei, deren Funktionsprinzipien sich auf die gleiche Art erkennen lassen, wie wenn ein Uhrmachermeister eine

Uhr auseinandernehme, um ihre Teile zu analysieren. Diese Vorstellung von einem »Uhrwerksuniversum«, das nach den gleichen mechanistischen Prinzipien zusammengesetzt sei wie eine Uhr, teilten viele namhafte »Aufklärer«, von Nikolaus von Oresme über René Descartes, Isaac Newton und Gottfried Wilhelm Leibniz bis zu John Locke und Adam Smith. Und was für das Universum galt, bestimmte natürlich auch das irdische Dasein. Für Descartes beispielsweise waren die Tiere »natürliche, seelenlose Automaten«, während die Menschen zwar eine Seele hätten, ihr Organismus aber denselben universellen Gesetzen gehorche wie die kleinste Taschenuhr. Jedes »Rädchen« ist Ursache und Wirkung zugleich, alles greift ineinander, ist perfekt aufeinander abgestimmt und begründet einen Kreislauf, der nun auch Gesellschaft und Wirtschaft als Vorbild dient.

Kurzum, die Funktionsweise der Uhr wurde zu einer Art Welterklärung, aus der sich zugleich Methoden für eine Neuausrichtung der sozialen und wirtschaftlichen Ordnung ableiten ließen. Der Begründer der klassischen Ökonomie, Adam Smith, verglich zum Beispiel die berühmte »unsichtbare Hand«, die die stets richtige Regulierung von Angebot und Nachfrage auf dem Markt sichern soll, mit einem Pendel, das die Funktion einer Uhr reguliert. Und auch wirtschaftliches Handeln, Kaufen und Verkaufen, bis dahin eher als notwendiges Übel betrachtet und mit zweifelhaftem Ruf belegt, erschien nun wie eine Spiegelung der natürlichen Ordnung der Dinge.

Diese neue Ansicht von Gott und Wirklichkeit, die immer mehr Philosophen und Wissenschaftler teilten, wurde auch vom zeitgleich aufstrebenden Bürgertum, der an Macht und Einfluss gewinnenden Klasse der Händler und Unternehmer, begeistert übernommen – womit ich nun wieder ein mir vertrauteres Terrain betrete. Am Universum oder den Naturgesetzen waren die Kaufleute dabei eher weniger interessiert, aber sie erkannten schnell, dass sich aus der Zeit, aus zeitlichen Kenntnissen Gewinn schöpfen ließ – und in dieser Entdeckung hat das verheerende, aber in mancher Hinsicht buchstäblich zutreffende Diktum »Zeit ist Geld« seinen Ursprung; und das wurde und wird durchaus wörtlich verstanden: Mit dem Faktor Zeit waren Geschäfte zu machen.

Je besser man über verschiedene Zeitabläufe informiert war – wie lange die Herstellung eines Produkts dauerte, wie viel Zeit bis zum Eintreffen der Ware verging, wann sich Wechselkurse änderten, Preise fielen oder stiegen, wann Arbeitskräfte verfügbar waren –, desto größer war die Chance auf den meisten Profit. Man kaufte möglichst billig und hoffte auf steigende Preise, man kopierte die Praxis von Geldverleihern und verlangte von Kunden, die eine Rechnung nicht gleich bezahlen konnten, einen höheren Betrag als von Sofortzahlern. Für die Kirche war eine solche »Zeitgewinnlerei« nichts anderes als Wucher, da die Zeit als Gottesgabe nicht verkauft werden dürfe. Aber die Uhr ließ sich buchstäblich nicht mehr zurückdrehen.

Mit der Industrialisierung erfuhr das neue Zeitbewusstsein dann gewissermaßen seine Vollendung. Die Menschen trugen nun nicht mehr ihre Arbeit, ihre Kraft und Fähigkeiten zu Markte, sondern verkauften fortan ihre Zeit, Arbeitszeit. Tageslohn, Stundenlohn und Stückzahlen machten Zeit und Geld tatsächlich austauschbar und deren Anhäufung zum besten Mittel, um Sicherheit und Wohlbefinden zu steigern. Zeit und Geld zu gewinnen, wurde zum Signum für einen Fortschritt, der permanentes Wachstum versprach und im Wesentlichen auf Beschleunigung beruhte: immer mehr in immer kürzerer Zeit. Da aber ein Großteil des dabei entstandenen Reichtums vor allem auf Ausbeutung – von Mensch und Natur – sowie auf ungleichen Machtverhältnissen gründete und leider immer noch gründet, ist es gewissermaßen auch eine Frage der Zeit, wann das System notwendigerweise kollabiert.

Noch ist es nicht so weit. Allerdings verdichten sich nicht nur die äußeren Anzeichen, dass dieses lange überaus erfolgreiche Fortschrittsverständnis sowohl die Menschen als auch die Umwelt überfordert und nicht länger tragbar ist. Die Einsicht dringt mittlerweile zudem ins Bewusstsein einer wachsenden Anzahl von Menschen, die deshalb nicht sofort ihr Handeln ändern, aber zunehmend kritischer, auch selbstkritischer werden. Woran wir teilhaben und die meisten sogenannten Experten gern festhalten wollen, ist bei genauer Betrachtung ein Irrsinn.

Die alte und bis in die Gegenwart von »wissenschaftlichen« Ökonomen für wahr gehaltene Überzeugung von Adam Smith, wonach Egoismus und Gemeinwohl wie ein Räderwerk, ein Uhrwerk perfekt zusammenwirken, weil wir in Verfolgung unseres eigenen Interesses zwangsläufig Nützliches für die Gemeinschaft leisten, lässt sich angesichts der heutigen Realität nicht mehr bestätigen. Der Treibstoff für wirtschaftlichen Fortschritt war, ist und bleibt zwar ein vom Eigennutz ausgehender Wettbewerb; dieser hat sich mittlerweile jedoch im Zuge permanenter Beschleunigung einerseits in einen Limbo-Tanz, andererseits in ein »Rattenrennen« verwandelt.

Spätestens mit der Einführung der Börse und dem Öffnen aller Schleusen für den internationalen Finanzverkehr ist die gute alte Volkswirtschaft, wie ich schon zu zeigen versucht habe, zu einer »Realwirtschaft« geschrumpft, zur kleinen und langsamen Schwester der mächtig gewordenen, rasenden Finanzmärkte, die sich den lokalen Gesellschaften, also einem Gemeinwohl, nicht mehr verpflichtet fühlen, sondern nur noch den Gesetzen des Profits folgen. Hier werden unvorstellbare Werte kreuz und quer über den Erdball transferiert, ohne dass ihre Vermehrung oder Verminderung noch mit irgendeiner wirtschaftlichen Aktivität verknüpft sind, mit einem Gemeinwohl eben gleich gar nicht. Computergestütztes *High Frequency Trading*, das im Nanosekunden-Bereich operiert und mit Tausenden Transaktionen pro Sekunde buchstäblich aus dem Nichts Profit schlägt, kann von menschlichen Akteuren (»Händlern«) gar nicht mehr mitverfolgt und also auch nicht kontrolliert werden. Da greift kein Rädchen mehr ins andere, kein Pendel schwingt von hier nach dort, und am Ende kommt auch nicht das Bestmögliche für alle heraus. Nein, der pure Eigennutz hält die Geschwindigkeit hoch, die uns nirgendwohin bringt, außer an den Rand des Abgrunds.

Der Tag hat weiterhin 24 Stunden, und dennoch ist uns, wie den Opfern des Zeitdiebstahls in Michael Endes Roman, als verginge die Zeit immer schneller, als hätten wir nicht mehr genug davon. Wir sind zu Minuten-Managern des eigenen Lebens geworden. »Effizienz« gilt uns als oberster Wert in allen Lebenslagen. Wir haben keine Zeit mehr für Experimente. Keinen Platz mehr für den Zufall, für das Besondere, keinen Raum mehr für Fantasie. Alles ist hier und jetzt, gleichzeitig, gleich gültig.

Die Chronologie scheint still gestellt: Die Zeit ist keine Linie mehr, an der entlang wir uns fortbewegen und die wir, um Orientierung zu gewinnen, stets auch zurückverfolgen konnten. Unser Leben ist kein Buch mehr, in dessen Seiten wir blättern und dadurch Gegenwart mit vergangenen Erfahrungen verknüpfen, Pläne für Künftiges schmieden. Nein, die Zeit hat sich in eine lose Abfolge unverbundener Punkte aufgelöst, und jeder »Zeitpunkt«, so scheint es, ist absolut, ohne Vorher, ohne Nachher, nur jetzt. Eine Richtung ist weder vorgegeben noch auszumachen, und so springen wir ziel- und ruhelos von Punkt zu Punkt, in der Hoffnung, irgendwo anzukommen. Dieses Lebens-Hopping führt aber – im Unterschied zum Lebenslauf – nirgendwo mehr hin. Jede neue Station ist immer nur Anfang, Ausgangspunkt für den nächsten Sprung ins Ungewisse. Und jede neue Effizienzstufe spart nicht etwa Zeit, sondern macht uns ungeduldiger und erhöht den Druck, anstatt ihn abzusenken.

In unserer Not wenden wir uns dann häufig an »Experten«, die uns weismachen wollen, dass unsere Zeit- und Orientierungsprobleme aus einer nicht mehr recht zeitgemäßen (sic!) Einstellung resultieren. Wir sollen uns wandeln und nicht etwa auf die Idee kommen, die unser Problem verursachenden Verhältnisse verändern zu wollen. In unzähligen Ratgebern empfehlen sie uns ein neues »Zeitmanagement«, um unsere »Work-Life-Balance« wiederherzustellen. Aber das ist nichts als purer Unsinn. Die Zeit lässt sich so wenig »managen« wie das Wetter. Wir können zwar lernen, in einer bestimmten Zeiteinheit immer mehr zu leisten, aber diesem Prozess sind natürliche Grenzen auferlegt, die durchaus verschoben werden können und ja auch immer weiter verschoben wurden, die aber in einem endlichen Sinne nicht zu überwinden sind. Jedenfalls nicht von uns. Oder, vorsichtiger formuliert: nicht von uns in unserer natürlichen Verfasstheit.

Mit unseren Schöpfungen sieht das hingegen anders aus. Mit der Digitalisierung werden die Grenzen des Denkbaren und Machbaren auf ähnliche Weise infrage gestellt wie die mittelalterlichen Gewissheiten durch den Räderwerkautomaten. Mit dem Computer wird unser Zeitverständnis noch einmal revolutioniert wie ehedem durch die Uhr. Während die Uhr die Zeit in messbare Einheiten einteilt, die im Bereich der menschlichen Wahrnehmung liegen, etabliert der Computer einen Zeitrahmen jenseits der Wahrnehmungsschwelle und macht aus dem »Uhrwerksuniversum« ein »Informationsuniversum«, das völlig neue Perspektiven eröffnet, gute wie schlechte.

Menschmaschinen oder Maschinenmenschen – ein Blick in die Zukunft?

»Ich habe wohl auch meine Zeit an die Großartigkeit unserer Epoche der Technik geglaubt, aber jetzt fühle ich nur noch das Eine: dass sie die Erde entzaubert, indem sie alles allen gemein macht.«
Christian Morgenstern

Mit dem Computer, dessen zunächst analoge Entwicklung ganz urwüchsig aus dem mechanischen Weltbild und dem ihm inhärenten Beschleunigungswahn hervorging, aber auch aus ganz konkreten Beschleunigungserfordernissen, wie sie die Einführung der Eisenbahn mit sich brachte, trat ein neues Prinzip mit der Räderwerkslogik in Konkurrenz. Spätestens seit die analoge Technik durch eine digitale Datenübertragung ersetzt wurde, mit deren Hilfe alle Informationen durch eine je eigene Kombination von nur zwei Zuständen beschrieben werden können: »ein« und »aus«, anwesend und abwesend, 1 und 0, eröffnete sich ein völlig neuer Horizont. Mit diesem binären Zeichensystem wurde das Räderwerk praktisch obsolet und, nicht nur bildlich gesprochen, durch die sehr viel einfachere und beliebig einsetzbare wie variable Lochkarte ersetzt.

Damit begann unsere Zukunft. Auf die technischen und sozusagen philosophischen Details kann ich in unserem Zusammenhang nicht näher eingehen. Dafür fühle ich mich auch nicht wirklich kompetent. Ich möchte hier deshalb eher im Bereich der praktischen Anwendungen verbleiben und wäre schon froh, wenn es mir gelänge, zumindest einige gesellschaftliche und wirtschaftliche Konsequenzen der neuen Technik möglichst anschaulich zu beschreiben.

»Digitalisierung« meint, allgemein formuliert, einen Prozess, in dessen Verlauf Bilder, Töne, Texte und alle anderen etwa von Sensoren erfassbare Daten (wie zum Beispiel Temperaturen, Geschwindigkeiten, Gewichte) in distinkte Signale, in einzelne Bits umgewandelt werden, die sich jederzeit wieder in ihre Ausgangsgestalt rückübersetzen lassen, und zwar – anders als bei analogen Kopien oder Übertragungen – ohne jeden Qualitätsverlust, ohne eine einzige Abweichung vom »Original«. Das ist zunächst einmal schon alles. Was daraus folgt, wird aber weithin gründlich unterschätzt: Es bedeutet, dass alles, was sich digitalisieren lässt – Produkte, Dienstleistungen, Tätigkeiten, die definierbaren Regeln folgen –, im Überfluss vorhanden ist. Die für Kapitalismus und Marktwirtschaft so grundlegende etwa preisbildende Kategorie der »Knappheit« ist damit passé. Weltfirmen wie Kodak oder einige einst mächtige Unternehmen der Musikindustrie sind dadurch buchstäblich schon überflüssig geworden.

Das neue Zauberwort der digitalen Welt heißt »Information«, und die Zauberformel für diese neue Ära liefert die Kybernetik. Das Universum, die Natur und der Mensch sind nicht mehr das Werk eines geheimnisvollen Uhrmachers oder einer räderwerksartig ablaufenden Evolution, sondern Resultate des Zufalls, permanenten Informationsaustauschs und sich selbst steuernder Rückkoppelungsmechanismen.

Ja, ich weiß, das klingt jetzt nicht sehr anwendungsorientiert, sondern ziemlich kompliziert und abgedreht, markiert aber tatsächlich einen wiederum weltbildverändernden Einschnitt. Auch wir fallen gerade aus der uns vertrauten Zeit. Vereinfacht ausgedrückt, lässt sich der Unterschied wie folgt beschreiben: In unserem vertrauten Uhrwerksuniversum ist die Zeit am Anfang der Schöpfung durch einen Gott, den Urknall oder wen oder was auch immer fest eingestellt worden und tickt seitdem in zwar willkürlich festgelegten, aber präzise messbaren Schritten linear weiter. Das neue Informationsuniversum hingegen dehnt sich permanent aus, jede Information erzeugt neue Information und damit im Prinzip neues Wissen und eine höhere Stufe des Bewusstseins. Permanente Veränderung. Aus dem immer gleichen Räderwerk wird ein sich ständig selbst verbessernder Code. Wohin das führt, ist noch nicht wirklich absehbar, lässt aber Zukunftsfantasien sprießen, die einen »Erdenmenschen« wie mich nichts Gutes ahnen lassen.

Vorab nur kurz zu den Grundlagen: Der Computer ist eine »lernende Maschine«. Seine Lernfähigkeit beruht dabei auf den gerade genannten Rückkoppelungsmechanismen, den sogenannten Feedbackschleifen, die dafür sorgen, dass Systeme quasi selbsttätig immer effizienter werden. Das ist gewissermaßen der kybernetische Beitrag zur Digitalisierung. Die Kybernetik, in den 1950er-Jahren geradezu eine Modewissenschaft, leitet ihren Namen vom griechischen Wort *kybernetes* – zu Deutsch: »Steuermann« – ab und meint tatsächlich die autonome Steuerung von Abläufen über die permanente Erhebung und Auswertung von Feedbackdaten, die dann wiederum zu Programmergänzungen oder -korrekturen führen.

Begründet wurde die Kybernetik vom Mathematiker Norbert Wiener, Professor am Massachusetts Institute of Technology (MIT), unmittelbar nach dem Zweiten Weltkrieg. Die Aufgabe, die für Wiener zum Ausgangspunkt wurde, die Vorhersage nichtlinearer, scheinbar unvorhersehbarer Prozesse, war zunächst militärischen Ursprungs gewesen. Nachdem die USA 1941 in den Krieg eingetreten waren, hatte er sich, wie andere Mathematiker auch, in den Dienst des Pentagons gestellt, um dabei zu helfen, die Luftabwehr zu optimieren. Die hierbei entscheidende Herausforderung: Um ein fliegendes

Objekt zu treffen, darf man es nicht direkt anpeilen, weil es sich ja, während das Geschoss unterwegs ist, weiterbewegt. Aber wohin, wie weit vor das Flugzeug muss der Kanonier zielen, um es zu treffen? Es ging also im Grunde darum, aus der gegenwärtigen die zukünftige Position eines beweglichen Ziels vorherzusagen und die Steuerung dann auf diesen »Soll-Wert« einzustellen.

Das war sozusagen die Ausgangslage, aus der die spätere Kybernetik hervorging. Deren Ergebnisse kamen anschließend nicht nur in den Lenksystemen von Interkontinentalraketen oder in den Mondlandefähren zum Einsatz, sondern begleiteten uns bald auf Schritt und Tritt, am alltäglichsten in unseren thermostatregulierten Heizungen und Kühlschränken, in denen ein permanenter Abgleich zwischen Ist- und Soll-Zustand stattfindet. Heute sind wir von kybernetischen Systemen geradezu umringt. Smartphones, Autos, Flugzeuge, Kameras liefern dauernd Daten über Position, Geschwindigkeit, Klima oder Verkehrsaufkommen, wir liefern Feedbackinformationen, wenn wir auf die Vorschläge des Google-Korrekturprogramms reagieren, die Diagnose-Software »lernt« mit jeder Hautkrebsabbildung, mit der sie gespeist wird, dazu. Und das bedeutet: Die am meisten nachgefragten Dienstleistungen, die am häufigsten genutzten Produkte werden am schnellsten besser, weil sie mit mehr Feedbackdaten gefüttert werden. Und dieser sogenannte Netzwerkeffekt wird unserer kapitalistischen Uhrwerksökonomie den Garaus machen. Ich werde gleich darauf zurückkommen.

Zunächst möchte ich noch einen zumindest kursorischen Blick auf die Zukunftsfantasien werfen, die durch die lernenden Maschinen und das sich stetig erweiternde Wissensuniversum beflügelt werden. Und wir sollten solche Fantasien durchaus ernst nehmen, denn sie könnten ganz schnell in der

Realität auftauchen. Wer hätte sich vor nur 25 Jahren vorstellen können, womit wir heute ganz selbstverständlich umgehen? Wäre ich in den 1990er-Jahren »aus der Zeit gefallen« und ganz zufällig im Heute gelandet, hätte ich den Eindruck gewinnen müssen, dass die Welt inzwischen offenbar von Cyborgs besiedelt wurde. Überall – auf Straßen und öffentlichen Plätzen, in U-Bahnen und Bussen, in Cafés und Restaurants – sind äußerlich menschlich anmutende Wesen zu sehen, die mit einem handtellergroßen Gerät verwachsen zu sein scheinen. Sie sprechen mit ihm, lassen sich von ihm leiten, tippen darauf herum und nehmen ihre Umwelt offenbar vorwiegend über einen darin integrierten Bildschirm wahr.

Tatsächlich sind wir mit unseren Smartphones zu jenen Mischkreaturen aus lebendigem Organismus und Maschine geworden, die vor meinem Zeitsprung in vielen Variationen das Science-Fiction-Genre bevölkerten. Mit dem Handy, dieser kleinen Maschine, sind wir überall und jederzeit mit der Welt und ihrem gesamten Wissen verbunden. Nur leider gibt es immer mehr Leute, deren Horizont dadurch nicht etwa erweitert wird, sondern deren Welt buchstäblich auf das Bildschirmformat ihres »Taschencomputers« zusammenschrumpft. Chinesische Touristen reisen Tausende Kilometer weit nach Prag, um sich die Karlsbrücke über den Bildschirm ihres Handys anzusehen, ohne auch nur einmal den Blick auf die Wirklichkeit zu richten, das steinerne, echte Bauwerk, auf dem sie eigenfüßig stehen.

Und das ist erst eine eher harmlose Erscheinungsform, ein Realitätsverlust, über den man noch kopfschüttelnd hinweggehen könnte. Aber es wird schlimmer. Mittlerweile ist allenthalben von der Entwicklung »Künstlicher Intelligenz« die Rede, obwohl niemand so genau sagen kann, was das eigentlich, etwa im Unterschied zu den sich selbst optimierenden, »lernenden« Algorithmen, sein soll. Auch wofür wir sie brauchen, ist im Grunde nicht ganz klar. Geforscht wird trotzdem wie verrückt, irgendwelche »Anwendungen« werden sich später schon finden. Solch eine, milde ausgedrückt, kontra-intuitive Reihenfolge verblüfft mich persönlich immer wieder. Wie sagte schon der legendäre Apple-Gründer Steve Jobs so schön: »Der Computer ist die Lösung. Was wir brauchen, ist das Problem.« So ergeht es mir bis heute mit vielen neuen Gadgets, von Alexa über die Apple Watch bis zur 3-D-Brille. Brauche ich das? Wofür? Wird mein Leben dadurch gar besser?

Mein Vorgehen wäre ein anderes, aber damit bin ich bereits während meiner Zeit in der Automobilindustrie des Öfteren angeeckt, wo ja auch alle möglichen Angebote sozusagen ohne Rücksicht auf die Kundschaft entwickelt werden. Sind die Geländelimousinen erst einmal da, wird man schon Mittel und Wege finden, sie auch an die Kunden zu bringen. Leider klappt das oftmals, sowohl mit den SUVs als auch mit den sprachgesteuerten Lautsprechern oder den seltsamen Computeruhren, die meinen Puls messen, meine Schritte zählen und mich alarmieren, wenn ich Nachrichten aus meinem »sozialen Netzwerk« erhalten oder mich zu wenig bewegt habe. Da geht es einem gleich viel besser.

Ich habe gelernt, andersherum zu agieren, und damit bis jetzt recht gute Erfahrungen gemacht. Üblicherweise identifiziert man ein Problem oder einen Bedarf und entwickelt daraufhin, was zur Problemlösung oder Bedarfsdeckung geeignet ist. Man baut doch auch keinen Tunnel, ohne vorher zu fragen, was durch die Unterführung verbunden werden soll. Und warum. In der Digital-Gemeinde ist das häufig ganz anders. Da wird erst gemacht und dann gefragt. Erst kürzlich hat beispielsweise Google, zweifellos so etwas wie ein Anführer dieser Gemeinde, voller Stolz einen Durchbruch bei der Entwicklung des sogenannten Quantencomputers vermeldet. Mithilfe eines »supraleitenden Prozessors«, genannt »Sycamore«, könne ein Quantenrechner eine Aufgabe in gut drei Minuten lösen, für deren Lösung »der schnellste Supercomputer der Welt 10 000 Jahre« brauchen würde. Das verspreche eine wunderbare Zukunft, so Google, weil damit die großen Herausforderungen der Menschheit bewältigt werden könnten. Aber anstatt diese Herausforderungen zu benennen, räumt der Konzern ein: Man habe schon mal die Technologie, jetzt gehe es darum, herauszufinden, wie und wofür man sie sinnvoll einsetzen könne. Deshalb habe man Open-Source-Softwarewerkzeuge bereitgestellt, die anderen helfen sollen, Anwendungen für den neuen Superrechner zu finden. »Wir haben die Lösung, jetzt brauchen wir die entsprechenden Probleme.«

Es muss ja gar nichts Schlechtes dabei herauskommen, im Gegenteil. Und dennoch wünschte ich mir, wir würden erst einmal alles daransetzen, die menschliche Intelligenz, inklusive ihrer sozialen und emotionalen Aspekte, zu verbessern, anstatt Maschinen zu entwickeln, die uns vorgeblich in nahezu jeder Hinsicht übertreffen, aber beispielsweise, wie der Terminator im Film eingestehen musste, nicht weinen können. Die entscheidende Frage, welchen Nutzen wir, wir Menschen, aus dem gerade erwähnten Quantencomputer ziehen können, lässt sich bruchlos auf die »Künstliche Intelligenz« übertragen. Vielleicht wird uns darüber wiederum die Weltfirma Google demnächst nähere Auskunft geben können, weil sie am entschiedensten nicht nur die neue Technik, sondern auch die Entwicklung eines neuen Menschen, einer Art von Maschinenmensch, erforscht, die sich der Google-Cheftechniker Ray Kurzweil zum Ziel gesetzt hat. Ich bin, um das klarzustellen, nicht im Geringsten gegen Forschung, sofern sie dem Zweck dient, unser Leben zu verbessern. Aber woran der zweifellos begnadete Ray Kurzweil da teilhat, scheint mir eher auf eine Abschaffung all dessen hinauszulaufen, was mir lieb und teuer ist.

Zahlreiche Google-Investments in den letzten Jahren – Kartendienste, Automatisierung von Häusern, autonomes Fahren, Robotik, Drohnen, Nanotechnologie, Künstliche Intelligenz, Genetik und Pharmazeutik, um nur einige Beispiele zu nennen – lassen die nicht unberechtigte Sorge aufkommen, dass wir uns auf eine reine Google-Welt zubewegen, in der Regierungen und Institutionen, Bürgerrechte und soziale Vereinbarungen, Betriebsabläufe und das sogenannte Marktgeschehen durch sich selbst optimierende Algorithmen im Internet der Dinge abgelöst werden. Schöne neue Welt. Einen Markt und die Gesellschaft, wie wir sie kennen, würde es dann nicht mehr geben. Mensch und Maschine würden miteinander zu einer »Singularität« verschmelzen, zur »Menschheit 2.0« – so das visionäre, durchaus furchteinflößende, aber ganz und gar ernst gemeinte Projekt von Ray Kurzweil, das dieser in derart betitelten Büchern ganz offen und detailreich skizziert.

Dass in solch angestrebter Symbiose die sehr viel leistungsfähigere Maschine schnell die Führerschaft übernehmen wird, weil sie unsere Unzulänglichkeiten nicht teilt, sollte einem »normal« intelligenten Menschen klar sein. Aber Kurzweil denkt da offenbar in anderen Kategorien. Was immer möglich ist, sollte auch gemacht werden. Wir kennen diese Haltung. Leider. Und er ruft damit interessanterweise einen nicht minder zur Hybris neigenden Gegenspieler auf den Plan, der uns weiter oben schon begegnet ist: Elon Musk. Kampf der Giganten, möchte man meinen. Das »Fußvolk« spielt, wie immer bei solchen Ego-Konkurrenzen, keine Rolle. Aus Sorge darüber, dass uns die Künstliche Intelligenz überholen und schlussendlich beherrschen könnte, forscht Musk, neben all seinen anderen marktaufmischenden Aktivitäten, mit seinem Unternehmen Neuralink nun nach Möglichkeiten, das menschliche Gehirn mit dem Computer zu verbinden – unter Führung des Menschen. Wie schon bei der Mobilität stützt Musk damit auf verquere Weise das als falsch Erkannte. Eine durch ein Hirn-Computer-Interface entstehende Menschmaschine, also buchstäblich eine Art Cyborg, soll uns vor dem Triumph des Maschinenmenschen bewahren. Das nenne ich *»star wars«* – allerdings ist es ein Krieg der falschen Welten – und kehre schaudernd zu »meinem Leisten« zurück.

Einmal unterstellt, die nahe Zukunft wird uns einiges davon bescheren, was in solchen »Zukunftsschmieden« erdacht und erforscht wird – welche Wirklichkeit wird dabei entstehen? Wenn ich Googles Pläne nur ein Stück weit in die Zukunft verlängere, dann brauchen wir schon in absehbarer Zeit beispielsweise kein Geld mehr – und also auch keine Banken und Versicherungen, keine Steuerberater und Unternehmensberatungen; auch Verkehrsregeln, niedergelassene Ärzte und Juristen sowie ein Großteil des Beamten- und Verwaltungsapparates werden überflüssig. Von Ökonomie im herkömmlichen Sinne keine Spur mehr. Alles, was wir tun und lassen, alles, was wir zu uns nehmen und von uns geben, alles, worauf wir unsere Aufmerksamkeit richten, wird von zahllosen Chips, Sensoren und Assistenzsystemen vermessen und mit den von uns gewünschten Aktionen beantwortet. Der Kühlschrank kennt meinen Bedarf und ordert das Benötigte selbstständig, die Heizung sorgt selbsttätig für meine Wunschtemperatur, eine Gesundheits-App auf meiner Smart-Watch überwacht alle meine Lebensfunktionen und zeigt Mängel oder Gefahren zuverlässig an, selbst der Straßenbelag vermeldet Reparatur-, das Weizenfeld Wasser- und Düngerbedarf – und so weiter und so fort.

Wir kennen derlei Science-Fiction-Verheißungen inzwischen zur Genüge, und vieles davon ist ja in der Tat keine Zukunftsmusik mehr, sondern bereits in der Welt. Das alles ist machbar, und es wird gemacht werden. Zu fragen wäre aber, wie eine derart digitalisierte Gesellschaft, die mit unserer derzeitigen gesellschaftlichen und ökonomischen Realität kaum etwas gemein hat, funktioniert. Wer sind die Akteure? Wer produziert, wer konsumiert? Wer zahlt wofür Steuern, Abgaben oder Preise? Und warum? In welcher Währung? Wie werden die Anbieter von Dienstleistungen und Gütern entlohnt? Hätte der Staat in einem solchen Konstrukt noch Aufgaben zu erledigen, und wenn ja, welche? Welche Arbeit bleibt den Menschen vorbehalten? Wird es noch einen Unterschied zwischen Arbeit und Freizeit geben? Wozu dient Bildung, wenn die mit uns verbundene Maschine eh alles besser weiß? Und was wäre unter dem Gemeinwohl zu verstehen?

Wir können solche Fragen meiner Überzeugung nach nicht beantworten, wenn wir die uns bekannten Kategorien, die uns vertrauten marktwirtschaftlichen Mechanismen schlicht in die Zukunft fortschreiben – als blieben beispielsweise die Aufgaben in der Arbeitsmarkt-, Verkehrs- und Umweltpolitik, von der Wirtschaftspolitik ganz zu schweigen, im Großen und Ganzen, wie sie heute sind. Aber sowohl solche Fragen als auch unsere Realität interessieren die hochambitionierten Mensch-Maschine-Symbiose-Forscher nicht im Geringsten. Sie sind zu völlig neuen Ufern unterwegs, verbleiben aber in ihrem Denken seltsamerweise im alten Uhrwerksuniversum. Es geht ihnen in erster Linie um Wertschöpfungsketten, um Profit. Das ist verblüffend – und alles andere als ein Beleg überlegener Intelligenz –, weil dieses »alte« Streben im Informationsuniversum notwendig eine Umwertung erfährt.

Es geht nicht mehr um Zeit und Geld, es geht um Daten.

Das haben die großen Internet-Konzerne – und ohne Frage auch Ray Kurzweil und Elon Musk – zwar begriffen, folgern daraus aber »uhrwerksmäßig«, dass Daten Geld seien. Das stimmt aktuell natürlich auch – Google ist aufgrund des riesigen Datenbestandes heute die größte Werbeplattform der Welt, 137 Milliarden Jahresumsatz 2018 wurden fast ausschließlich mit Online-Werbung erzielt –, ist aber, wenn man es weiterdenkt, keine sehr erfolgversprechende Geschäftsstrategie.

Ich will mich bemühen, dies auf den verbleibenden Seiten zumindest ein paar Schritte weiterzudenken. Natürlich kann man angesichts der Macht großer Konzerne, der Gefahren eines scheinbar unabwendbaren Klimawandels, der Verschlafenheit von Politik und Wirtschaft die Hoffnung verlieren. Aber das liegt mir nicht. Wir befinden uns in einem Übergang. Unser Problem ist die momentane Gleichzeitigkeit eines uhrwerksmäßig organisierten und mental verankerten Industriezeitalters mit dem Aufkommen des neuen Informationsuniversums. Dessen digitale Logik ist mit den herkömmlichen politischen und wirtschaftlichen Kategorien nicht mehr vereinbar und könnte, bei allen Abseitigkeiten, von denen ich einige schon erwähnt habe, tatsächlich in eine bessere Welt münden. Die Voraussetzungen dafür waren jedenfalls nie besser als heute, in der neuen Zeit.

Die sich selbst optimierenden, lernenden Maschinen bringen nicht nur viel überflüssigen »Fortschritt« in die Welt, sondern verbessern auf subkutane Weise in Wahrheit auch uns. Das ist genauso evident wie der fragwürdige Umgang der Internet-Kraken mit unseren Daten – die wir allerdings überwiegend freiwillig hergeben. Solche schleichenden Verbesserungen ereignen sich quasi unbemerkt, irgendwie hinter dem Rücken der sich im Halbjahres-Rhythmus erneuernden Produktwelt, sind aber meines Erachtens sehr viel spannender und wirkungsvoller als die ganz viel Aufmerksamkeit auf sich ziehenden Fortschritte in der Entwicklung Künstlicher Intelligenz oder eines »übermächtigen« Quantencomputers. Entscheidend ist, was die »neue Zeit« mit uns und unserer Wirklichkeit macht.

Das wirkt zunächst vielleicht unspektakulär oder nur abseitig, wie das Verhalten von Touristen auf der Prager Karlsbrücke, könnte aber sehr viel tiefgreifendere Veränderungen nach sich ziehen. Nein, ich nehme den Konjunktiv an diesem Punkt zurück, hier bricht sich mein Optimismus Bahn: Unsere Anpassung an das Informationsuniversum *wird* einen Wandel befördern, der den industrie- und finanzkapitalistischen Erfolgsweg, den auch die Digital-Konzerne bislang noch beschreiten, alt aussehen lassen wird, auch wenn wir auf dem Weg dorthin noch auf allerlei Produkt-Schwachsinn zugreifen und das alte Wachstums- und Wegwerfsystem noch für eine Weile am Leben erhalten werden.

Wir befinden uns auf dem Weg in eine Netzwerkökonomie, die fraglos ihre eigenen Gefahren birgt, die aber einige der zentralen Fehler der Industriegesellschaft – etwa Umweltverbrauch und die systematische Herstellung sozialer Ungleichheit – korrigieren wird. Dabei werden die bis jetzt bedeutenden Unternehmen, etwa der Automobil- und der Agrarindustrie, massiv umsteuern müssen, weil unser individuelles Handeln auf ihren Erfolg einen immer stärkeren Einfluss nehmen wird, viel stärker jedenfalls als unsere Kaufentscheidungen im Rahmen einer angebotslastigen, quasi monokulturellen Massenproduktion.

TEIL 3

Eine kopernikanische Wende ist möglich

»Eine tausend Meilen weite Reise
beginnt vor deinen Füßen.«
Laotse

In diesem abschließenden Teil will ich mich, in aller Vorsicht, der Zukunft widmen. Dabei soll es weniger um die Frage gehen, was möglich ist, als vielmehr darum, wie wir leben wollen – und was dafür zu tun wäre. Keine Sorge, Vorschriften oder allgemein gültige Empfehlungen kommen mir dabei nicht in den Sinn. Ich muss kein Veganer werden, um die Welt zu verbessern. Ich muss auch nicht auf mein Auto oder meine Urlaubsreise in den Süden verzichten, nicht mal auf meine Kreuzfahrt, obwohl wir damit der Grenze zur Dekadenz schon bedrohlich nahe kommen. Ich darf aber auch nicht auf irgendeine Revolution von oben, von außen oder von sonst wo warten, die ändert, was mich stört oder ängstigt, sondern sollte auf die eine oder andere Weise selbst aktiv werden. Das können anfangs durchaus Kleinigkeiten sein: Plastik zu vermeiden, auf die Herkunft seines Essens zu achten, weniger wegzuwerfen, Produkte aus nachhaltiger, möglichst lokaler Produktion vorzuziehen, auf unnötige Wege mit dem Pkw zu verzichten und vieles andere mehr. Auch der längste Weg beginnt mit dem ersten Schritt, so zaghaft er auch sein mag. Wenn ich den nicht gehe, komme ich, kommen wir nirgendwohin.

Aber wohin wollen wir? Das ist die entscheidende Frage. Natürlich wird jede/jeder hierauf eine andere Antwort geben. Das ist aber kein Problem, solange die Ziele in die gleiche Richtung weisen. Und über diese Richtung werden sich die meisten von uns wohl schnell einigen können, auch wenn es angesichts der aktuellen Orientierungslosigkeit gefährliche Fehlsteuerungen gibt, gewissermaßen »Geisterfahrer«, die gegenläufig unterwegs sind, aber vorgeben, unsere Ziele zu teilen, stattdessen jedoch ins 19. Jahrhundert zurückwollen, in eine Welt autoritärer Nationalstaaten. Ich erspare mir hier, die oben schon mehrfach erwähnten Namen und Tendenzen erneut zu benennen.

Was also wollen wir, jedenfalls die Mehrheit von uns? Dass es »sauberer« zugeht, sowohl in ökologischer als auch in moralischer Hinsicht, umweltverträglicher, gerechter, entspannter, solidarischer; dass wir uns sicher fühlen, unseren Lebensunterhalt bestreiten können und möglichst wertgeschätzt werden; dass niemand Hunger leiden oder aus Armut sterben muss; dass keiner uns mit einer Waffe bedroht und uns sagt, was wir zu denken und zu tun haben; dass wir lieben und geliebt werden; und dass unseren Kindern all das auch in Zukunft gewährt bleibt. Ich könnte sicher noch eine Weile so fortfahren, würde mir dann jedoch, nicht ganz zu Unrecht, den Vorwurf einhandeln, Allgemeinplätze zu verbreiten.

Ja, schön wär's, wenn's schöner wär. (Auf diese hübsche Formulierung bin ich bei Harald Welzer gestoßen[25], der in seinen Büchern stets wunderbar bekräftigt, dass wir nicht immer nur an »die da oben« appellieren sollen, sondern selbst Hand anlegen können. »Verdammt noch mal«, möchte man hinterherschieben.) Aber bevor ich mich nun im Philosophischen oder gar im Appellatorischen verliere – eine Neigung, die man mir manchmal nachsagt –, möchte ich zum Schluss noch einmal an die bisher behandelten Themen anknüpfen und etwas konkretere Szenarien entwerfen, wie etwa die Zukunft der Autoindustrie (im Rahmen einer neuen Mobilitätskonzeption) und die Zukunft der Landwirtschaft aussehen wird, aussehen könnte und aussehen sollte. Und deren Zukunft beeinflusst nicht nur die unsere, sondern wird von uns maßgeblich geprägt. In der sich digitalisierenden Ökonomie wird unsere Macht, die Macht der Kunden und Datenlieferanten stetig zunehmen. Darauf werden sich vor allem die bislang marktbeherrschenden Konzerne einstellen müssen oder, wie dies Fredmund Malik in seinem »Brief an junge Ökonomen« (siehe Anmerkung 24) vorausgesagt hat, untergehen.

Der Autoindustrie beispielsweise möchte ich, nein, keine Ratschläge erteilen, sondern lediglich einige Hinweise geben, aus denen hervorgeht, was aus meiner Sicht zu tun wäre, damit die großartigen deutschen Hersteller auch künftig eine Rolle spielen können. Das dürfte keine leichte Operation werden, sondern einen Mix von Eingriffen erfordern, die mit einer Reihe von bislang handlungsleitenden Dogmen brechen. Technologieführerschaft durch stetige Verbesserung der Standardprodukte, Umsatzwachstum durch eine Steigerung der Stückzahlen solcher massenindustriell gefertigten Produkte, sei es durch Preisschlachten mit der Konkurrenz, sei es durch das Erschließen neuer Exportmärkte, ein ständiges Taktieren bei den Emissionswerten, um die vorhandenen Produktionsanlagen so lange wie möglich betreiben zu können – all das ist zum Scheitern verurteilt.

Selbstverständlich kann und will ich nicht behaupten, der Branche einen Königsweg aufzeigen zu können. Viele Tendenzen, von denen ich einige gleich anreißen werde, geben jedoch eine Richtung vor. Digitalisierung, Individualisierung, Urbanisierung und nicht zuletzt die Folgen der bereits jetzt entstandenen Umweltschäden machen eine Neuausrichtung unseres wirtschaftlichen Denkens und Handelns zwingend erforderlich. Eine Art kopernikanische Wende, die keineswegs als Revolution daherkommt, sondern Schritt für Schritt erfolgen wird, durch tätige Praxis, nicht durch theoretische Überlegungen.

Das wird natürlich auch, worauf ich ganz am Anfang schon hingewiesen habe, Beharrungskräfte auf den Plan rufen, deren Widerstand nicht immer erfolglos sein wird. Am Ende, da bin ich sicher, werden es folgende Attribute sein, die unsere Lebensfähigkeit gewährleisten und unser Leben verbessern: kleinteilig, agil, lokal, unhierarchisch, umweltschonend, gemeinwohlorientiert. Das gilt sowohl für die Automobil- als auch für die Agrarwirtschaft. Das gilt für die kommende Ökonomie insgesamt, die sich darüber hinaus zunehmend dem Zugriff der sogenannten Finanzmärkte entziehen wird. Aus Geld immer mehr Geld machen zu wollen, war dem linear fortschreitenden Uhrwerksuniversum gewissermaßen als Antrieb eingeschrieben. Das wird noch eine Weile, aber nicht mehr allzu lange funktionieren, die Koordinaten verschieben sich gerade.

Mit Produkten und Diensten ein Einkommen zu erzielen, auch Profit zu machen, war und ist nicht das Problem. Aber auch diese bis heute vorherrschende Art, seinen Lebensunterhalt zu bestreiten, wird sich wandeln; sie wandelt sich bereits, wie ich es an Beispielen verdeutlichen werde. In der sich entwickelnden Netzwerkökonomie werden wir uns deshalb auch über andere, neue Verteilungsmodi verständigen müssen, die sicherstellen, dass jede und jeder Einzelne sowie die Gesellschaft insgesamt den Abschied von der »alten Zeit« – der finanzkapitalistisch ausgerichteten Industriegesellschaft – nicht als Verlust, sondern als Befreiung und Stärkung erleben. Das ist möglich. Der Weg wird weit sein, weshalb es höchste Zeit ist, loszugehen und denen zu folgen, die bereits unterwegs sind.

Das mag nun wieder allzu hoffnungsfroh klingen. Als hätte ich aus den eingangs geschilderten Erfahrungen im Anschluss an mein letztes Buch nichts dazugelernt. Ja, in dieser Hinsicht bin ich wohl »unverbesserlich«. Aber es geht auch gar nicht anders. Wir müssen und können vieles besser machen. Zwar will ich nicht behaupten, dass wir diesen Vorsatz in absehbarer Zeit in eine allgemein vorherrschende Praxis umsetzen können. Im Kleinen sind aber einige von uns tatsächlich schon auf dem Weg dorthin, weil sie die Zeichen der neuen Zeit erkannt haben, wie ich in den folgenden kurzen Abschnitten zu zeigen versuchen werde. Sie warten nicht mehr darauf, dass jemand anderes den ersten Schritt macht, sondern marschieren los. Und das ist richtig so. Denn nur dadurch können sie, können wir auch der verschlafenen Politik und der im Industriemodus verharrenden Wirtschaft Beine machen.

Vom Skalen- zum Netzwerkeffekt

»Ich kann nicht die Kuh verkaufen
und die Milch behalten.«
Schottisches Sprichwort

Dass wir Handy-Nutzer so etwas wie Cyborgs sind, die manchmal absonderliche Dinge tun, ist die eine Seite. Wenn etwa jemand mit einem kaum erkennbaren Knopf im Ohr und ohne sichtbares Gegenüber laut redend und wild gestikulierend eine belebte Straße entlanggeht, bin ich nach wie vor spontan geneigt, dem Verwirrten weiträumig auszuweichen oder Hilfe zu holen. Und wenn von weither Gereiste, wie geschildert, die Karlsbrücke nicht etwa bestaunen, sondern in ihr Smartphone digitalisieren, könnte man schon am Menschsein dieser Mischwesen zweifeln; solche Konserven gäbe es bestimmt auch zu Hause zu kaufen, sehr viel günstiger und vor allem umweltschonender. Auf der anderen Seite macht die neue Technik möglich, wovon wir bis vor Kurzem allenfalls träumen konnten.

Wer hätte sich vor dreißig Jahren vorstellen können, dass wir unser teures, vielbändiges, buchstäblich schwer wiegendes Lexikon, diese stolze Kathedrale des Wissens, die zu Hause locker drei Regalmeter ausfüllte, einmal jederzeit und gratis mit uns würden herumtragen können, auf einem 10 mal 15 Zentimeter großen, kaum einen Zentimeter flachen Gerät mit einer Rechenleistung, für die man damals mehr als fünftausend Desktop-Computer hätte zusammenschalten müssen? Dieses gemeinschaftlich geschriebene Werk umfasst mittlerweile knapp 50 Millionen Artikel in rund 300 Sprachversionen und belegt mit nahezu zehn Milliarden Besuchen im Monat einen der vordersten Ränge unter den beliebtesten Websites.

Tausende ehrenamtliche Redakteure ergänzen, korrigieren und aktualisieren die Inhalte permanent und haben es praktisch unmöglich gemacht, dass irgendein Anbieter mit einem vergleichbaren kommerziellen Lexikon-Produkt noch Geld verdienen kann. Die Online-Enzyklopädie Wikipedia ist ein in zweierlei Hinsicht radikales sogenanntes Allmende-Produkt, ein Gemeingut: Zum einen kann es frei genutzt, aber weder besessen noch ausgebeutet werden, zum anderen entsteht es kollaborativ; weder gibt es eine Zentrale, die über die Inhalte entscheidet, noch Urheber- oder Managementhierarchien; jeder, der die rudimentären Regeln für das Verfassen und die Bearbeitung von Texten einzuhalten bereit ist, kann einen Beitrag leisten, und die meisten tun dies einfach deshalb, weil sie ihr Wissen mit anderen teilen wollen. Einen weiteren Benefit gibt es nicht.

Das ist ein ganz erstaunliches Motiv, das die Mainstream-Ökonomie in dieser Form und Dynamik wohl nicht für möglich gehalten hat, das aber immer mehr um sich greift. Um gemeinschaftliche Belange, wie etwa das Wohnen, zu organisieren oder spezielle Risiken abzusichern, um Gerätschaften gemeinsam zu nutzen, Dinge zu tauschen oder auf einem Stück Land Gemüse anzubauen, könnten wir heute ganz leicht und ohne große Formalitäten an die Prinzipien des Genossenschaftswesens anknüpfen, auch ohne die Dienste eines Unternehmens in Anspruch zu nehmen. Man schließt sich mit Gleichgesinnten in einem mehr oder weniger lockeren Netzwerk zusammen und regelt die eigenen Angelegenheiten unter sich. Solche Transaktionen sind heute bereits alltäglich, sie greifen immer mehr um sich und belegen damit auf beeindruckende Weise, dass Profitmaximierung nicht das alles beherrschende Prinzip und der Markt nicht die einzig denkbare Ordnung ist. Nein, es geht auch anders, und dieses andere erweist sich unter dem Vorzeichen der Digitalisierung als sehr viel leistungsfähiger, weil es effizienter ist, flexibler, selbstbestimmter und weil es deutlich weniger sowohl interne (Personal) als auch externe Kosten (Umwelt) verursacht als der herkömmliche Markt. Im gar nicht so seltenen Idealfall liegen die Kosten sogar bei null.

Dies erklärt sich zum einen aus dem sogenannten Netzwerkeffekt: Können zwei Mitglieder eines »Netzwerkes« eine Verbindung eingehen, sind bei vier Mitgliedern bereits sechs, bei fünf Mitgliedern zehn Verbindungen möglich. Das klingt anfangs überschaubar, steigert sich aber rasant: So kommt es bei 1500 Mitgliedern schon zu mehr als einer Million potenziellen Verbindungen und bei 20 000 zu knapp 200 Millionen. Darauf basiert die gleichsam monopolistische Größe der heutigen Internet-Riesen Facebook, Google oder Amazon, und derselbe Effekt war auch schon das Erfolgsgeheimnis der Telefongesellschaften gewesen: Besitzen fünf Menschen ein Telefon, ist der Nutzwert, also die Zahl der möglichen Verbindungen, eher beschränkt; er steigert sich aber mit jedem weiteren Teilnehmer überproportional. Im Unterschied zu traditionellen Märkten, wo etwa Kartoffeln, Milch oder Autos gehandelt werden, deren Erwerb jedem Käufer einen unmittelbaren Nutzen einbringt, unabhängig davon, ob jemand anderes das gleiche Produkt kauft, hängt der Nutzen in der Digitalwirtschaft davon ab, wie viele Leute ich erreichen kann, wie viele Menschen also beispielsweise ebenfalls ein Telefon besitzen. Hier konkurriert niemand um ein knappes Gut, im Gegenteil: je mehr Käufer oder Nutzer, desto besser. »Positive Rückkopplung« ist der Grund, warum Google, Facebook oder Amazon einen geradezu monopolartigen Marktanteil haben.

Derselbe Effekt verdankt sich zum anderen einer Besonderheit vor allem von »Informationsgütern«. Denn das solche Güter prägende Phänomen sind die gegen null sinkenden Grenzkosten, ein Umstand, der in der bisherigen Realwirtschaft undenkbar war und das Lehrgebäude der Volks- und Betriebswirtschaft zum Einsturz bringen wird. Die alte industrielle (Massen-)Produktion wird in erster Linie von Skaleneffekten getrieben. Das heißt, mit jedem zusätzlich hergestellten Fahrzeug beispielsweise reduziere ich die Kostenquote für alle Fahrzeuge, denn je mehr Exemplare meine Fertigungsstraße verlassen, desto geringer wird ein Teil meiner Fixkosten pro Exemplar – etwa Entwicklungskosten, Gebäudekosten, Kosten für die Anschaffung von Maschinen – und desto günstiger kann ich mein Produkt anbieten.

Durch immer größere Mengen die Stückkosten zu senken, war (und ist) deshalb die Erfolgslogik nicht nur der großen Produktionskonzerne wie etwa Volkswagen oder Unilever, sondern auch der Supermarktimperien, Fast-Food-Ketten oder Kino-Center. Und wir Verbraucher haben durch sinkende Preise und ein immer größeres Produktangebot ja durchaus davon profitiert – wenn ich hier einmal von Nachhaltigkeits- und Umwelterwägungen absehe. Gleichwohl fallen natürlich für jede zusätzliche Einheit trotzdem zusätzliche Kosten – etwa für Material, Energie, Transport, Personal – an, die sogenannten Grenz- oder Marginalkosten eben, die auch bei großen Mengen nur geringfügig zurückgehen. Ab einem gewissen Punkt stellt sich dann zudem unweigerlich die Kapazitätsfrage, denn wenn ich meine Betriebsanlage vergrößern, meine Produktionsstätten erweitern und/oder mehr Mitarbeiter einstellen muss, um meine Stückzahlen weiter zu erhöhen, und das war beispielsweise in der Automobilindustrie über Jahrzehnte gängige Praxis, dann beginnt die Kalkulation von vorn und kann sich bei abnehmender Nachfrage auch schnell als Fehlkalkulation erweisen oder zu teuren Überkapazitäten führen. Das nannte und nennt man »unternehmerisches Risiko«.

Das alles spielt nun in der Netzwerkökonomie keine entscheidende Rolle mehr. Ganz im Gegenteil, hier kommen vielmehr die erwähnten Rückkoppelungseffekte zum Tragen, die dafür sorgen, dass jede zusätzliche Einheit den Nutzen für alle am Netzwerk Beteiligten steigert, ohne nennenswerte weitere Kosten zu verursachen. Wenn ich einen zusätzlichen Wikipedia-Artikel erstelle, den anschließend potenziell jeder aufrufen kann, entstehen praktisch keinerlei Kosten: Grenzkosten in Höhe von null. Das bedeutet aber andererseits: Alles, was digitalisiert werden kann – und es ist nicht absehbar, ob diese Möglichkeit irgendwo an Grenzen stößt, wie biologische, genetische (Fleisch aus der Retorte), neurologische oder materialwissenschaftliche (3-D-Druck) Forschungen zeigen –, ist im Überfluss vorhanden, wird zur buchstäblich unerschöpflichen Ressource.

Die grundstürzenden Konsequenzen solcher »Proliferation« sind nach herkömmlicher Wirtschaftslehre nicht zu ermessen. Dennoch halten Ökonomen, Politiker und Journalisten an den überkommenen Kennzahlen fest, setzen weiterhin auf Wachstum und messen beispielsweise die Wirtschaftskraft eines Landes mit dem sogenannten Bruttoinlandsprodukt (BIP). Das war im 20. Jahrhundert auch durchaus angebracht, als man davon ausgehen konnte, dass die Summe aller produzierten und gehandelten Güter und Dienstleistungen ein guter Indikator für das »Gesamtwohl« eines Landes ist – einmal abgesehen davon, dass auch Verkehrsunfälle das BIP erhöhen. Wo mehr Autos und Kühlschränke gekauft, mehr Lebensmittel weggeschmissen oder mehr Urlaubsreisen gebucht werden als anderswo, dürfte es der Bevölkerung tatsächlich auch besser gehen.

Aber trifft das auch heute noch zu, ist das Bruttoinlandsprodukt nach wie vor ein geeigneter Gradmesser? Denn die digitalen Güter, die zunehmend kursieren und häufig keinen monetären Preis haben, aus denen wir aber ohne Zweifel einen Nutzen ziehen, bleiben dabei völlig unberücksichtigt – so wie früher schon etwa die Haus- und Erziehungsarbeit von Frauen. Das heißt, ein wachsender Anteil von Dienstleistungen und real geschaffenen Werten wird von der amtlichen Statistik gar nicht mehr erfasst, weshalb das BIP nur noch von höchst bedingter Aussagekraft ist – und gleichwohl in allen Wirtschaftsanalysen die maßgebliche Größe bleibt.

Das führt dazu, dass die kategoriale Veränderung unserer Realität zwar immer wieder beschworen oder beklagt, aber selten korrekt beschrieben und gemessen oder wirklich bedacht wird. Die bislang vorherrschenden ökonomischen Lesarten, die das wirtschaftliche Geschehen im Wesentlichen als Wechselspiel zwischen Angebot und Nachfrage, Input und Output auffassen, dominieren die Sicht auf die nahe Zukunft derart, dass ganz andere Entwürfe gar nicht in den Blick geraten. Das ist bei den traditionell produzierenden Industrien betriebswirtschaftlich auch durchaus nachvollziehbar, wird aber mittel- und langfristig nicht mehr ausreichen, weil es die Weiterentwicklung von Geschäftsmodellen behindert.

Das Festhalten an den klassischen Kenngrößen ist aber auch in anderer Hinsicht zurzeit kaum zu vermeiden. Weil die Zukunft bereits in die Gegenwart hineinragt, werden beide Welten auf absehbare Zeit nebeneinander existieren und wohl auch miteinander konkurrieren. Gerade deshalb ist es wichtig, zumindest gedanklich die herrschenden Schemata zu überschreiten. Und damit meine ich keineswegs nur die Wissenschaftler und Intellektuellen, sondern auch und gerade Unternehmer und Manager, von denen übrigens viele meiner Beobachtung nach schon sehr viel weiter sind als die meisten klugen Gesellschafts- und Wirtschaftsanalytiker. Ich werde darauf noch zurückkommen.

Aber auch bei den Analytikern gibt es Ausnahmen. 2014 hat beispielsweise der einflussreiche amerikanische Soziologe und Managementberater Jeremy Rifkin bereits *Die Null-Grenzkosten-Gesellschaft*[26] beschrieben, wobei er insbesondere eine zunehmende marktferne »Peer-Produktion« sowie das Potenzial des Internets der Dinge hervorhob. Die Tatsache, dass die Internetverbindungen zwischen Maschinen schon bald zahlreicher sein werden als die Verbindungen zwischen Menschen, werde die Grenzkosten auch physischer Güter und Dienstleistungen auf ähnliche Weise senken, wie es schon heute – »Kopieren und Einfügen« – bei den Informationsgütern und den im Internet zugänglichen digitalen Produkten der Fall ist. Eine Welt aber, in der kostenlose Daten und Dinge Einzug halten und kommerziell erzeugte Güter sukzessive verdrängen, kann nicht mehr kapitalistisch sein.

Dieser Analyse stimmen immer mehr kluge Köpfe mehr oder weniger entschieden zu, so unter anderen der Brite Paul Mason, auch wenn die aktuellen Wirtschaftsnachrichten den entsprechenden Prognosen nicht gerade Nahrung geben. In seinem äußerst lesenswerten Buch[27] sieht Mason einen ganz und gar nicht mehr kapitalistischen »Postkapitalismus« aufsteigen und skizziert anhand zahlreicher konkreter Beispiele und Indizien die »Grundrisse einer kommenden Ökonomie«, aus der eine kooperative, sozial gerechte und ökologisch nachhaltige Gesellschaft hervorgehen könnte.

Noch ist es nicht so weit, wir wissen das. Aber solchen Befunden zufolge befinden wir uns in einer Transitions-, also einer Übergangsphase. »Technologisch«, so Mason, »sind wir auf dem Weg zu kostenlosen Gütern, nichtmessbarer Arbeit, exponentiellen Produktivitätszuwächsen und der umfassenden Automatisierung physikalischer Prozesse. Gesellschaftlich sind wir Gefangene einer Welt, die von Monopolen, Ineffizienz, den Ruinen eines vom Finanzsektor beherrschten freien Markts und der Ausbreitung von ›Bullshit-Jobs‹ geprägt ist.«[28] Entsprechend tobe ein »Krieg zwischen Netzwerk und Hierarchie«, dessen Ausgang noch offen ist, weil Großkonzerne, Banken und Regierungen alles versuchen würden, um ihre Kontrolle über Macht und Informationen aufrechtzuerhalten.

Kurzfristig sind insbesondere die weltweit agierenden Industriekonzerne sowie die großen Hightech-Unternehmen wegen ihrer Kapital- und Innovationsstärke in einer denkbar guten Ausgangsposition, während sich Banken und Regierungen mittlerweile ja regelrecht selbst abzuwickeln scheinen. Aber die Stärken auch der kaum mehr kontrollierbaren Internet-Riesen, wie etwa Google, mit ihren im schnellen Wachstum ebenfalls gewachsenen Betriebskosten beruhen paradoxerweise im Wesentlichen auf dem Netzwerkeffekt. Und dieser Effekt führt nahezu zwangsläufig zu einer Aushöhlung des Werts und der Eigentumsverhältnisse, zu Überfluss und zu kostenlosen Gütern, die am Ende alle bisherigen Geschäftsmodelle obsolet machen könnten. Das heißt, der Krieg, von dem Paul Mason spricht – und die meisten Unternehmer und Manager dürften dies aus der Praxis bestätigen können –, findet nicht zuletzt im Innern statt, eben auch im Innern der eigenen Firma. Denn Informationsmonopole zu errichten und geistige Eigentumsrechte, etwa in Form von Patenten oder eines neuen Urheberrechts, zu verteidigen, sind Aktivitäten, die gegen die Netzwerklogik gerichtet sind. Hier führt das Netzwerk gewissermaßen Krieg gegen sich selbst, und es ist kaum noch erkennbar, wer hier eigentlich warum und wogegen antritt.

Offenkundig geht es zuallererst, wie immer, um Status-quo-Erhalt und Profit. Beides erscheint inzwischen jedoch seltsam gestrig, in einer Welt, in der viele ökonomische Gewissheiten abgeräumt werden und in der die einst klaren Grenzen etwa zwischen Produktion und Konsum, zwischen Nutzung und Besitz oder zwischen Arbeit und Freizeit zunehmend verschwimmen und sich der Wert von Gütern und Diensten nicht mehr in Preisen ausdrücken lässt. Von den Nutzern Geld zu verlangen, wäre in der Netzwerkökonomie im Prinzip sogar unwirtschaftlich und technologisch kontraproduktiv. Es würde dem Produkt schaden, die Reichweite verringern und Einbußen etwa bei Provisionszahlungen oder bei den Werbeeinnahmen verursachen, die in der Summe viel höher sind, als es etwaige Einnahmen vom Publikum je sein könnten. Wir User wiederum werden darüber hinaus auch noch in dem Glauben gewiegt, etwas geschenkt zu bekommen, wodurch eine Anspruchshaltung, eine Umsonst-Mentalität entsteht, durch die traditionelle Anbieter unter extremen Preisdruck geraten.

Das ist auch ganz im Sinne solcher Unternehmen wie etwa Google oder Amazon, deren Manager gar keinen Hehl daraus machen, möglichst alle Anbieter mindestens kleinhalten, am liebsten ausschalten zu wollen, die in der Wertschöpfungskette zwischen ihnen und den Kunden stehen. Das ist beispielsweise dezidiert Teil der Google-Strategie, die darauf abzielt, in immer mehr Marktsegmenten so dicht wie möglich an die Kunden heranzukommen. Den Kunden selbst will Google in der Regel gar nichts verkaufen, sondern umgekehrt: Man möchte etwas von ihnen haben, das die Firma dann bei Werbekunden zu Geld machen kann – nebenbei können all die

Daten womöglich auch dabei helfen, Ray Kurzweils Vision vom Maschinenmenschen zu realisieren. Wer dabei welche Rolle einnimmt, wer produziert, wer konsumiert, ist kaum mehr auszumachen. Ja, was Güter überhaupt sind, wird fraglich.

Abschied von der Dinglichkeit?

»Beim Abschied wird die Zuneigung zu den Dingen, die uns lieb sind, immer ein wenig wärmer.«
Michel de Montaigne

In der digitalen Welt mit ihren exponentiell zunehmenden Datenströmen, die immer mehr physische Produkte gewissermaßen mit sich reißen, beginnt auch der Unterschied zwischen Daten und Dingen zu verschwimmen – mit wiederum erheblichen Auswirkungen auf die für den Kapitalismus fundamentalen Eigentums- und Austauschverhältnisse. Bislang waren Dinge im Unterschied zu den beliebig oft reproduzierbaren und sich selbst vermehrenden Daten exklusiv. Um sie herzustellen, entstehen Kosten durch den Einsatz von Rohstoffen, Arbeit, Maschinen und Energie, und um sie zu nutzen, ist ihr Besitz die häufigste und ja auch angemessene Form, wenn es nicht permanent zu Streit oder Verhandlungen kommen soll; auf meinem Schreibtischstuhl finde eben nur ich Platz, mein Auto steht zwar die meiste Zeit ungenutzt herum, mir aber jederzeit zur Verfügung. Allerdings haben die Dinge, mit denen ich mich umgebe und die ich besitze, einen entscheidenden Nachteil: Sie nutzen sich im Gebrauch ab und müssen irgendwann ausgetauscht werden. Daten sind hingegen im Prinzip unvergänglich und werden mit ihrer Nutzung nicht etwa schlechter, sondern immer besser.

Nun geraten jedoch auch die Dinge durch die Datendynamik sozusagen in Auflösung und werden im Zuge ihrer zunehmenden Vernetzung den Informationsgütern immer ähnlicher. Ein Auto von Tesla beispielsweise ist zwar natürlich nach wie vor ein handfester Gegenstand, es handelt sich aber in Wahrheit gar nicht mehr um ein Fahrzeug, sondern um einen Computer auf Rädern. Auch ein Smartphone ist – wer weiß, wie lange noch? – immer noch ein »Ding«, geräteartig. Und zweifellos spielen etwa bei Apples iPhone optische und haptische Eigenschaften eine herausragende Rolle. Apple hat Ikonen des Konsums erschaffen, und Steve Jobs war ein Meister des Designs und der Markenphilosophie. Ebenso zweifellos sind die Smartphone-Hersteller jahrelang der auf Skaleneffekten beruhenden industriellen Logik gefolgt: Sie haben die Produktion beständig ausgeweitet und durch kurze Produktzyklen – alle zwei Jahre ein neues, besseres Modell, ein neues Betriebssystem und neue Apps, für die die alten Modelle nicht mehr kompatibel sind – am Laufen gehalten. Ich kenne Zwölfjährige, die sich rühmen, bereits das siebte Handy ihr Eigen zu nennen.

Diese Phase scheint sich allerdings dem Ende zuzuneigen, wie sinkende Smartphone-Verkaufszahlen belegen. Sowohl Verbraucher als auch Gesetzgeber wollen dem Diktat des Angebots nicht länger widerspruchslos folgen. Der Markt ist zwar noch längst nicht »gesättigt«, wie es so schön heißt und wovon die Handy-Verkaufsstände im Elektronikhandel Zeugnis ablegen. Aber angesichts einer gewaltig wachsenden Menge an Elektromüll sowie des enormen Ressourcenverbrauchs (Stichwort: Akku) durch die weltweite Handy-Produktion hat ein Umdenken eingesetzt, zumal die Verbesserungssprünge von einer Geräte-Generation zur nächsten immer kleiner werden. Das erste iPhone war ohne Frage eine Revolution, alle Nachfolgemodelle sind lediglich Optimierungen: schnellere Prozessoren, größere Speicher, bessere Kameras.

Inzwischen sind erste sogenannte Fairphones im Handel, die in modularer Bauweise sowohl aus recycelten Bauteilen als auch durch die Verwendung »konfliktfreier« Rohstoffe aus geprüften Minen entstehen. Die holländische Firma, die diese Geräte herstellt, unterstützt sogar die Rückholung von Elektronikschrott aus Afrika, um ihn für die eigene Produktion wiederzuverwerten. Das ist ein schönes Beispiel verantwortlichen Handelns, das die Welt sicher noch nicht zu einem besseren Ort macht, das aber Veränderungstendenzen aufzeigt, die sich fortpflanzen, die neue »Standards« setzen – und die im Hintergrund die Frage aufwerfen: Geht es um Nutzung oder um Besitz? Ist das Gerätehafte, Dingliche des Smartphones seine hervorstechende und es gewissermaßen definierende Eigenschaft?

Ich behaupte: Nein, auch wenn ein Blick in unsere Cyborg-Umwelt etwas anderes nahezulegen scheint. So wie das Auto einen langsamen Bedeutungsverlust erfährt und vom Statussymbol mit Freiheitsversprechen zunehmend auf seine Mobilitätsfunktion zurückgeführt wird, die es allerdings unter den gegebenen Umständen denkbar schlecht und ineffizient erfüllt, weil es die meiste Zeit des Tages eben nicht mobil ist, sondern am Straßenrand oder sonst wo parkt, so rückt auch für einen wachsenden Teil der Handy-Nutzer die Funktionalität ihres Geräts in den Mittelpunkt.

Das Smartphone ist ja längst kein Telefon mehr, es ist ein datenverarbeitendes System, eine Art Hosen- oder Handtaschen-Werkstatt, die allen möglichen Zwecken in der Datenwelt dienen kann und deren konkrete Gestalt, vielleicht sogar deren sicht- und tastbare Dinglichkeit an sich womöglich nur eine Übergangsform ist, jedenfalls nicht das entscheidende Charakteristikum.

Die Dinglichkeit, das Objekthafte der Welt, das Repräsentative rückt mehr und mehr in den Hintergrund. Es gibt inzwischen zwar keine gedruckten Universal-Enzyklopädien mehr, dafür aber dickleibige Lexika der »verschwundenen Dinge«, Aufzählungen und Beschreibungen von Produkten, Gegenständen, Geräten, die einmal sehr populär waren, die aber mittlerweile als Dinge nicht mehr existieren, etwa weil sie in die Datenwelt eingegangen sind. Wir alle könnten problemlos, sei es nostalgisch, sei es erleichtert, einige davon benennen, von der Schreibmaschine über die Telefonzelle bis zur CD. Ein solches Verschwinden mag manchmal traurig stimmen und unsere »Zuneigung noch wärmer machen«, wenn wir mit diesen Dingen schöne Erinnerungen verbinden. Insgesamt aber haben wir dadurch an Lebensqualität hinzugewonnen. Die zum MP3-File umgewandelte Schallplatte beispielsweise bleibt ja weiterhin die Musik, die wir mögen; sie hat zwar als Objekt ausgedient, ist dafür nun aber überall und jederzeit verfügbar, hörbar.

Diese Verfügbarkeit wiederum führt jedoch zu neuen Problemen, die damit zusammenhängen, dass die Welt der Dinge Regelungen hervorgebracht und auch erforderlich gemacht hat, die einer Welt der Daten nicht mehr recht angemessen sind. Wir haben das kürzlich beispielhaft in der Auseinandersetzung um die sogenannte Urheberrechtsreform erlebt. Dass ein derart sperriges Thema Befürworter wie Gegner dabei sogar auf die Straße trieb, hätte ich noch vor einiger Zeit nicht für möglich gehalten, werte es aber als überaus positives Zeichen, weil es hier tatsächlich um wichtige Fragen ging und geht: Was ist in Zeiten der Digitalisierung ein individuell zuweisbares geistiges Eigentum, das nur ich selbst oder eine Firma kommerziell nutzen darf, was ist gesellschaftliches Wissen? Was ist ein Kapitalgut, was ist Gemeingut? Was darf ich von all den Informationen, Gedanken, Bildern und Tönen, die im Netz kursieren und sich minütlich mit und ohne mein Zutun vermehren, wie und wofür verwenden? Darf ich ein gefundenes

Foto, ein woanders entdecktes Video, einen Zeitungsartikel oder das Gedicht einer jungen Lyrikerin auf Facebook – oder anderswohin – hochladen? Steht doch schon im Netz, ist auffindbar.

Wenn es nach der EU-Kommission und dem EU-Parlament geht, darf ich das nicht mehr – oder jedenfalls nur noch sehr eingeschränkt. Und als Autor dieses Buches müsste ich dem eigentlich vollinhaltlich zustimmen. Denn unter den gegebenen Umständen ist das, was in der Netzwerkökonomie passiert, auch nach meinem Gerechtigkeits- und Rechtsempfinden nicht in Ordnung. Musiker, Journalisten, Autoren, Fotografen, Programmierer zum Beispiel – und die weibliche Form ist hier immer mitgemeint – müssen doch von ihren Leistungen ihren Lebensunterhalt bestreiten können. Und wenn das, was sie kreiert haben, anschließend von vielen »aufgerufen« wird – angesehen und gehört, gelesen und genutzt –, müssen sie an solchem »Erfolg« ihrer Hervorbringungen doch auch angemessen beteiligt werden. So war jedenfalls bisher die selbstverständliche und wohl auch für jeden nachvollziehbare Verabredung.

Wie aber gewährleistet man das in Zeiten des Internets und der sozialen Medien, der Streaming-Dienste und Leseplattformen? Indem wir die Dienstanbieter, etwa die Betreiber sozialer Plattformen, für etwaige Urheberrechtsverstöße ihrer Nutzer »vollständig« haftbar machen (ganz nach dem Motto: Eltern haften für ihre Kinder)? Und sie verpflichten, sogenannte Upload-Filter einzusetzen, die urheberrechtlich geschützte Inhalte aussperren? Du lieber Himmel! Das hieße ja, dass der Staat einen Teil seiner aus dem Gewaltmonopol resultierenden Aufgaben an private Unternehmen auslagert, die nun in diesen Fällen die Strafverfolgung und auch gleich die Rechtsprechung übernehmen sollen. Insbesondere für kleinere

Anbieter, etwa den wunderbaren »Perlentaucher«, der mit seiner täglichen Feuilleton-Presseschau einen wichtigen Dienst leistet, wäre das fatal.

Man muss sicherlich nicht gleich die Freiheit des Netzes in Gefahr sehen und die Einführung riesiger Zensurinstanzen fürchten. Aber diese Maßnahmen weisen nach meiner Überzeugung in die falsche Richtung. Rückwärts. Wir sollten die oben erwähnten »gegebenen Umstände« zu ändern versuchen, anstatt auf den alten Eigentumstiteln zu beharren. Eine einfache Lösung wird es da nicht geben, jedenfalls kann ich sie hier nicht bieten. Ich sehe nur, dass wir mit den hergebrachten Konzepten – Eigentum, leistungsbezogenes Arbeitseinkommen – keine Antworten auf die durch die Netzwerkökonomie aufgeworfenen Fragen finden werden. Aus meiner Sicht wäre es angemessener, in einer Übergangsphase, anstatt Verbote zu erlassen, zumindest in den kommerziellen Weiten des Netzes Beteiligungsregeln durchzusetzen, wie sie etwa bei YouTube oder bei Zeitschriften-Portalen schon praktiziert werden; dort gibt es je nach Anzahl der Klicks oder nach Verweildauer gewissermaßen Tantiemen für die Produzenten. Die sind zwar erbärmlich gering, darüber wird zu reden sein. Aber im Unterschied zu dinglichen Produkten (Buch, Zeitschrift, CD) ist die potenzielle Konsumentenzahl bei »Datengütern« nahezu unendlich viel größer.

Das Grundproblem wäre durch solche Beteiligungsregeln allerdings nicht wirklich gelöst, denn die Netzökonomie lässt sich im Endeffekt nicht marktförmig gestalten, sondern bedarf eines neuen Verteilungsmodus auf der Grundlage eines offenen Systems (Open Source). Die klassischen Kapitalgüter und Eigentumstitel haben ausgedient. Der Abwehrkampf gegen diese Außerdienststellung wird zwar noch eine Weile toben, er wird aber, darauf würde ich setzen, zugunsten der

Gemeingüter ausgehen. Und in der Konsequenz werden wir alle – und das meine ich in diesem Fall buchstäblich, im weltweiten Maßstab – davon profitieren. Denn nur in einem Open-Source-System lassen sich auch die grundlegenden Probleme der Menschheit – Klimawandel, Armut, Hunger, Krankheiten – einer Lösung näherbringen. Offenkundig wird das heute schon etwa bei Patenten auf Medikamente oder Saatgut, die zwar ihren Inhabern hohe Profite einbringen mögen, aber dem Gemeinwohl deutlich, zum Teil auf zynische Weise entgegenstehen.

Seit Jahren schon laufen Ärzte und Entwicklungshilfe-Initiativen bis hin zur Gesundheitsorganisation der Vereinten Nationen (WHO) gegen Pharmakonzerne Sturm, die beispielsweise ihre Patente auf hochwirksame, aber teure AIDS-Medikamente hartnäckig verteidigen und die Entwicklung von deutlich günstigeren Generika verhindern, wodurch Millionen Erkrankte etwa im südlichen Afrika von einer Behandlung ausgeschlossen bleiben. Was ihnen helfen könnte, gibt es zwar, es ist für sie aber unbezahlbar.

Die Konzerne argumentieren mit ihren hohen Forschungs- und Entwicklungskosten, vergessen dabei jedoch in der Regel, dass die meisten ihrer Forscher und qualifizierten Mitarbeiter Schulen durchlaufen und Studiengänge absolviert haben, die wohl mehrheitlich von der Allgemeinheit finanziert wurden. Das heißt, die Firmen profitieren von vielen Gemeingütern – darunter auch Infrastruktur, Rechts- und Vertragssicherheit –, beharren aber auf der exklusiven Nutzung ihrer unter diesen Bedingungen entstandenen Kapitalgüter. Das erscheint mir weder zeitgemäß noch gerecht. Und damit rede ich nicht automatisch der Enteignung geistigen Eigentums das Wort. Natürlich sollen Innovation und Forschung weiterhin bestmöglich gefördert werden, wobei auch finanzielle und geschäftliche Anreize bis auf Weiteres eine Rolle spielen können. Wir müssen hier aber, wie auch beim Urheberrecht, zu neuen Allokationsregeln finden, wenn betriebswirtschaftliches Gewinnstreben, das hier keineswegs gegeißelt werden soll, dem gesellschaftlichen Interesse zuwiderläuft. Das ist eine Nutzen-Abwägung.

Eine solche Abwägung und Neubewertung wäre, wie im ersten Teil des Buches deutlich geworden sein sollte, auch in der Saatgut-Industrie erforderlich. War Saatgut bis weit ins 20. Jahrhundert hinein ein öffentliches Gut, das von der Wissenschaft verbessert und den Landwirten quasi zu den Gestehungskosten zur Verfügung gestellt wurde, wird der weltweite Saatgutmarkt inzwischen von einer Handvoll multinationaler Konzerne beherrscht, die sowohl die Preise als auch die Nutzungsbedingungen diktieren. Das wird bei einer rapide wachsenden Weltbevölkerung schon bald ein ernstes Problem, ist es in Wahrheit heute schon. Denn in emsiger Lobbyarbeit ist es den Konzernen gelungen, sich zahlreiche Patente nicht nur auf gentechnisch veränderte, sondern selbst auf konventionell gezüchtete Pflanzen zu sichern. Deren Saatgut ist nun gewissermaßen ihr Eigentum, aus dem sie, der betriebswirtschaftlichen Rationalität folgend, den größtmöglichen Profit herauszuschlagen versuchen. Die nahezu logische Konsequenz: Viele arme Landwirte weltweit können sich das Saatgut, dieses für sie lebenswichtige Produktionsmittel, schlicht nicht mehr leisten und ziehen als Tagelöhner in die Armutsgürtel der Städte. Denn landwirtschaftliche Ausweichmöglichkeiten haben sie praktisch keine. 97 Prozent aller Saatgutpatente befinden sich heute in den Händen einiger weniger Unternehmen aus den Industrieländern, die damit Milliardenumsätze machen, obwohl doch 90 Prozent aller biologischen Ressourcen tatsächlich aus dem Süden stammen. Wer dieses quasi koloniale System, das buchstäblich Hunger schürt, für richtig hält, kann nicht ernsthaft »Ökonom« genannt werden. Denn es ist klar, dass hier die Interessen einiger weniger den Interessen der Allgemeinheit massiv entgegenstehen. Schon 2018 beispielsweise wurde weltweit mehr Getreide verbraucht als produziert. Zwar sind die Vorratslager aktuell noch gut gefüllt, aber wer auch nur die Grundrechenarten beherrscht, wird schnell erkennen, dass hier die nächste Katastrophe winkt.

Solche Verwerfungen, nein Verirrungen wird die Netzwerkökonomie, da bin ich sicher, über kurz oder lang auflösen. Weil wir einsehen werden, einsehen müssen, was schon Albert Einstein gewusst hat: »Probleme kann man niemals mit derselben Denkweise lösen, durch die sie entstanden sind.« Deshalb sind die Urheberrechtsreform, das Patent- und Eigentumsrecht sowie viele andere im Industriezeitalter gewachsenen Regulierungen der dinglichen, räderwerkartigen »Güterwirtschaft« nicht geeignet, um die Herausforderungen des Informationsuniversums zu meistern. Es bedarf neuer Verabredungen. Und die Werkzeuge hierzu liegen ja in Wahrheit schon bereit und beweisen – noch im Kleinen –, dass es auch ganz anders geht.

Und damit male ich nicht die Zukunft schön, sondern beschreibe lediglich, was allenthalben schon geschieht: In dem Moment, als die technischen Möglichkeiten bereitstanden – Verbilligung der Rechenleistung von Computern, Zugang zum Netzwerk, Modularisierung der Aufgaben –, Dinge oder Leistungen ohne den Markt und ohne Unternehmen zu produzieren und anderen zur Verfügung zu stellen, haben die Menschen damit begonnen, genau das zu tun.

Wikipedia ist da nur eines von vielen Beispielen. Das ist wunderbar und erschreckend zugleich: wunderbar, weil es eine neue, nachhaltige Produktionsweise in Aussicht stellt, die vielen Menschen einen Nutzen bringt, ohne die Nachteile des klassischen Marktsystems – Ungleichverteilung von Macht und Wohlstand, von Gesundheit und Wissen – in Kauf zu nehmen; erschreckend, weil die digitale Ökonomie in einer Übergangsphase viele Arbeitskräfte aus dem Produktionsprozess verdrängen, den Marktpreis von Gütern drücken, herkömmliche Profitmodelle zerstören und Konsumenten hervorbringen wird, die nach kostenlosen Gütern verlangen. Und das sogar mit Recht.

Die zuletzt genannten Wirkungen werden natürlich Verlierer hervorbringen, die sich mit aller Macht einem solchen Verlust entgegenstemmen werden. Und da gerade die heute Mächtigen zu diesen Verlierern gehören werden – etwa die großen, unbeweglichen, auf Kontrolle und Standardisierung setzenden Auto-, Pharma- und Nahrungsmittel-Konzerne sowie ihre politischen Unterstützer –, werden Turbulenzen auf uns zukommen.

Viele Geschäftsmodelle sind nicht mehr zeitgemäß. Immer mehr menschliche Tätigkeit wird durch Maschinen und Assistenzsysteme ersetzt werden. In weniger als zehn Jahren werden Milliarden neuer *Machine-to-machine*-Verbindungen im sogenannten Internet der Dinge eine heute noch kaum vorstellbare Zahl an Berufen und Geschäftsfeldern überflüssig gemacht haben. Das wird ebenso viele Verwerfungen wie Chancen mit sich bringen. Bislang werden leider zumeist nur die voraussichtlichen Probleme beschworen, die allerdings vor allem deshalb so bedrohlich erscheinen, weil wir an den alten Koordinaten – Arbeit und Lohn, Geld und Eigentum – festhalten und uns das Neue nicht vorstellen mögen oder können. Das sollten wir aber, damit wir die Chancen nicht ungenutzt verstreichen lassen. Die für viele heute altbacken wirkenden Genossenschaften könnten sich in diesem Sinne als Avant-garde erweisen, weil sie wesentliche Eigenschaften der digitalen Welt – Solidarität, Transparenz, Gleichberechtigung und Selbstverwaltung – bereits in sich tragen.

Der entscheidende, uns alle unmittelbar betreffende Bereich, der sich im Zuge der Digitalisierung radikal verändern wird und der schon heute immer im Zentrum sei es besorgter, sei es beschwichtigender, sei es euphorischer Prognosen steht, ist der Arbeitsmarkt. Gleichzeitig ist gerade das Feld »Arbeit« von zahllosen Ambivalenzen geprägt, wie jeder und jede, der oder die arbeitet, spontan nachvollziehen kann.

Arbeit ist sinnstiftend und/oder wird als Qual empfunden, Arbeit kann erfüllend und/oder stressig sein, Arbeit ist ein notwendiges Übel zur Sicherung des Lebensunterhalts, aber auch ein Weg zur sozialen Teilhabe, Arbeit macht mich zu der Person, die ich bin, hindert mich aber auch daran, die Person zu werden, die ich sein möchte, Arbeit ermöglicht es mir, nahestehende Menschen – zum Beispiel meine Familie – mit zu ernähren, nimmt mir aber gleichzeitig die Möglichkeit, mehr Zeit mit ihnen zu verbringen. Ich könnte die Aufzählung noch eine ganze Weile fortsetzen. Kurz, was wir »Arbeit« nennen, ist ein, vielleicht »der« zentrale Aspekt unseres bisherigen Lebens – wie des Lebens unserer Eltern, Großeltern und so fort. Seit mehr als zweihundert Jahren prägt die berufliche Tätigkeit sowohl unser Selbstverständnis als auch unseren gesellschaftlichen Status.

Wenn nun jemand daherkommt und sagt: »Tempi passati«, dann wird er sich natürlich warm anziehen und mit heftigen Gegenreaktionen rechnen müssen. Weshalb ich es vorziehe, es so nicht zu sagen, aber gleichwohl empfehlen möchte, den Gedanken zuzulassen. Was passiert, wenn uns die Arbeit ausgeht? Wie wird das die Gesellschaft und mein individuelles Leben verändern? Zwar wird das Ende der Arbeitsgesellschaft ganz sicher nicht morgen oder übermorgen ausgerufen werden, und in einem irgendwie endgültigen Sinne ist das gar nicht absehbar. Aber für Millionen heute Berufstätige dürfte das Ende der Fahnenstange schon sichtbar sein. Was dann?

Ehrlich gesagt, überstiege eine Antwort darauf meine derzeitige Vorstellungskraft, weshalb ich mich daran im Zusammenhang mit diesem Buch gar nicht erst versuchen möchte. Ich habe weiter oben einige Ansätze skizziert – Grundeinkommen, negative Einkommenssteuer –, wie zumindest ein Übergang gestaltet werden könnte. Aber es lohnt sich nicht nur, sondern wird entscheidend sein, weiter darüber nachzudenken, da die Hoffnung auf immerwährendes Wachstum und Vollbeschäftigung in meinen Augen illusorisch ist. Wir sollten solche notorisch geschürten Heilserwartungen endgültig ad acta legen und zur Kenntnis nehmen, was in unserer ganz konkreten Gegenwart passiert. Und das hat mit dem Geschehen, wie es Volks- und Betriebswirte in geradezu realitätsresistenter Haltung beschreiben, schon heute nicht mehr viel gemein.

Die Welt ändert sich gerade rasant und mit ihr unsere Werkzeuge, unsere Taktgeber und unser Bewusstsein. Das kann einen guten Ausgang nehmen, auch für die Automobil- und die Agrarindustrie, sofern sie die Bereitschaft und die Fähigkeit entwickeln, sich aus ihrem industriellen Gepräge zu befreien und so nicht den eigenen Interessen, sondern ihren Kunden den Vorzug zu geben und aus dem Uhrwerksuniversum in das Informationsuniversum einzutreten. Eine ganz maßgebende Rolle kommt uns dabei zu: als Kunden sowie als gesellschaftlich und politisch treibende Kraft, die die Wirtschaft in ihre Rolle als Mittel, nicht als Zweck, zurückzudrängen und die ökologischen und sozialen Verhältnisse so zu gestalten vermag, dass wir auch unseren Kindern und Kindeskindern eine lebenswerte Umwelt überlassen. Vielleicht werden sie es sogar, das war ja mal der Wunsch unserer Eltern und Großeltern, besser haben als wir. Die Aussichten dafür sind, Stand heute, nicht wirklich rosig. Aber möglich ist es.

Die neue Kundenmacht

»Es gibt manche Leute, die nicht eher hören,
als bis man ihnen die Ohren abschneidet.«
Georg Christoph Lichtenberg

Niemals zuvor war die Kundschaft besser informiert als heute. Umfragen zufolge machen sich bereits mehr als 50 Prozent der Verbraucher vor einer Anschaffung oder Buchung im Internet kundig, und zwar längst nicht mehr nur über Preise und Produkteigenschaften. Nein, in den sozialen Medien, in den Vergleichsportalen, in speziellen Chats und auch bei den Online-Händlern selbst geht es zunehmend um Kundenbewertungen. Dass ein Anbieter selbst seine Produkte oder Dienstleistungen lobt, beeindruckt kaum noch jemanden. Im Gegenteil, das Vertrauen in solche »Selbstauskünfte« von Anbietern ist nach den zahllosen Skandalen der vergangenen Jahre – Abgasmanipulationen, Bankenkrise, Lustreisen von Versicherungsvertretern, gefälschte Testergebnisse, gekaufte Gutachten und Zertifikate, die Reihe ließe sich noch eine Weile fortsetzen – auf dem Tiefpunkt, weshalb eine klassische Werbeansprache immer weniger verfängt. Immer wichtiger wird stattdessen, was Kunden über ein Unternehmen, dessen Produkte, Dienstleistungen und Services berichten.

Das kann man »Empfehlungsmarketing« nennen, weil sich die Fürsprache Dritter durch geeignete Maßnahmen auch aktiv in Gang setzen und vor allem in Gang halten lässt, etwa durch eine besondere Betreuung derer, die schon einmal empfohlen haben. Von finanziellen Zuwendungen, wie man sie mittlerweile sogenannten Influencern gewährt, damit sie ein

Unternehmen in ihren Netzbeiträgen in ein günstiges Licht rücken – so, wie man bis heute beliebte Sportler und Schauspieler für Werbespots engagiert –, würde ich persönlich eher abraten, übrigens auch den Influencern. Die Leute werden das Spiel irgendwann durchschauen, und es wird sie verstimmen.

Und jede Verstimmung wie auch jeder Ärger über Produktmängel und schlechte Serviceleistungen kann sich heute als katastrophal erweisen, weil die virale Verbreitung solcher *bad credits* kaum mehr aufzuhalten ist. Der hohe Vernetzungsgrad und die rasante Geschwindigkeit des Cyberspace können einen Anbieter dann schnell in die Knie zwingen – zumal das Netz auch nichts vergisst. Kurz, wer seine Kunden enttäuscht, sie schlecht berät oder sie mit plumpen Marketing-Aktionen (Telefon- und Mailterror) nervt, fällt durch.

Jedes Unternehmen, ob groß oder klein, sollte deshalb alle Aktivitäten, Prozesse und Technologien auf den Kunden ausrichten. Quartalsziele, Kostenstellen, Zuständigkeiten interessieren den Kunden nicht und ein standardisiertes Angebot immer weniger. Der Markt ist weitgehend gesättigt, transparent wie nie, und die Auswahl groß. Ich möchte als Kunde die passende Lösung für mein Problem, die passgenaue Deckung meines individuellen Bedarfs. Je persönlicher, desto besser. Ich bin gern bereit, selbst dabei tätig zu werden, muss dafür aber vielleicht beim Einkauf kompetent beraten werden – und das möglichst nicht von einer Callcenter-Mitarbeiterin im südlichen Afrika, deren Kompetenz allenfalls auf der Kenntnis der Betriebsanleitung beruht, die mir ebenfalls vorliegt. Agierten die Firmen bisher von innen nach außen – ich entwickle ein Angebot, und das Marketing weckt die entsprechende Nachfrage –, verläuft die Richtung nun zunehmend umgekehrt: von außen nach innen. Ich muss hören, was nachgefragt wird, und dann ein entsprechendes Angebot bereitstellen.

Diese Richtungsänderung hat natürlich Auswirkungen auf die gesamte Arbeitsorganisation. So braucht es künftig nach meinem Verständnis beispielsweise keine Produkt- oder Markenmanager mehr, die ihr Sortiment allenfalls differenzieren und um neue Features erweitern, die am Design und den Ausstattungsdetails feilen oder die Verpackungsgröße ändern. Es braucht Teams, die ihr Ohr am Kunden haben. Bei den meisten Produkten sind das Aussehen, die Verpackung und irgendwelche Zusatzfunktionen in der Regel nebensächlich. Der Kunde will ja in Wahrheit gar keine Waschmaschine kaufen, er möchte saubere Wäsche, er will Waschwirkung; mich persönlich interessieren auch weder die Zusammensetzung meines Aftershaves noch der Flakon; die Flüssigkeit soll desinfizieren und gut riechen, das ist ihr *purpose*, und an diesem »Daseinssinn« sollten die Mitarbeiter einer Firma gemeinsam arbeiten: »Wir lassen die Männer, die Frauen, die Welt besser riechen.« Das mag komisch klingen und kein sehr »hehrer« Zweck sein. Es ist mir aber durchaus ernst.

Nicht die Firma und das Produkt sollen im Vordergrund stehen, sondern die Kundenbedürfnisse. Amazon will nicht das größte Kaufportal sein, das Unternehmen definiert sich auch nicht über seine Produktvielfalt, sondern über seinen Service: Es möchte, so lautet das offizielle Unternehmensziel, die »höchste Kundenzufriedenheit« herstellen. Und das ist zugleich die inner- und außerbetriebliche Antwort auf die Frage, warum es Amazon gibt. Auch Google stellt sich nicht als weltgrößte Werbeplattform dar, nicht einmal als die weltweit größte Suchmaschine, nein, Google möchte nach eigenen Angaben »die Informationen der Welt organisieren«. Natürlich hat diese Botschaft auch eine Werbeintention, die von anderen Absichten des Unternehmens ablenken soll; wir wissen das. Und dennoch gelingt es etwa Amazon und Google bislang beispielhaft, nach außen zu vermitteln, dass sich ihr Daseinszweck nicht auf das Geschäftliche beschränkt.

Über einen solchen, die ökonomischen Transaktionen übersteigenden *purpose* muss auch die Autoindustrie dringend nachdenken. Und dabei ginge es nicht um Marketing, sondern um ein neues Selbstverständnis. Dass die Hersteller Autos bauen und verkaufen wollen, ist klar. Dass sie es möglichst gut machen wollen, glauben wir ihnen auch – seit dem Abgasskandal allerdings mit deutlichen Abstrichen. Aber gibt es darüber hinaus etwas, das ein bloßes Technik- und Profitinteresse übersteigt? Eine Vision? Einen Auftrag? Ein Anliegen? »Das Auto« (VW), »Vorsprung durch Technik« (Audi), *»The ultimate driving machine«* (BMW), »Das Beste oder nichts« (Mercedes) oder »Wir leben Autos« (Opel) sind die bisher gängigen Slogans, die rein gar nichts »Überschießendes« erkennen lassen. Jedes dieser Unternehmen möchte eigentlich nur eins: besser und erfolgreicher sein als die anderen. Das kann ich als Kunde ja verstehen, aber reicht mir das, um mich für den einen oder den anderen zu entscheiden?

Das Verhältnis zwischen Anbietern und Abnehmern wird ein zunehmend gleichberechtigtes. Natürlich macht das den sogenannten Markt auch volatiler, unberechenbarer. Er wird tatsächlich wieder zu einer Art Marktplatz, weil sich die Beziehungen zwischen Herstellern und Dienstleistern einerseits und den Kunden andererseits verlebendigen. Zum Nutzen aller. Denn plötzlich sind wieder Raum und Gelegenheit sowie auch das Erfordernis da, die Transaktion bei vergleichbarer Qualität nicht mehr nur über den Preis abzuwickeln. Andere Werte werden mindestens ebenso wichtig, vermutlich sogar wichtiger. Die Kunden wollen zunehmend wissen, wie ein Produkt oder eine Dienstleistung zustande kommt, ob irgendjemand dabei Schaden nimmt, wie eine Firma zu Umwelt-

und Gemeinwohlfragen steht, wie sie mit ihren Beschäftigten und Lieferanten umgeht – und anderes mehr. Und der Austausch über solche Fragen kann wiederum für die Belegschaften der Firmen zu einer neuen Sinnquelle werden.

Denn neben den Kunden sind die Mitarbeiter die zweitwichtigste Ressource eines Unternehmens. Von ihrer Zufriedenheit hängen nicht nur ihre Motivation und ihre Innovationsbereitschaft ab, sondern auch die Art ihrer Kommunikation mit den Kunden – unverzichtbare Erfolgsbedingungen in einer sich digitalisierenden Wirtschaft. Denn Kommunikation wird immer wichtiger und geht weit über die herkömmlichen Produktbeschreibungen – Hubraum, PS, Verbrauch, Abgaswerte, Preis – hinaus. Immer mehr Menschen wollen wissen, wie und wo ein Produkt, so gut es auch aussehen (Beispiel: Auto) oder schmecken (Beispiel: Lebensmittel) mag, hergestellt wurde. Und viele sind bereit, je nach Antwort auf diese Fragen, auch durchaus mehr Geld auszugeben.

Mindestens ebenso wichtig werden die in der bisherigen, vom Kauf berauschten, verschwenderischen Konsumgesellschaft allzu selten gestellten Fragen, ob denn das Objekt meiner Begierde auch hält, was es verspricht, ob es den ihm zugesprochenen Zweck erfüllt – oder gar, ob es mein Leben irgendwie besser macht, mir einen Nutzen einbringt. Und eben an diesem Punkt kann ich bruchlos wieder an den Anfang des Buches anknüpfen und gewissermaßen den Kreis schließen, weil es die Antworten auf genau solche Fragen sind, die, neben den Umwelterfordernissen, über das Schicksal der Automobilindustrie entscheiden werden. Wie halten wir es künftig mit der Mobilität, und welche Rolle wird unserem bislang wichtigsten Fortbewegungsmittel, dem Auto, dabei zukommen? Und nicht zuletzt: Wird unsere bisherige Schlüsselindustrie, die Automobilbranche, den neuen Herausforderungen gewachsen sein?

Mobilität 2.0 – die Stadt als Gamechanger

»Je weniger sich ändert, um so
mehr bleibt alles beim Alten.«
Sizilianisches Sprichwort

Mobilität wird selbstverständlich auch in Zukunft von zentraler Bedeutung sein. Ob die etablierten Autokonzerne dabei weiterhin eine tragende Rolle spielen werden, entscheidet sich in den nächsten Jahren. Zwar haben sie inzwischen erkannt, dass sie sich ändern müssen, doch gehen sie die dringend anstehende Verkehrswende, wie ich im ersten Teil zu zeigen versucht habe, allzu zögerlich an und treten eher auf die Bremse statt aufs Gaspedal. Sollten sie glauben, wie es zurzeit den Anschein hat, der Wandel sei mit dem allmählichen (!) Umstieg auf ein technisch verändertes Einheitsprodukt zu bewältigen, würden sie einer folgenschweren Fehleinschätzung unterliegen. Die E-Mobilität ist zweifellos ein Schritt in die richtige Richtung. Viele weitere werden folgen müssen. Der entscheidende Umschwung kann erst gelingen, wenn die Konzerne bereit sind, sich aus ihren durch und durch industriellen Denkmustern und deren inhärenter, auf Skaleneffekten beruhender Wachstumslogik zu befreien. Die alten Geschäftsmodelle und Verwertungsketten werden schon bald nicht mehr tragfähig sein – unabhängig von der Antriebsart.

Der Mobilitätsbedarf insgesamt, machen wir uns nichts vor, wird weiter steigen, trotz aller Appelle, die Möglichkeiten der digitalen Kommunikation zu nutzen, um die eigene Bewegungsfrequenz zu reduzieren und öfter mal umweltschonend zu Hause zu bleiben. Fortschreitende Individualisierung, die weiter zunehmende Zersiedelung des urbanen Raums und die durch die Digitalisierung vorangetriebene Dezentralisierung des Arbeitsmarktes laufen solchen Forderungen diametral entgegen. Die Leute werden mehr statt weniger unterwegs sein. Nach Angaben des Zukunftsinstituts (Frankfurt) verzeichnete der Personenverkehr in Deutschland seit dem Jahr 2000 einen Anstieg von über elf Prozent – auf knapp 1,2 Billionen Personenkilometer – und wird auch künftig kontinuierlich zulegen. Mehr als drei Viertel dieser kaum vorstellbaren Strecke, so die wissenschaftlichen Prognosen, werden auf absehbare Zeit auch weiterhin mit dem Pkw zurückgelegt werden.[29]

Diese auf den ersten Blick ernüchternde Aussicht gehört aber in völlig neuen Farben ausgemalt. Auch die zuletzt genannte Voraussage erscheint dann plötzlich in einem anderen Licht. Ja, das Auto wird sogar auf unabsehbare Zeit einer der wichtigsten, vielleicht *der* wichtigste Verkehrsträger bleiben. Das ist die gute Nachricht, zumindest für die Automobilindustrie. Es wird aber künftig zuallererst Mittel zum Zweck sein, und dieser Zweck wird sich nicht nur auf Fortbewegung beschränken. Die Hersteller wären also gut beraten, ihr bisheriges, auf »Besitz« gründendes Geschäftsmodell durch nutzungsorientierte Verwertungsketten nicht nur zu ergänzen, sondern mittelfristig zu ersetzen.

In den westlichen Industrieländern – andernorts wäre die Lage auf absehbare Zeit noch anders einzuschätzen, ich komme darauf zurück – hat das Auto als individuelles Eigentum seine Zukunft hinter sich. »Nutzen statt besitzen« wird die Logik der Fortbewegung im 21. Jahrhundert bestimmen und den Autofirmen neue Geschäftsmodelle abverlangen – aber eben auch ermöglichen. »Jedem Ende wohnt«, ich habe diesen klugen Sinnspruch schon einmal zitiert, »ein Anfang inne.« Die sich bisher vor allem über Technik definierenden Unternehmen müssen sich, kurz gesagt, von industriellen Herstellern zu digitalen Dienstleistern wandeln.

Momentan sieht es nicht danach aus, als würden sie solchen Wandel ernsthaft betreiben. Ich habe mich dazu im ersten Teil bereits ausführlich geäußert. Die scheinbar neuen Wege, die jetzt eingeschlagen werden – E-Mobilität, Sharing-Dienste, Exportorientierung –, bleiben dem alten Denken verhaftet. Es geht primär um Marktanteile und Absatzzahlen, ergo um Wachstum, und nicht um intelligente, zukunftsfähige Konzepte. Der Sharing-Boom, auf den alle namhaften Hersteller inzwischen aufgesprungen sind, mag das veranschaulichen. Nach Angaben der gerade erwähnten Studie des Zukunftsinstituts hat sich die Zahl der Carsharing-Nutzer zwischen 2010 und 2016 mehr als verzehnfacht: auf knapp zwei Millionen, und die Anzahl der Sharing-Fahrzeuge nahezu vervierfacht; und mein subjektiver Eindruck ist, dass dieser »Markt« seitdem noch einmal extrem gewachsen ist. Da stehen jetzt an allen Bahnhöfen und vielen zentralen Plätzen der größeren Städte niegelnagelneue, schicke Markenautos und verlocken Kunden zum Autofahren, die ansonsten vermutlich den öffentlichen Nahverkehr genutzt oder zu Fuß gegangen wären. Ich kann mich da gar nicht ausnehmen: Wenn ich an einem sonnigen Tag am Züricher Flughafen ankomme und für den Weg in die Innenstadt die Wahl habe zwischen einem Mini-Cabrio und der stickigen Tram, fällt mir die Entscheidung nicht schwer. Sorry.

Zwar trifft es zu, dass in der Sharing-Ökonomie mehr Nutzen aus demselben Materialaufwand gezogen werden kann, und das ist ganz wunderbar. Unverkennbar ist aber auch, dass die zweifellos attraktiven Angebote in der bisherigen Form eine entsprechende Nachfrage erst stimulieren und damit im Falle des Verkehrs eine Zunahme der Mobilität erzeugen. Wie heißt es so treffend: Gelegenheit schafft Diebe. Die Mehrzahl der Carsharing-Dienste wird deshalb so wenig zu einer Verkehrswende beitragen wie die bloße Ersetzung der Verbrennungsmotoren durch Elektroantriebe. Neuer Wein in alten Schläuchen. Von der E-Roller-Pest will ich hier gar nicht erst sprechen, ebenso wenig vom Internethandel und dem dadurch enorm gestiegenen und weiter steigenden Lieferaufkommen. Eine Verkehrswende, die diesen Namen verdiente, ist da nicht wirklich in Sicht.

Ich bin jedoch zuversichtlich, dass solche (Fehl-)Entwicklungen ein rasches Ende finden werden, ohne dass die individuelle Mobilität dadurch beeinträchtigt wird. Treibende Kraft wird hierbei zunächst eine Zwangslage sein, es geht leider offenbar nicht anders. Vor allem in den urbanen Räumen hat sich der Verkehr derart verdichtet, dass von »Mobilität« zu sprechen geradezu absurd anmutet. Das Auto ist dort vielmehr zu einem Verkehrshindernis geworden, dessen Durchschnittsgeschwindigkeit seit Jahren sinkt. Immer mehr Städte werden deshalb gezwungen sein – sei es nun durch gesetzgeberische Vorgaben (Grenzwerte), sei es aus bloßem Überlebenstrieb –, den Verkehr zumindest in den innerstädtischen Bereichen immer stärker zu beschränken und/oder die privat genutzten Autos gleich ganz aus den Innenstädten auszusperren. Das wird eine Veränderungsdynamik erzeugen und den Ideenwettbewerb um alternative Mobilitätskonzepte anstacheln – an dem sich auch und gerade die Automobilbranche aktiv beteiligen sollte.

In nur wenigen Jahren, hierüber eine genauere Angabe zu machen, wäre vermessen, wird sich das Straßenbild unserer Städte, werden sich Fortbewegungsmittel und -arten massiv verändert haben. Der entscheidende Punkt hierbei wird ein intelligenter Mobilitätsmix sein, ein integriertes Mobilitätskonzept, das den individuellen mit dem öffentlichen Verkehr möglichst nahtlos verknüpft. Dabei wird auch das Auto, in der Stadt ganz überwiegend elektrisch angetrieben, vor allem im Sharing-Modus weiterhin eine Rolle spielen, aber nicht mehr die erste Wahl sein, sondern eine Option unter anderen.

Die Voraussetzungen zur Umsetzung eines solchen sich gewissermaßen selbst steuernden Systems, das eine Routenplanung in Echtzeit mit reibungslosen Übergängen von einem Transportmittel zum anderen möglich macht, könnten unter den Vorzeichen der Digitalisierung gar nicht besser sein. Um Teil eines solchen Systems zu werden, müssten sich die Autohersteller in Mobilitätsplattformen wandeln und Kooperationen sowie strategische Allianzen nicht nur mit den Betreibern der anderen Verkehrsmittel, sondern auch mit IT-Firmen und nicht zuletzt mit den Konkurrenz-Herstellern eingehen. Denn die Daten, die von all den Autos und den anderen Verkehrsträgern künftig im Internet der Dinge gesammelt werden, sind ein kostbarer Rohstoff. Sie können einen reibungslosen, sicheren und umweltfreundlichen Verkehr gewährleisten und könnten den Automobilunternehmen darüber hinaus neue Geschäftsfelder eröffnen – etwa in der Energie- und Werbewirtschaft, weil sich das »vernetzte« Auto nun auch ideal als flexibles Speicher- und als Werbemedium nutzen ließe.

Viele solcher Modelle sowie neuartige Mobilitäts-Apps sind derzeit in der Erprobung und werden die Bewegungsprofile in den Städten nachhaltig verändern – und damit auch die urbane Lebensqualität erheblich verbessern. Die Städte werden dadurch zugleich als Transformatoren der Mobilität fungieren, als Zukunftslabore. Im ländlichen Raum wird der Wandel zweifellos mehr Zeit brauchen und möglicherweise wiederum variierte Modelle hervorbringen. Dort wird das Auto auch in Zukunft ein zentrales Fortbewegungsmittel bleiben, aber ebenfalls seinen Produktcharakter verlieren. Warum sollte ein autonom fahrendes, also fahrerloses Auto, um auch dieses Thema wenigstens zu streifen, noch einen individuellen Eigentümer haben? Nicht mehr der dingliche Pkw ist die zu handelnde Ware, sondern Mobilität, die dann vom Käufer – und sei es als Flatrate – so eingekauft wird, wie er sie je nach Situation und Standort, *on demand*, benötigt. Der Ertrag der Anbieter resultiert in diesem Geschäftsmodell demnach nicht mehr aus dem Profit pro produzierter und an einen »Endkunden« ausgelieferter Einheit, sondern beispielsweise, wie schon jetzt bei den Sharing-Diensten, aus der Nutzungsdauer und/oder der zurückgelegten Distanz sowie aus der gewählten Modell-Variante.

Der Unterschied zum jetzigen Kerngeschäft, der Produktion von möglichst vielen Fahrzeugen für den Verkauf im In- und Ausland, könnte kaum größer sein. Den Sprung dahin zu bewältigen, setzt einen entschiedenen Willen zur Neuausrichtung voraus, der für mich, trotz aller Lippenbekenntnisse, noch nicht erkennbar ist. Politik und Wirtschaft behaupten zwar gern öffentlichkeitswirksam, die Zeichen der Zeit erkannt zu haben, setzen hier und dort mal ein Signal – hier ein Klimapaket, dort eine weitere E-Mobilitäts-Studie –, dämmern in Wahrheit aber weiter vor sich hin und träumen in ihrem Halbschlaf davon, den nun so lange praktizierten industriellen Erfolgsweg irgendwie noch eine Weile fortsetzen zu können: wegen der bestehenden, teuren Fertigungsanlagen, wegen der Umsätze, wegen der Arbeitsplätze, wegen der Rendite. Um das Klima kümmern wir uns dann anschließend.

Es wird Zeit, aufzuwachen! Dass andernfalls ein tiefer Fall droht, ist absehbar, da werden auch Giganten-Hochzeiten, wie erst kürzlich zwischen Fiat-Chrysler und Peugeot SA, nicht helfen, sondern die Fallhöhe sogar noch steigern. Da ich einen solchen Niedergang zutiefst bedauern würde, möchte ich zum Schluss noch einige wenige tastende Hinweise geben, wie aus meiner Sicht beispielsweise die Verkehrswende und auch jene im Agrarbereich gelingen könnten. Diese Wendepunkte sind dabei letztlich nichts weniger als die Probe aufs Exempel, ob es uns im neuen Informationsuniversum, allgemeiner gesagt: in der Zukunft, besser oder schlechter gehen wird.

Ausfahrt Zukunft: Ein Weckruf

»Mit Träumen beginnt die Realität.«
Daniel Goeudevert

Natürlich habe ich kein Programm, schon gar keinen Masterplan, das wäre vermessen. Aber aus all dem bis hierher Beschriebenen sollte die Richtung klar sein, die wir nun Schritt für Schritt, also so konkret wie möglich, einschlagen müssten. Losgehen. Nicht länger abwarten. Nicht weiter dämmern und den Status quo festzuhalten versuchen. Auch wenn es komisch klingt: Wenn wir uns die Zeit, die uns die »Zeitdiebe« im auf Effektivität getrimmten Uhrwerksuniversum systematisch gestohlen haben, zurückerobern wollen, dann dürfen wir ab jetzt keine Zeit mehr verlieren, indem wir immer nur an Symptomen herumkurieren und deren Ursachen unangetastet lassen.

Letzteres ist zunächst die Spezialität der »real existierenden« Politik. Zwar hat man hin und wieder den Eindruck, sie sei aufgewacht. Da werden Klimaschutzziele versprochen und international vereinbart, Emissions-Grenzwerte abgesenkt, alternative Energien ausgebaut und die Kohle-Verstromung eingestellt, da werden Artenschutz- und Datenschutzvereinbarungen getroffen, Maßnahmen zur Reduzierung von Plastikmüll beschlossen, Dünge- und Pestizid-Verordnungen verschärft und vieles andere mehr. Schaut man dann aber in die Niederungen der politischen und wirtschaftlichen Praxis, gewinnt man nicht selten den Eindruck von Kulissenschieberei. Auf jeden Schritt in die richtige Richtung, wenn er denn überhaupt in Bewegung mündet (Stichworte etwa: Kyoto-Abkommen oder Glyphosat), folgt flugs mindestens ein halber Schritt zurück (Stichworte etwa: Emissionshandel oder Genehmigungsverfahren für Windkrafträder). Nein, ein Aufwachen ist das noch nicht, ich würde das allenfalls »Halbschlaf« nennen, vielleicht auch nur »Schlafwandelei«.

Zugegeben, das ist nicht ganz fair. Politik besteht, ich habe oben selbst darauf hingewiesen, immer auch aus Kompromissen, der Fähigkeit, verschiedene, zum Teil zuwiderlaufende Interessen auszugleichen. Selbstverständlich ruft jede einzelne der gerade von mir recht beliebig aufgezählten Maßnahmen Widerstand hervor. Die Industrie befürchtet Wettbewerbsnachteile, Windkraftgegner beklagen die Bedrohung einer bestimmten Fledermausart, Gewerkschaften sehen Arbeitsplätze in Gefahr. Ich will das überhaupt nicht geringschätzen und mich schon gar nicht darüber lustig machen. Aber wenn solche Konflikte regelmäßig in Stillstand münden, darf man sich über so etwas wie »Politik-Verdrossenheit« oder gar »Demokratie-Verdrossenheit« nicht wundern.

Da ist, zumindest von Fall zu Fall, eindeutig mehr Mut gefordert, die Risikobereitschaft, durch eine vielleicht unpopuläre Maßnahme auch an Zustimmung zu verlieren. Denn auch darin besteht Politik: das für richtig Erachtete und nach politischer Überzeugungsarbeit durch Mehrheiten Beschlossene durchzusetzen. Für einen Außenstehenden wie mich ist solche Entschlossenheit heute kaum mehr erkennbar. Scheinbar verängstigt durch den Zulauf populistischer Rückwärtsweiser und sicher auch aufgeschreckt etwa durch die französische Gelbwestenbewegung, die ihren Präsidenten für das von ihm für richtig Erachtete in ernste Schwierigkeiten brachte, bleiben regierungsverantwortliche Politiker, also solche, die etwas zu verlieren haben, zumeist lieber in Deckung – schüren aber genau damit eben jene Verdrossenheit, die ihre Wähler dann in die Arme der vermeintlich »authentischen« Vereinfacher treibt. Ein Teufelskreis, aus dem man, glaube ich, nur offensiv, mutig eben, entkommen kann.

Nehmen wir als Beispiele die Verkehrs- und die Agrarwende, die, allgemein, gewissermaßen lagerübergreifend gefordert, von der mächtigen Automobil- und Agrarlobby aber systematisch behindert werden. Dass es niemanden überrascht, wenn ein ehemaliger Spitzenpolitiker, Ex-Außenminister und Ex-Parteichef Sigmar Gabriel, als Cheflobbyist der Autobranche, als VDA-Chef gehandelt wird, sagt eigentlich schon alles über die Macht der Lobby. Gegen den Bauernverband, der von den Großkonzernen dominiert wird, sowie gegen den Verband der deutschen Automobilindustrie ist schwerlich Politik zu machen. Das wird aber am Ende sowohl die Politik als auch die von den Lobbyisten gestützten Industrien beschädigen.

Dabei wäre ein direkter Konfrontationskurs, zumindest bei der Verkehrswende, gar nicht notwendig. Es genügte schon, deutlich klarere Signale zu setzen als bisher. Das Klimapaket ist ja schön und gut und richtig. Allein – es fehlt die Story. Da wurden viele kleine, kaum wahrnehm- und darstellbare Maßnahmen mit einem zwar beeindruckenden Finanzvolumen in einem Eckpunkte-Papier festgelegt, aber ein Zeithorizont aufgespannt, 2030, der das Vergessen fördert. Am Ende des beschlossenen Zeitraums werden sich wohl nur wenige der Verantwortlichen für die dann erzielten Ergebnisse rechtfertigen müssen. Das hat die Politik offenbar von der Wirtschaft gelernt, wo die Vorstände und Geschäftsführer ja häufig auch nur noch auf Sicht fahren, lediglich das Ende ihrer zeitlich befristeten Verträge im Blick. So lässt sich Zukunft nicht gestalten!

Was könnte die Politik hingegen für eine Geschichte erzählen – und würde hierbei vermutlich auf nur mäßigen Widerstand der Lobby treffen –, wenn sie beispielsweise den öffentlichen Nahverkehr konsequent umrüsten und Städte, Kommunen und Gemeinden massiv unterstützen würde, alle Busse in möglichst kurzer Zeit mit Wasserstoff-Antrieben auszustatten. Technologisch wäre das machbar, auch wenn die Hersteller dies, um ihre bisherigen Produktionsplattformen weiter betreiben zu können, zunächst bestreiten, bei einem derartigen Auftragsvolumen aber bald einlenken würden. Auch die Tank-Infrastruktur wäre in diesem Fall kein Problem, da die Fahrzeuge regelmäßig ins Depot zurückkehren und dort betankt werden könnten. Eine solche, zweifellos teure, Maßnahme hätte zugleich eine technologische Vorreiterfunktion für eine Umrüstung der äußerst emissionsstarken Lkw-Flotte.

Ein ähnlich starker Impuls ließe sich bei der E-Mobilität setzen. Rund 60 Prozent der Neufahrzeuge werden hierzulande betrieblich zugelassen. Hier hat der Staat eine direkte Steuerungsmöglichkeit an der Hand, um deutliche Anreize für »emissionsfreie« Fahrzeuge zu schaffen und die »Verbrenner« zu verteuern. Das geschieht zwar schon durch steuerliche Vorteile, geht aber meines Erachtens, vermutlich aufgrund von Interventionen seitens der Industrie, nicht weit genug. Wenn die Politik hier konsequenter vorginge, ich erinnere an das Beispiel des Katalysators oder des Feinstaubfilters, wäre der Widerstand sicher überwindbar. Beide hier nur beispielhaft genannten Maßnahmen könnten eine Dynamik im Verkehrswesen entfachen, wie sie vom kürzlich beschlossenen Klimapaket ganz gewiss nicht ausgeht.

Vergleichbare Steuerungsmöglichkeiten vermag ich im Agrarbereich nicht zu erkennen. In der Landwirtschaft eine Wende zum Guten einzuleiten, ist für die Politik allein kaum mehr möglich. Die weltweit agierenden Konzerne sind von Regierungen praktisch nicht mehr zu kontrollieren. Eine Änderung der oben geschilderten Subventionspraxis beispielsweise wird seit Jahren verhindert. Aber der Druck vor allem seitens der Verbraucher steigt. Das Klügste wäre es also, durch geeignete Preisimpulse sowie durch Aufklärung Einfluss auf die Konsumenten auszuüben und deren ohnehin schon ausgeprägte Tendenz zu lokalen, möglichst umweltschonend hergestellten und entsprechend wenig schadstoffbelasteten Produkten zu stärken. Der Handlungsspielraum ist hier sicher eingeschränkt, aber ein Bewusstseinswandel unverkennbar, weshalb meine Hoffnung lebendig bleibt.

Aufseiten der Autoindustrie stellt sich die Lage anders dar. Die ist in Wahrheit durchaus wach, versucht aber, den allgemeinen Dämmerzustand aus den gerade schon genannten Gründen aufrechtzuerhalten. So lange es eben geht. Die Verantwortlichen dürften meiner Einschätzung nach sehr genau wissen, dass dies nur ein »Spiel« um Zeit und Geld ist, bei dem man, wie beim Poker, die Ruhe bewahren muss, um in eine möglichst gute Position zu kommen. Ich hoffe, sie verzocken sich nicht, denn ihre Karten sind denkbar schlecht und müssen irgendwann aufgedeckt werden.

Aufs Essen können wir schwerlich verzichten, aufs eigene Auto schon. Die Folgen sind absehbar. Wenn nicht mehr der Besitz, sondern der Nutzen im Vordergrund steht und dieser Nutzen, wie skizziert, durch digitale Technik optimal erreicht werden kann, wird der Binnenmarkt als Fahrzeug-Verkaufsmarkt sukzessive an Bedeutung verlieren und stattdessen zu einem Handelsplatz für Mobilität. Die Hersteller werden zwar weiter Autos bauen, aller Voraussicht nach in deutlich geringerer Stückzahl als heute, können daraus aber zu großen Teilen keine direkten Erträge mehr erwirtschaften. Die Nutzung der Fahrzeuge wird zu ihrem Geschäft.

Dabei ist es übrigens dringend ratsam, dem Elektro-Hype standzuhalten und auch alle anderen Antriebsarten gewissermaßen im Portfolio zu belassen. In Städten und anderen Ballungsräumen wird die E-Mobilität Einzug halten, da bin ich sicher. Aber in ländlichen und besonders abgelegenen Regionen sowie in bestimmten Anwendungsbereichen – etwa im Schwerlastverkehr, in der Bau- oder Forstwirtschaft – wird man bis auf Weiteres auch auf die Verbrennungsmotoren nicht verzichten können, obwohl die Brennstoffzellentechnik (Wasserstoff) hier große und durchaus berechtigte Hoffnungen weckt.

Eine solche Diversität der Antriebsarten ist vor allem für den Export gefordert, der neben dem heimischen Mobilitätsmarkt ein zentrales Standbein der Automobilhersteller bleiben wird. Denn dass der weltweite Pkw-Bestand in absehbarer Zeit abnehmen wird, wäre eine allzu naive Hoffnung. Neben dem asiatischen Raum, inklusive China, rückt dabei vor allem Afrika, dessen Bevölkerungszahl in atemberaubendem Tempo wächst, immer stärker in den Fokus. Hier besteht ein immenser (Nachhol-)Bedarf an Mobilität, der sich vorerst kaum anders als durch eine »Automobilisierung« wird decken lassen.

Selbstverständlich darf und kann diese Aufgabe vor dem Hintergrund der Klimaproblematik nicht nach europäischem Vorbild gelöst werden – was China schon schmerzlich erfahren musste und woraus man dort inzwischen offenbar Lehren gezogen hat. Dies sollte die Autoindustrie ernsthaft zur Kenntnis nehmen und ihre bisherige Exportpraxis grundlegend neu ausrichten. Es ist Unsinn, zu glauben, wir könnten deutsche, amerikanische oder japanische, womöglich elektrisch angetriebene Mittelklassewagen, oder auch Fabriken, in denen eben diese Fahrzeuge produziert werden, schlicht nach Afrika exportieren. Nein, was die afrikanischen Länder brauchen, sind Modellvarianten, die den jeweiligen lokalen, überaus unterschiedlichen Gegebenheiten angepasst sind, darüber hinaus zu einem Preis, der den jeweiligen Kaufkraftverhältnissen entspricht. Ein unmöglich scheinendes Unterfangen.

Es mutet sogar noch schwieriger an, wenn ich mir die Details ausmale. Denn was ich zum europäischen Binnenmarkt gesagt habe, gilt hier ebenso, allerdings unter umgekehrten Vorzeichen. In weiten Teilen Afrikas wird die E-Mobilität auf absehbare Zeit eine Randerscheinung bleiben und andere Antriebsarten werden den Vorzug erhalten (müssen). Hier könnte sich also gerade eine technische Diversitäts-Kompetenz als »Wettbewerbsvorteil« erweisen, indem man sich die lokal vorhandenen Ressourcen zunutze macht. In Nordafrika beispielsweise könnte Erdgas der Treibstoff der Wahl sein, woanders möglicherweise aus Biomasse gewonnener Diesel oder mithilfe von Solarstrom erzeugter Wasserstoff, wieder woanders werden es möglichst saubere, herkömmliche Verbrennungs-Treibstoffe sein.

Das setzte voraus, dass auch die Herstellung, wo immer möglich, lokal erfolgt und dass das Management gewissermaßen regional neu strukturiert wird. Es braucht dann keinen »Marken-« oder »Marketing-Vorstand« mehr, sondern einen möglichst ortskundigen Chef etwa für den zentralasiatischen Raum; denn was ich für Afrika skizziert habe, ließe sich auch weltweit, mehr oder weniger großräumig, durchbuchstabieren. Überall gibt es Möglichkeiten, lange Lieferketten zu vermeiden und die Fahrzeuge und Antriebe den ökologischen und sozialen Gegebenheiten, den Nutzungserfordernissen und dem spezifischen Bedarf der Kunden vor Ort anzupassen.

Das klingt nach der Quadratur des Kreises? Technisch und logistisch nicht machbar? Das zu behaupten, hieße, die deutsche Ingenieurskunst zu unterschätzen. Ich halte das – in meiner Hochachtung für diese Kunst – absolut für machbar. Es hätte allerdings ein völlig anderes unternehmerisches Selbstverständnis zur Voraussetzung, bei dem es nicht mehr um Weltmarktführerschaft oder dergleichen Quatsch geht, sondern aus dessen Sicht das Gemeinwohl und ökologische Belange dem Firmeninteresse gleichgestellt sind. Milliardengewinne und Millionen-Boni wären dann sicher nicht mehr zu erzielen. Aber selbstverständlich dürfen, sollen und würden die Hersteller weiterhin Geld verdienen.

Auch auf gewissermaßen räderwerksartige Standardisierung muss dabei gar nicht verzichtet werden, im Gegenteil. Ich halte einfache Produktionsplattformen für realisierbar, die sich für verschiedene Modelle und Antriebsarten eignen und die übrigens auch von der »Konkurrenz« genutzt werden könnten, um bessere Auslastung zu erzielen. Entwicklungs- wie Fertigungskosten und entsprechend auch die Preise ließen sich dadurch deutlich reduzieren.

Es wäre ein doppelter Neuanfang, einerseits auf dem Binnenmarkt als Mobilitätsanbieter, andererseits auf dem Exportmarkt als agiler, eng an den Kundenbedürfnissen orientierter, technisch flexibler Automobilhersteller. Sollte die lange so erfolgreiche, aber in ihrer bisherigen Aufstellung nun bedrohte »Vorzeige-Industrie« sich in diese Richtung auf den Weg machen, wäre mir um ihre Zukunft nicht bange. Sie hätte sie dann tatsächlich vor sich.

Epilog: Vielfalt als Chance

»Es gibt eine Idee, die einst den wahren Weltkrieg in Bewegung setzen wird: dass Gott den Menschen nicht als Konsumenten und Produzenten erschaffen hat. Dass das Lebensmittel nicht Lebenszweck ist. Dass der Magen dem Kopf nicht über den Kopf wächst. Dass das Leben nicht in der Ausschließlichkeit der Erwerbsinteressen begründet sei. Dass der Mensch in der Zeit gesetzt sei, um Zeit zu haben, und nicht mit den Beinen irgendwo eher anzulangen als mit dem Herzen.«

Karl Kraus

Kurz vor Weihnachten 2018, am 21. Dezember, endete offiziell eine zweihundert Jahre währende Ära. Mit der Schließung der Zeche Prosper-Haniel in Bottrop ist die Steinkohle-Förderung in Deutschland Geschichte. Die Kumpel hatten ein letztes Stück Kohle aus dem Schacht geholt und es dem zur Abschiedsfeier angereisten Bundespräsidenten, Frank-Walter Steinmeier, in die Hand gedrückt. Der schaute gedankenschwer auf den groben Brocken und bedankte sich mit einer anrührenden Rede. Tatsächlich waren der Augenblick wie der Anblick an Symbolik kaum zu überbieten. Auch wenn der Steinkohleabbau wegen billiger Importkohle und preisgünstigem Erdöl allein zwischen 1989 und 2017 mit mehr als 40 Milliarden Euro subventioniert werden musste – der »Kohlepfennig« ist legendär –, wäre die deutsche Erfolgsgeschichte mitsamt ihrem Wirtschaftswunder, wären Wärme und Wohlstand ohne die Kohle nicht denkbar gewesen. Nun ist Schicht im Schacht. Und damit ist nicht nur die Steinkohle-Ära Vergangenheit.

Deutschlands Erfolg und Reichtum beruhen im Wesentlichen auf einigen Schlüsselindustrien, die im 19. bis weit ins

20. Jahrhundert hinein weltweit führend waren, neben dem Bergbau etwa die Elektrotechnik (Siemens, AEG), die Stahlindustrie (Krupp), die chemische Industrie (BASF, Bayer) und, nicht zuletzt, die Automobilindustrie. Dass diese Zeiten nun vorüber sind – für die Steinkohle definitiv, Stahl und Elektro sind seit Jahren im Niedergang, die Autoindustrie steht vor einem Wendepunkt –, hat nicht nur damit zu tun, dass Unternehmensführungen Fehler gemacht und den Blick in die Zukunft vernachlässigt haben. Nein, wir stehen aus vielerlei Gründen, von denen ich einige genannt habe, im Ausgang des Industriezeitalters. Und das ist ja nicht nur zu beklagen, weil dessen Erfolge, das ist uns viel zu langsam bewusst geworden, allzu teuer erkauft wurden. Aber was kommt jetzt?

Das liegt an uns. Um Zukunft zu gewinnen, müssen wir die Gegenwart gestalten. Das wird keine leichte Aufgabe. Denn wir befinden uns in einem Epochenbruch, aus dem zwar viele Chancen erwachsen, der aber zunächst einmal äußerst konfliktreich verlaufen wird. Für beides, die Chancen wie die Risiken, wollte ich mit diesem Buch sensibilisieren. Denn wir können gestärkt aus der Krise hervorgehen, wenn wir die richtigen Lehren ziehen, wir könnten aber auch untergehen, wenn wir so weitermachen wie bisher.

Das Erstere ist möglich, das Letztere wahrscheinlich. Meiner vor vielen Jahren vorgelegten Autobiografie *Wie ein Vogel im Aquarium* hatte ich einen Satz von John Steinbeck vorangestellt: »Menschliche Eigenschaften wie Güte, Großzügigkeit, Offenheit, Ehrlichkeit, Verständnis und Gefühl sind in unserer Gesellschaft Symptome des Versagens. Negativ besetzte Charakterzüge wie Gerissenheit, Habgier, Gewinnsucht, Gemeinheit, Geltungsbedürfnis und Egoismus hingegen sind Merkmale des Erfolges. Man bewundert die Qualität der Ersteren und begehrt die Erträge der Letzteren.« Daran hat sich, seien wir ehrlich, erschreckend wenig geändert. Immer noch bestimmen das »Schneller, höher, weiter«, das »Immer mehr« und »Immer besser« nahezu überall den Lauf der Dinge, obwohl längst offenkundig ist – im Grunde spätestens seit dem 1972 veröffentlichten Club-of-Rome-Bericht *Die Grenzen des Wachstums* –, wohin uns und unseren Planeten diese Maximen geführt haben.

Dennoch hoffe ich nach wie vor auf Einsichten. Als das gerade erwähnte Buch erschien, lebten 3,5 Milliarden Menschen auf der Welt. So viele leben heute allein in Städten, mit rasch zunehmender Tendenz, während sich die Weltbevölkerung insgesamt mehr als verdoppelt hat. In diesen Städten werden 70 Prozent der Energie und sonstiger Ressourcen verbraucht sowie Abfälle und Emissionen in ähnlicher Größenordnung produziert. Vor allem hier, in den weiter wachsenden Städten, wird deshalb unsere Zukunft entschieden. Und das ist, wie ich anzudeuten versucht habe, keine ganz schlechte Nachricht. Denn in diesen Städten wächst, natürlich zum Teil aus der reinen Not heraus, zugleich eine Veränderungsdynamik, die unserem Verhältnis sowohl zur natürlichen Umwelt als auch zur sozialen Mitwelt eine entscheidende Wende geben könnte. *Urban gardening* wird inzwischen weltweit betrieben, und überall entstehen, unterstützt durch digitale Techniken, Tausch-, Arbeits- und Projektbörsen, genossenschaftliche Wohnprojekte und neue Verkehrskonzepte, in denen ganz praktische Alternativen zu unserer bisherigen Lebensweise erprobt werden. Das wird ausstrahlen und eine neue, lebendige Vielfalt hervorbringen, die dem industriellen Monokulturalismus und seinem verheerenden Umweltverbrauch ein Ende macht.

Solch unverhohlener Optimismus mag angesichts der »katastrophischen« Gegenwart, wie ich sie bis hierhin ja hauptsächlich beschrieben habe, grundnaiv anmuten und mein Glaube an die menschliche Lernfähigkeit seltsam erfahrungsresistent erscheinen. Blieb meine vor einigen Jahren in dem eingangs erwähnten *Seerosen*-Buch formulierte Hoffnung nicht weitgehend uneingelöst? Und sind meine Forderungen und Zielvorstellungen nicht schon immer ungehört verhallt? Vor dreißig Jahren habe ich als Vorstandsvorsitzender von Ford in einem *Spiegel*-Interview, auch an die eigene Adresse gewandt, beklagt, dass in der Industrie viel zu linear gedacht werde. Ich zitiere mich selbst: »Man hat ein Produkt, entwickelt es weiter, baut von diesem und jenem mehr hinein und kümmert sich immer weniger um den eigentlichen Zweck des Automobils. Man bewegt sich auf einer aufsteigenden Linie. Aber die kann irgendwann in die Katastrophe führen – wenn das Auto zu teuer wird; wenn es die Umwelt zu stark belastet; wenn so viele Autos herumfahren wollen, dass keiner mehr fahren kann, weil alle im Stau stehen.« Stattdessen hatte ich schon damals ein »vernetztes Verkehrssystem« gefordert, das den Mobilitäts- und Transportbedürfnissen durch eine intelligente Koordination der verschiedenen Verkehrsträger – Auto, Bahn, Flugverkehr, Binnenschifffahrt und öffentlicher Nahverkehr – gerecht wird.

Und was ist passiert seitdem? In dreißig Jahren? Kaum mehr als nichts. Wir stehen im Stau, ärgern uns über Verspätungen bei der Bahn und über die Stilllegung wenig »lukrativer« Bahnstrecken und Buslinien in dünn besiedelten Gebieten, wodurch deren Bewohner ohne Auto praktisch von der Außenwelt abgeschnitten sind; wir sehen Fluggesellschaften von heute auf morgen untergehen, weil sie dem bizarren, ökonomisch und ökologisch wahnwitzigen Preiskrieg – von Berlin nach Zürich und zurück für 50 Euro – nicht mehr gewachsen sind, und eine Binnenschifffahrt, die aufgrund der im Klimawandel zunehmend ausbleibenden Niederschläge immer öfter auf dem Trockenen liegt; und wir müssen verwirrt zur Kenntnis nehmen, dass die Autokonzerne mit geschönten, verkaufsfördernden Angaben bei den Abgaswerten nicht nur uns, sondern auch den Gesetzgeber beschummelt haben und dass die Politik wie die Gerichte die Konzerne dafür weitgehend ungeschoren davonkommen lassen, während man uns nun auch noch für deren Schummelei mit Fahrverboten bestraft.

Mit anderen Worten: Da passt noch nicht viel zusammen. Im Gegenteil, man gewinnt den Eindruck: Schlimmer geht's nimmer! Ein einziges Chaos. Und doch zeichnen sich zugleich Hoffnungsstreifen am Horizont ab. So kommt gegenwärtig durch allerlei Sharing-Dienste und immer neue Mobilitäts-Apps, durch Start-ups und schärfere Gesetzgebung ganz langsam Bewegung in die Landschaft. Davon kann auch die deutsche Automobilindustrie profitieren, sofern sie sich bereit zeigt, den selbst verursachten Scherbenhaufen gründlich aufzukehren, um ihre Glaubwürdigkeit zurückzugewinnen.

Kurz, auch die Autohersteller können gewissermaßen noch die Kurve kriegen, wenn sie endlich lernen, die gewandelten Erfordernisse (Mobilität, Energie, Umwelt) und die neuen Herausforderungen (verändertes Kundenverhalten, verschärfte Gesetzeslage, Digitalisierung) proaktiv anzunehmen – und nicht länger in ihren alten Reflexen und Abläufen verharren. Denn: Nichts ist so alt wie die Erfolge von gestern.

Das gilt in übertragener Weise auch für die Landwirtschaft, wo eine neue Vielfalt noch unmittelbarer erlebt werden kann, weil sie direkt auf dem Teller landet. Ist das Verhältnis zwischen Produktion und Konsumtion, zwischen Anbietern und Abnehmern vor allem durch Ferne und Anonymität gekennzeichnet, durch lange Lieferwege und zergliederte Wertschöpfungsketten, wie es für das Industriezeitalter insgesamt typisch ist, kommt es nahezu unweigerlich zu jener organisierten Verantwortungslosigkeit, die ich in diesem Buch an einigen Beispielen – Abgas- und Nahrungsmittelskandale, skrupelloser Ressourcenverbrauch, Wegwerfmentalität – zu beschreiben gezwungen war.

Machen wir Schluss damit! Wir können das.

Anmerkungen

1 Edward Bernays: *Propaganda. Die Kunst der Public Relations*, Kempten 2009, S. 31. Die Originalausgabe erschien 1928.
2 Ebd., S. 61.
3 https://ingolstadt-today.de/navigation.html
4 https://www.umweltbundesamt.de/themen/co2-emissionen-pro-kilowattstunde-strom-sinken
5 Zahlen aus: https://www.manager-magazin.de/unternehmen/autoindustrie/elektroauto-co2-bilanz-insgesamt-verschlechtert-sich-a-1246276.html
6 https://www.manager-magazin.de/unternehmen/industrie/rohstoffe-china-steckt-7-mrd-usd-in-bergbaufirmen-fuer-elektroauto-akkus-a-1250415.html
7 https://www.deutschlandfunk.de/lithium-abbau-in-suedamerika-kehrseite-der-energiewende.724.de.html?dram:article_id=447604, abgerufen am 18. 09. 2019.
8 Zahlen aus: https://www.bauernverband.de/situationsbericht/1-landwirtschaft-und-gesamtwirtschaft/12-jahrhundertvergleich
9 https://www.bmel.de/DE/Landwirtschaft/Markt-Handel-Export/_Texte/Agrarexport.html, abgerufen am 25.09.2019.
10 Detaillierte Daten über die Agrar- und Lebensmittelindustrie finden sich im *Konzernatlas* der Heinrich-Böll-Stiftung: https://www.boell.de/de/konzernatlas.
11 Darüber berichtet Richard Rickelmann in seinem Buch *Tödliche Ernte. Wie uns das Agrar- und Lebensmittelkartell vergiftet*, Berlin 2013, S. 27.
12 Weitere Zahlen und Details finden sich im faktenreichen *Agrar-Atlas 2019*: https://www.boell.de/de/agraratlas, zuletzt abgerufen am 26.09.2019.
13 Harald von Witzke, Steffen Noleppa: »Verteilungseffekte der EU-Direktzahlungen in der deutschen Landwirtschaft. Ein Bericht für den German Marshall Fund of the United States«, 2006.

14 Der Bericht ist im Internet einzusehen oder als PDF-Datei herunterzuladen: https://www.weltagrarbericht.de/, zuletzt abgerufen am 27.09.2019.

15 Die Studie mit dem Titel »Schwarzer Tee, weiße Weste« ist einzusehen unter: https://www.oxfam.de/system/files/oxfam_teestudie_schwarzer-tee-weisse-weste.pdf

16 Die »Eckpunkte für das Klimaschutzprogramm 2030« können beim Presse- und Informationsamt der Bundesregierung als PDF-Datei eingesehen oder heruntergeladen werden.

17 Vgl. https://mobil.stern.de/wirtschaft/news/eu-agrarbeihilfen-grosskonzerne-profitieren-am-meisten-3813784.html, zuletzt abgerufen am 28.09.2019.

18 Darüber berichtet, unter Angabe der Patentnummer, der Journalist Richard Rickelmann in seinem oben (Anm. 11) bereits einmal erwähnten Buch, S. 154.

19 Der Islamwissenschaftler Thomas Bauer hat ein wunderbares kleines Buch »über den Verlust an Mehrdeutigkeit und Vielfalt« geschrieben. Thomas Bauer: *Die Vereindeutigung der Welt*, Ditzingen 2018.

20 Ian Morris: *Wer regiert die Welt?. Warum Zivilisationen herrschen oder beherrscht werden*, Frankfurt a. M./ New York 2011.

21 Dennis Meadows u. a.: *Die Grenzen des Wachstums. Bericht des Club of Rome zur Lage der Menschheit*, Deutsche Verlags-Anstalt 1972. Ich hoffe, es klingt nicht zu eitel, wenn ich erwähne, dass ich die Ehre hatte, dem Club of Rome für einige Jahre als Mitglied anzugehören.

22 Der sehenswerte Film ist als Stream abrufbar: https://dokustreams.de/der-banker-master-of-the-universe/

23 https://www.agvbanken.de/AGVBanken/Statistik/2018_Statistik_Beschaeftigte.pdf; abgerufen am 23.04.2019.

24 Fredmund Malik: »Brief an junge Ökonomen. Die Mission der Manager von morgen«, Spiegel Online, 09. 04. 2011.

25 Harald Welzer: *Alles könnte anders sein. Eine Gesellschaftsutopie für freie Menschen*, Frankfurt a. M. 2019.

26 Jeremy Rifkin: *Die Null-Grenzkosten-Gesellschaft: Das Internet der Dinge, kollaboratives Gemeingut und der Rückzug des Kapitalismus*, Frankfurt a. M./New York 2014.

27 Paul Mason: *Postkapitalismus. Grundrisse einer kommenden Ökonomie*, Berlin 2016.

28 Ebd., S. 196.

29 Die Angaben entnehme ich der 2017 vom Zukunftsinstitut im Auftrag des ADAC vorgelegten Studie: »Die Evolution der Mobilität«. Sie kann im Internet als PDF-Datei abgerufen werden.

Quellennachweis

S. 7 Seneca: Moralische Briefe an Lucilius, XVII/XVIII, CIV, 26, Reclam Verlag, Stuttgart 2014.

S. 23 André Gide: *Die Falschmünzer*, in: Raimund Theis und Peter Schnyder (Hrsg.): Gesammelte Werke, IX Bd. 3, übersetzt von Christine Stemmermann, Deutsche Verlags-Anstalt, München 1990.

S. 37 Albert Einstein: Mein Weltbild, Copyright © Europa Verlag AG Zürich, 2005.

S. 49 Georg Christoph Lichtenberg: Lichtenbergs Werke in einem Band, Aufbau Verlag, Berlin/Weimar 1982.

S. 65 Albert Einstein während einer Diskussion über Nuklearwaffen (Quelle: New York Times, 25.05.1946).

S. 75 Ashley Vance, Elon Musk: Wie Elon Musk die Welt verändert – Die Biografie, FinanzBuch Verlag, München 2015.

S. 95 Wilhelm Donnhofer (Hrsg.): Das war Bernard Shaw. Sein Porträt in Anekdoten und Bonmots, Paul Neff Verlag, Wien 1951.

S. 113 Jean Ziegler: Der Hass auf den Westen. Wie sich die armen Völker gegen den wirtschaftlichen Weltkrieg wehren, C. Bertelsmann Verlag, München 2009.

S. 133 Ödön von Horváth: *Zur schönen Aussicht*, in: Traugott Krischke und Dieter Hildebrandt (Hrsg.): Ödön von Horváth, Gesammelte Werke in 8 Bänden, Bd. 3, Suhrkamp Verlag, Frankfurt a. M. 1978.

S. 143 Sigmund Freud: Das Unbehagen in der Kultur, Fischer Verlag, Frankfurt a. M. 1974.

S. 153 Marshall McLuhan: Die Gutenberg-Galaxis. Das Ende des Buchzeitalters, Addison Wesley Verlag, München 1997.

S. 161 Arthur Schopenhauer: Werke in zwei Bänden, Carl Hanser Verlag, München/Wien 1977.

S. 175 Georg Christoph Lichtenberg: Lichtenbergs Werke in einem Band, Aufbau Verlag, Berlin/Weimar 1982.

S. 185 Jean-Jacques Rousseau: Émile ou De l'éducation, Editions Garnier Freres, Paris 1961.

S. 195 Christian Morgenstern: Stufen. Eine Entwicklung in Aphorismen und Tagebuch-Notizen, 1918 (posthum). R. Piper & Co. Verlag, 1918.

S. 209 Lao-tse: Tao-Tê-King. Das heilige Buch vom Weg und von der Tugend, übersetzt von Richard Wilhelm, Eugen Diedrichs Verlag, München 1919.

S. 239 Georg Christoph Lichtenberg: Lichtenbergs Werke in einem Band, Aufbau Verlag, Berlin/Weimar 1982.

S. 253 Daniel Goeudevert: Mit Träumen beginnt die Realität. Aus dem Leben eines Europäers, Rowohlt Verlag, Berlin 1999.

S. 261 Karl Kraus: Aphorismen. Sprüche und Widersprüche. Pro domo et mundo. Nachts, Bd. 8, Suhrkamp Verlag, Frankfurt a. M. 1986.